U0110446

古典文獻研究輯刊

二九編

潘美月・杜潔祥 主編

第14冊

胤禎（允禵）西征奏稿全本（清廷統一西藏史料輯錄一）（下）

蔡宗虎 輯註

國家圖書館出版品預行編目資料

胤禎（允禵）西征奏稿全本（清廷統一西藏史料輯錄一）（下）
／蔡宗虎 輯註 — 初版 — 新北市：花木蘭文化事業有限公司，
2019〔民 108〕
目 26+170 面；19×26 公分
（古典文獻研究輯刊 二九編；第 14 冊）
ISBN 978-986-485-953-5（精裝）
1. 奏議 2. 史料 3. 清代
011.08　　108012003

古典文獻研究輯刊
二九編　第十四冊　　ISBN：978-986-485-953-5

胤禎（允禵）西征奏稿全本
（清廷統一西藏史料輯錄一）（下）

輯註者　蔡宗虎
主　編　潘美月　杜潔祥
總編輯　杜潔祥
副總編輯　楊嘉樂
編　輯　許郁翎、王筑、張雅淋　美術編輯　陳逸婷
出　版　花木蘭文化事業有限公司
發行人　高小娟
聯絡地址　235 新北市中和區中安街七二號十三樓
電話：02-2923-1455／傳真：02-2923-1452
網　址　http://www.huamulan.tw 信箱 hml 810518@gmail.com
印　刷　普羅文化出版廣告事業
初　版　2019 年 9 月
全書字數　456588 字
定　價　二九編 29 冊（精裝）　新台幣 58,000 元

胤禎（允禵）西征奏稿全本
（清廷統一西藏史料輯錄一）（下）

蔡宗虎　輯註

目次

上 冊

中　冊

下　冊

[254] 審訊為準噶爾辦事第巴達克冊等五人處死摺（康熙六十年正月二十二日）[2]-《卷十二》

奏爲審訊第巴達克冊等事。

正月二十一日總督年羹堯稟稱，定藏將軍噶爾弼咨稱，我與平逆將軍延信共同商稟大將軍王轉奏，先定藏將軍噶爾弼稟〔註1240〕藏穆倫〔註1241〕各處船皆第巴達克冊所收，第巴達克冊被逼往薩木雅城〔註1242〕躲避，由薩木雅城又逃往伊家去，趙汝〔註1243〕、紮業姑爾〔註1244〕往伊家去傳告情形後，始隨來此處，唐古忒對第巴達克冊極爲敬重，一切事宜皆遵其指示，是以第巴達克冊暫仍有一定勢力，現住我軍營內等因。九月十四日延信領兵送達賴喇嘛至藏，十五日達賴喇嘛坐牀後，將幫助準噶爾賊車凌端多布等作亂之第巴達克冊等人們，一一查拏審訊。

對第巴達克冊云，聖主爲黃教衆生，對班禪給與印信，冊封達賴喇嘛，拉藏汗亦給印冊封汗，使你們土伯特民衆，各得共享昇平，你爲土伯特世家體面之人，理宜輔助黃教與拉藏汗同心協力，你反幫助準噶爾賊辦理一切事宜，如同叛逆。據供稱我本一庸人，準噶爾車凌端多布取藏，即放我爲第巴，在他們威脅逼令下辦事，我不得擅專，皆遵照他們指示進行是實等語。又問第巴達克冊，先前拉藏汗以兄禮敬你，坐則一牀，食則同桌，但拉藏汗親自探信，蘇爾咱敗出，你理應思念拉藏汗之好處，你反處處鈐印，傳文捉拏蘇爾咱，若捉來人則重賞，若使其逃出或隱藏不報，則闔家殺滅，終被拏，爲準噶爾處死。據供稱車凌端多布殺拉藏汗，取菩提，著拏蘇爾咱，勒令我鈐印傳文，我無法，傳行我屬人拏獲蘇爾咱等語。又詢第巴達克冊，賊車凌端多布前年得拉藏汗人，咨送原處，康濟鼐護教，捨身阻止準噶爾退走之路，準噶爾賊搶拉藏汗人，皆奪取衣食，你背叛康濟鼐，處處調集唐古忒之兵，幫助準噶爾起事，罪行極明顯。據供稱我被準噶爾賊勒令，即調兵征康濟鼐，我有何供處，領受。又詢第巴達克冊，你供被準噶爾威勒隨行等語，你知畏

〔註1240〕此處補稟字。

〔註1241〕指拉薩河，藏名機楮，見《衛藏通志》卷三，《大清一統志》（嘉慶）卷五百四十七作噶爾招穆倫江。

〔註1242〕《大清一統志》（嘉慶）卷五百四十七作桑里城，《欽定理藩院則例》（道光）卷六十二作桑葉，達賴喇嘛所屬中等宗之一，今西藏札囊縣桑葉鎮。

〔註1243〕《衛藏通志》卷十三上頁四作千總趙儒。

〔註1244〕《衛藏通志》卷十三上頁四作第巴濟古爾。

準噶爾賊，不畏天討之兵麼，我們大兵三次擊敗準噶爾賊，來至喀拉烏蘇、達木等處，你聞知不即去迎大軍，反處處收唐古忒船，避薩木雅城，由薩木雅又逃你家去，趙汝、扎木姑爾〔註 1245〕等往你家去遇見你，你纔無法隨來，你之叛逆行為，追隨準噶爾之處，皆極明顯，你自知斷難免死，繞行避走。前年我們將軍額勒特伊〔註 1246〕、色楞等領兵救援土伯特衆生，維護黃教，準噶爾車凌端多布即受攻討時，你不幫助我兵，反幫準噶爾賊，聚唐古忒兵與我兵為敵。據供我被準噶爾威迫，一切從其指示，調兵遣將敵向大兵，皆噶隆扎什則巴、阿昭拉等強迫，我幫助準噶爾是實，惟扎什則巴、阿昭拉問訊。

繼問扎什則巴、阿昭拉，準噶爾車凌端多布等取藏後，我們親領行此，皆被他們威逼行事，並非我們實心〔註 1247〕等語。扎什則巴你實意幫助準噶爾，被勒行，你理如阿爾布巴、隆布柰請我們去，你身不得離，你理宜從中差你一二人致我們信，你意出告我們，遣人不成，我們錯走路被你拏獲為奴〔註 1248〕，或繕給文書，或出你心告，應致我們信遣放，反拏我們奴僕解送準噶爾，我們大兵護送達賴喇嘛，你帶領衛藏唐古忒兵七千，馱九尊大炮往喀拉烏蘇地方去，為何與我兵攻打。據供稱此皆我親自行事，該死，應領受處罰。又詢扎什則巴派代琫通巴柰首告之處，扎什則巴領唐古忒兵七千進喀拉烏蘇地方，我們六頭目傳言，今內地兵與青海兵同來，你們應各自捨身，一心一意勤奮從事，此次你們若不奮勉，我們唐古忒兵一遭敗北，則準噶爾兵不能立足，此次準噶爾兵雖敗走，後若再來，我們婦孺皆至滅絕，問我隨車凌端多布傳文如此，所傳是實，自應領罪。又問扎什則巴你親領七千唐古忒兵阻止我兵進住喀拉烏蘇，第巴達克冊咨令你們兵分散，你始散兵否，或私自散兵否，第巴達克冊咨文何言，如何分散。供稱第巴達克冊並未咨文，惟車凌端多布曾發咨一文，其文內開，今將軍由巴爾喀木路來藏，我不能支持，爾等應隨從。準噶爾車凌端多布被大兵擊敗，我即令兵分散，親向扎什倫布逃去。又問第巴達克冊，如此咨文是實等語。阿昭拉、第巴達克冊供稱，一切軍事皆噶隆扎什則巴共同幫助準噶爾所為，自為頭目，領兵所行，扎什則巴亦與共同行事，又供稱我一小子，我主第巴達克冊之恩，車凌端多布放我噶隆，惟思一時體面，一切事宜皆照車凌端多布所交辦理，行軍集調之事，

〔註 1245〕《衛藏通志》卷十三上頁四作第巴濟古爾。

〔註 1246〕《平定準噶爾方略》卷三頁二十一作湖廣總督署理西安將軍額倫特。

〔註 1247〕原文作實行，今改為實心。

〔註 1248〕此句之意為，額倫特征藏時走錯路而被捉拏為奴之兵。

皆我之責，我與第巴達克冊商議，調各處兵士鈐印行文皆實，領罪。又問阿昭拉，他親領三千兵，由巴爾喀木路來阻止將軍，此去三千兵皆何處兵，至何處迎去，再藏穆倫渡口地方，遣一千兵住防守，又莫珠公喀〔註1249〕地方亦住一千兵防守，此住兵皆何處兵，誰去爲首。據供稱我並未帶去三千去兵，我因達賴喇嘛之蒙古兵不足百，我們唐古忒兵並隨我之人，共衹不足二百兵，我並未親領遠去，第巴達克冊住查拉堪布，他在藏穆倫地方住一千兵亦未咨遣一兵。再莫珠公喀地方惟第巴達克冊咨遣五十兵，住莫珠公喀地方差令集兵其五十，知莫珠公喀兵不來，他們亦散回來，此外別處並未住兵等語。又問阿昭拉，你係第巴達克冊世代奴僕，準噶爾賊雖以你爲噶隆，你理宜給你主第巴達克冊効力，應以善言相勸，有益黃教，你背主第巴達克冊養育之恩，勸你主叛逆，尚有何供。供稱我一極賤之人，惟謀眼前之利是實，今日始知死罪。

再詢拉藏汗屬台吉那木彥、侍衛巴圖爾等，他汗拉藏在達木地方與準噶爾對陣，衆商夜毀準噶爾之營，而台吉杜拉爾暗中致信準噶爾，未能成事，反入準噶爾之計，我們兵頗受傷亡，敗出後，杜拉爾台吉隨準噶爾進入我汗馬群，達賴喇嘛所有在蘇魯克牲口，皆給車凌端多布奪去。再住喀拉烏蘇地方多霍欒達什等人，我們台吉蘇爾咱出逃，被托布齊告獲，由車凌端多布請養準噶爾一人爲子，此始自準噶爾人，請將軍大臣等集此等人可以查審稟文，審問杜拉爾台吉。據供我當時惟出命，我領奴僕馬濟克求去隨準噶爾營，令我在蘇魯克人問牧群之處，指給是實。問杜拉爾台吉，你並非台吉，誰給你台吉名義，你去準噶爾營，口出狂言，我對你們有利，你們因此更得財富，可隨我來。據供稱我們始稱杜拉爾台吉，因上錯管牧群，準噶爾車凌端多布令我隨進，待以優遇是實，準噶爾人令我如此說。

又詢多霍欒達什，拉藏由藏敗出時親自探信，伊子蘇爾咱忽得命出，因何致準噶爾信，並養育準噶爾人爲子。據供稱準噶爾車凌端多布等來後，我隨第巴達克冊在藏，拉藏汗探信，拏蘇爾咱時車凌端多布差我跑托布齊、車木伯爾，我跑一次，拏蘇爾咱時無我，再養準噶爾人爲子，我無子，又因我姊之子，車凌端多布令我豢養爲子是實。

咨令延信會同審訊第巴達克冊等，以前即與準噶爾勾結，車凌端多布等

〔註1249〕《大清一統志》(嘉慶)卷五百四十七作墨魯恭噶城，《欽定理藩院則例》(道光)卷六十二作墨竹，達賴屬中等宗之一，宗址位於今西藏墨竹工卡縣。

取藏地方，他是第巴，擅主印信，集調兵丁拏蘇爾咱等事，處處行文，自始至終助逆，此次聞我大兵將來，又處處調集兵迎攻我兵，鈐印行文，大兵來至，又行逃避。扎什則巴隨準噶爾賊，幫助一切事宜，聞內大兵來送達賴喇嘛，又領衛藏唐古忒七千兵、九尊大炮爲首，阻止我們兵，準噶爾賊被我們兵三次擊敗後，又未隨來，逃往扎什倫布，領家口與準噶爾逃出，後聞康濟鼐堵禦，被拏時畏懼要逃，因不能逃出，纔被逼由班禪領文回來。阿昭拉極微賤小人，受第巴達克冊之重用，因噶隆並未以善言勸〔註 1250〕第巴達克冊，反強行叛逆，與扎什則巴結夥，幫助賊車凌端多布等調兵迎阻我兵。杜拉爾台吉商上人〔註 1251〕，不幫拉藏汗，反隨準噶爾賊，拉藏汗、達賴喇嘛之馬牛羊皆派蘇魯克給車凌端多布等。多霍樂達什始準噶爾人拏蘇爾咱時，他往托布齊、車木伯爾跑去，因告拏蘇爾咱，又求車凌端多布豢養準噶爾人爲子。第巴達克冊、噶隆扎什則巴、阿昭拉、杜拉爾台吉、多霍樂達什，皆夥同賊準噶爾助逆作亂，毀壞黃教，迫害人民等，若不正法，則日後必仍從準噶爾賊作亂，是以我們共同商議，第巴達克冊、扎什則巴等五人，隨逆叛變，斷不可留，曉諭闔土伯特，第巴達克冊、扎什則巴、阿昭拉、杜拉爾台吉、多霍樂達什斬首示衆，家產人口馬牲口田地抄沒，照數查核，皆給達賴喇嘛屬下。再一般逢迎準噶爾人等，擬從寬酌量治罪或免釋，第巴達克冊等五人以法處之之處，爲此稟咨，恭摺謹具奏聞。

[255] 撤回入藏各路兵馬沿途供應充足摺（康熙六十年正月二十四日）[2]-《卷十三》

奏爲撤回入藏各路兵馬事。

喇嘛達木巴噶隆、辦事官鍾佛保稟稱，我們從驛路順喀木去時聞將軍噶爾弼於十一月初十日由藏起身，我們在墨竹工卡城相見。將軍延信於十一月十一日由藏起身，我們於藏七十餘里之德慶城〔註 1252〕相見，他們皆由四川路撤去。喀木路險狹，皆是單行，遇雲南四川西寧路各處之滿洲綠旗兵，皆在將軍前陸續行走，見人顏色皆好，牲口少人，有僱牛騎馱，並未耽延。再雲南路之兵，糧未全到，沿途處處聚集存放，此隊之兵回去時所存之糧，足可供應。四川路兵之糧皆照數至藏，沿路均有預備糧食等物，此隊之兵毫無缺

〔註 1250〕原文作提，今改爲勸。
〔註 1251〕原文作上人，今改正爲商上人。
〔註 1252〕《大清一統志》（嘉慶）卷五百四十七作得秦城，今西藏達孜縣。

乏。西寧路之兵，達賴喇嘛發給八萬餘銀，一滿洲兵各十四兩，一綠旗兵各七兩，兵到藏後，每人給活羊各一隻，麫各一斗，又由藏至打箭爐西寧路之兵，共八千牛、八千羊、二萬七千斗麫、一千斗米，預備分給八大處，將噶隆第巴阿爾布巴預備咨送察木多等處得買糧僱牛，各處兵回去時賴此可無憂缺乏。再守藏時所駐扎薩克兵五百、額駙阿保兵五百、察哈爾兵五百、雲南兵三百、四川兵一千二百，共三千，青海兵一千，額駙阿保、副都統長齡、台吉塔布囊等、總兵官趙崑、副將楊晉新、親王羅布藏丹津、查罕丹津、貝子巴拉珠爾拉布坦，通共令策旺諾爾布爲首領〔註 1253〕管理我們三千兵，由達賴喇嘛商上每月各給二兩錢糧，各二斗麵，衆唐古忒等言，滿洲大君主天兵不惜一切物件，牲口在藏地餵養，許多草料難致，馬匹牲口有週圍大小城分養，死亡情願賠償，是以不聚草料，軍馬牲口皆按區分養。

台吉第巴達克冊、噶隆扎什則巴、第巴達克冊家人放噶隆阿昭拉等幫準噶爾召集七千唐古忒兵，九尊大炮，向我們兵喀拉烏蘇迎來，賊車凌端多布畏懼敗去，他們亦未差一人，自始至終幫助準噶爾行事，殺害人民，擅奪產業極多，人亦訟告達賴喇嘛商上屬杜拉爾台吉、卓哩克圖溫布、多霍樂達什，亦幫助準噶爾樣樣作惡，此六人皆已審問，十一月初七日依法示衆，產業牲口歸入達賴喇嘛，婦女交厄魯特侍衛等。康濟鼐、第巴阿爾布巴、隆布柰所行正派，皆放噶隆。再巴布隆、朋有〔註 1254〕、楊布濟彥此三處，皆各阻止二路，各派五十兵，各住一哨。又與康濟鼐言派可靠妥人各五名，分入三隊，由納克產路至克哩業邊界追趕去向查看敵兵情形，賊車凌端多布極爲畏懼，所帶兵丁人等，腫病死者甚多，車凌端多布等抵禦敗去是實等語。今藏地平安無事，唐古忒之老幼男女飲酒，街道終夜歌唱行走等語，是以臣照喇嘛達木巴噶隆等稟文，恭摺謹具奏聞。

[256] 準噶爾人逃出來投稟告準噶爾敗逃情形摺（康熙六十年正月二十四日）[2]-《卷十三》

奏爲據來投者稟告準噶爾敗逃情形事。

喇嘛達木巴噶隆、辦事官鍾佛保稟稱，我們在藏地等候班禪遣使，十一月二十二日噶隆康濟鼐差人往公策旺諾爾布處告稱，我們納克產頭目等接連

〔註 1253〕豐培按，原稿作策旺拉布坦，顯誤，今據《清實錄》改正爲策旺諾爾布。
〔註 1254〕常寫作彭域，今西藏林州縣一帶地區。

在我前咨送二唐古忒文，令公策旐扎爾固齊〔註 1255〕閱看，出二文譯閱。

一文內開，我們納克產那邊地界來耕田之唐古忒三人告稱，我們三人在田地時一群厄魯特兵如有大要事急行，看兵之數約有二千，蒙古包駱駝皆有，亦有婦女，那些人將我們三人拏去，彼此言語不通，他們一群人向我們手指說，車凌端多布，我們想必定問車凌端多布等敗去方向，亦手指告後，他們在我們人內放二人，一人騎駝指路，行入車凌端多布等敗路，是夜竊一馬騎逃出等語。

又一文內開，厄魯特來三騎馬人，會唐古忒言語，一人向我們說，我們皆車凌端多布等一齊敗去之準噶爾人，我們特隨請阿穆呼朗君主明鑒，今往藏去見大臣等。告稱你們果隨來人，將器械皆給我們，即送你們至藏，那些人從我們言，解給器械，是以將此三厄魯特向藏解送等語。

十一月二十一日郡王查罕丹津親來告稱，我給喇嘛、扎爾固齊來報喜信，令我駐守藏後，駐達木、巴布隆等處，由我兵內選出留，其餘兵向家遣去，告將軍公策旺諾爾布，至巴布隆後我派五人馬騰格哩淖爾〔註 1256〕等處，令追趕拏佛索闊人，查看賊兵情形，這些人帶準噶爾二人來此，二人告稱，我們皆隨車凌端多布敗去，車凌端多布被大兵追趕畏懼急逃，路上受風，週身及頭皆腫，不能進食，不能騎馬，做架子坐二馬馱行，病重，未必得命，衆兵等憂愁，皆腫病多，困苦行走，每日有死人，衆傷感說，看此情形，我們未必能到家，上天專對我們降罪，垂淚埋怨，我們至克里業這邊五日路程，由西綸沙爾地方，我們七人商議，於其愁死，不如來投王，得安生幾日。一群肥馬趕來時至納克產邊界，看一厄魯特騎馬走來告稱，我準噶爾人，桓台吉〔註 1257〕上年秋派五千兵，交台吉阿穆呼朗、騷哩圖哈什哈先咨送克哩業，繼而小車凌端多布言定，遣齋桑三音查克為頭目，幫助大車凌端多布，此兵來時齋桑三音查克之妾亦來，後遣使二頭目人竟未追來，我們兵本年夏間來至可哩業，桓台吉追阿穆呼朗遣使，不知何事，其使來，我們頭目人等皆甚為憂慮，後探信問與頭目人相近行走人等，暗暗告稱，我們營出事大壞，台吉洛布臧舒努、舒努達瓦、小車凌端多布〔註 1258〕、齋桑三音查克、巴杜爾博洛

〔註 1255〕即策旺諾爾布。

〔註 1256〕《大清一統志》（嘉慶）卷五百四十七載名騰格里池，蒙古語騰格里諾爾，騰格里蒙語天之意，水色如天青也，諾爾即湖之意，今西藏納木錯。

〔註 1257〕《平定準噶爾方略》卷一頁一作策妄阿喇布坦。

〔註 1258〕《蒙古世系》表四十二作策凌端多克，巴圖爾渾台吉弟墨爾根岱青曾孫。

特等爲頭目，其大小十三台吉，土爾扈特小喀屯再領嘎拉丹津〔註 1259〕、蘇爾咱共領奴僕，內一半皆搶大車凌端多布之產業牲口叛出，桓台吉遣兵追去，大加征伐，被桓台吉派兵擊敗，乃較強壯者洛布臧舒努等領尋阿拉台向西北去，人等皆猜說，領小喀屯出，看必尋土爾扈特去等語。我兵口糧完盡，馬匹牲口死亡極多，困苦步行，本年夏間始至克哩業，聞阿穆呼朗君主大兵爲數衆多，來取西藏，不能盡來，惟選一千五百，阿穆呼朗、騷哩圖哈什哈領先車凌端多布等來，順路至特布克托洛海看有一隊兵自克哩業向西急速回去行跡，此必車凌端多布等，阿穆呼朗兵未追及，敗去行跡未質明，不可妄進，至納克產邊界，由唐古忒等得實信，阿穆呼朗等頗畏懼，車凌端多布等敗去，進路急速回去，我不願意準噶爾，由此兵逃出，今往藏去，進一蒙古諾彥安生，是以我們八人同商，皆請王你安〔註 1260〕，來至騰格哩淖爾稍近，唐古忒人們來，皆搶去我們馬匹牲口一切物件，不能行，其餘留騰格哩淖爾那邊，我們二人先來告王，我們又派五人給馬口糧，帶此二人去迎那六人，來至後，遣送公策旺諾爾布等查問，再稟報大將軍王。我們十二月初二日由藏起身時大臣等官員等皆來送行，公策旺諾爾布等言，適纔由準噶爾隨來倭拉哲伊人〔註 1261〕來至告稱，我隨車凌端多布敗去人，車凌端多布不服水土，得腫病，聞本年大將軍王領大兵取藏來，晝夜愁悶，樣樣計畫，又領兵至諾莫歡烏巴什迎去，夜不睡防行，又敗去時急速行走，憂愁受風，至納克產屬地方，週身頭皆腫，不思飲食，不能騎馬，支架子坐二馬駄行，病情很重，衆皆說未必到營，去時車凌端多布與托布齊、車木伯爾等公商，兵分三隊，前車木伯爾、繼車凌端多布、末托布齊行，因大兵追時畏懼，向克哩業西順週圍路去，此路風急水洶，水草亦壞，再我們衆兵過愁皆得腫病，人多死亡，內兵營三次侵犯，頗有受傷，車凌端多布言冉少中我們兵完盡，隨大君主進是實，極畏怕，急速敗去，再陸續隨來人多，車凌端多布無法，傳曉衆人云，我今日不能保護你們，任你們逃去，分物各帶去，傳曉衆兄弟們之物別犯，我們至西綸沙爾日，由我們營來七使，車凌端多布見頭目人等，說一日，於是衆頭目等低頭憂容，先聞小車凌端多布見頭目人等領兵來達木，後來小車凌端多布並未來，今來使皆愁，思我們營必大毀，我特請大君主明鑒，來求安生，

〔註 1259〕拉藏汗長子，《蒙古世系》表三十八作噶爾丹丹忠。
〔註 1260〕此處補安字。
〔註 1261〕意爲名倭拉哲伊之人，本書翻譯之時多有此寫法。

由西綸沙爾逃來，此次隨來之人，不久皆來，來時我們見查核詳問一切之處，再行報告大將軍王等語，是以臣照喇嘛達木巴噶隆稟文，恭摺謹具奏聞。

[257] 遵旨遣使賚送聖旨由班禪拜領情形摺（康熙六十年正月二十四日）[2]-《卷十三》

奏爲遣使賚〔註 1262〕送聖旨由班禪領受事。

正月二十三日喇嘛達木巴噶隆、辦事官鍾佛保稟稱，前據理藩院咨，大將軍王奉旨，將向班禪額爾德尼降旨，令由大將軍王處派喇嘛一名、妥協章京一員，馳驛急速遣往，班禪遣使請安，亦急速帶來，欽此欽遵。旨文賞項綢十疋，一併呈送等語。文到大將軍王即派我們於上年九月十二日由伊瑪圖地方由驛路前去，路上聞得，謹遵聖旨，來藏從達賴喇嘛學習經教〔註 1263〕。十一月十二日至藏相近班禪達賴喇嘛處，皆差人以茶恭迎旨文，往菩提去見班禪後，班禪跪請聖上萬安，繼問阿哥王等安，五旗王各大臣等好，宣讀旨文時班禪跪牀合掌聽讀畢，旨文綢疋皆面交給。班禪合掌高舉跪奏，咱木布、塔布共上滿洲大君主，宗喀布尊崇黃教，待喀木衛藏衆生如赤子，惻隱仁慈，推廣此教，以安生命，天下人民，皆知尊崇，由我們處請滿洲大君主安，呈遞伯勒克，凡將各種事務前使具奏，行及百年，並未間斷，此四五年被準噶爾侵擾，耽誤未能遣使，皆我之罪，我聖主滿洲佛洞察一切，今奉聖旨，我心喜悅，我出家喇嘛人，惟領衆喇嘛等在佛前燒香點燈，祝滿洲聖主萬萬歲，長明永固，在三寶佛前禱祝唪經外，此仁慈重恩，何能報答。再準噶爾人等來此毀壞寺廟，殺喇嘛等，又令數千喇嘛爲平民，破壞教義，凡人皆知，今日滿洲聖主恩施，敕封達賴喇嘛坐牀，命令阿哥王來至遠域，復扶佛教，喀木衛藏萬萬生靈，得永安生，自此以後，滿洲聖主深恩，教義推廣，衆生得萬萬年安生，我們民衆前與班禪聖主同一尊教，班禪額爾德尼、達賴喇嘛遣使具奏年久，此四五年被準噶爾侵擾耽誤，未得差遣，又準噶爾人等來藏，擾亂佛教，毀壞寺廟，殺害喇嘛，土伯特人等愁苦已極，班禪額爾德尼亦甚愁慮，顏色衰敗，比先覺老，今特奉旨，令我們急速差遣，此差遣亦班禪額爾德尼年老，今一切事皆完，惟心意故寬，仍照先前勤篤佛經，推廣教意，因此班禪額爾德尼以應聖主旨意，惟達賴喇嘛學習經教，推廣佛教，此勤勉

〔註 1262〕原文作賫，今改正。

〔註 1263〕此句意相反，應爲來藏教達賴喇嘛學習經教。

衆生之事，謹遵聖旨並遣派徒衆請安，定日起身。班禪〔註1264〕言，我欽遵滿洲大君主聖旨，我儘力爲達賴喇嘛前教習經義，專意在三寶佛前勤禱滿洲大君主之恩，今教道諸事皆已妥定，我亦想遣使請滿洲大君主安，遣派使後，再行稟告。散筵後達賴喇嘛之父索諾木達爾扎告稱，喇嘛、札爾固齊來求我，我向滿洲大君主請安，我們往達賴喇嘛前去，達賴喇嘛跪牀合掌呈遞哈達請聖主萬安，繼向阿哥等問安，五旗王各大臣等好，我一小班第恩施，滿洲大君主仁慈，敕封達賴喇嘛，派無數大兵送小人來藏，仰仗滿洲大君主之威福，路遠有瘴之地，毫無憂慮，平安來至，滿洲大君主如此仁慈厚恩，我實不能報，惟有祈禱滿洲大君主萬萬歲，長明永固，不分晝夜在佛前禱祝唪經外，何能報答，適我遣使叩謝天恩，我們筵宴。是月十八日班禪亦宴請我們，宴畢告稱，我欽遵上諭，我派徒噶布楚洛布臧扎什六人請滿洲大君主安，你們一齊差遣，向藏來時未預備呈貢伯勒克，無騎馬牲口，我差人亦未治裝，今拉什隆木布〔註1265〕急速遣人來到，令你們起身，我遣使呈貢伯勒克奏文皆交我使臣派送，其唐古忒文特奏。

今粗譯閱看，文內開，請上滿洲大君主安，呈伯勒克遣使奏文，此四五年衆生被準噶爾侵擾，耽誤未能遣使，我們一切事宜，仰荷滿洲大君主明鑒，盡聞仁聖之旨，我不勝喜悅，聖恩如何能報，惟祈增滿洲大君主萬萬歲，長明永固，在三寶佛前專意禱祝外，十四阿哥王率領大兵，賜封達賴喇嘛，並無延誤，護送至藏坐牀，欽遵聖旨，我來菩提，給達賴喇嘛格楚爾薩啓爾阿比什克，遵照宗喀巴之遺道，我儘力教導，上慰滿洲大君主推廣教義，以安衆生，承蒙重恩，喜之不盡，今成宗喀巴之阿迪斯迪特，上仗滿洲大君主之威福，以興黃教，衆生靈共享太平安逸，喜樂無窮，以來藏之事，不及遣使請安，適扎爾齊瑚畢圖交給請安文後，今對我不勝仁慈，奉旨遣使問我好，賞給好綢十疋，專使達賴喇嘛達木巴格隆〔註1266〕，差辦事官鍾佛保妥善送到，仰仗今上滿洲大君主威福，善教衆生，自此以後，黃教愈廣，衆生永得安逸，我亦遵照聖旨，教育衆生，我儘力勤勉。再我們衆喇嘛等，惟仰仗滿

〔註1264〕原文作班第，今改正爲班禪。

〔註1265〕即扎什倫布寺，《大清一統志》（嘉慶）卷五百四十七載，札什倫布廟，在日喀則城西二里都布山前，相傳昔宗喀巴大弟子根敦卓巴所建，至今班禪喇嘛居此。

〔註1266〕此處補隆字，本書第二一九、第二四九、第二五五、第二五六號文檔均作達喇嘛達木巴噶隆，第二五七號文檔中別處寫作達喇嘛達木巴噶隆。

洲大君主深恩，得以生活，仍懇不時訓示，呈貢伯勒克、沙克扎穆呢佛、額爾德呢沙哩爾額農阿克地方成喜扎什哩瑪佛，黃紅香十五束，入福哈達，一併選定吉日由菩提呈貢等語。

是月二十九日札什倫布差人來到，令我安護班禪奏文呈伯勒克，皆交伊使噶布楚洛布臧扎什，我們普筵宴班禪之使，十二月初二日由藏起身，來至西寧後，班禪奏文並大將軍王稟文，呈貢伯勒克稟閱等語。喇嘛達木巴噶隆、辦事官鍾佛保到後，再行辦理使臣等咨送京城外，茲將班禪之信，喇嘛達木巴噶隆等稟文，恭摺先行奏聞。

[258] 賫〔註 1267〕呈班禪表文並使臣起身赴京摺（康熙六十年正月二十七日）[2]-《卷十三》

奏爲賫〔註 1268〕呈班禪表文事。

正月二十五日前派喇嘛達木巴噶隆、辦事官鍾佛保彙同班禪使臣噶布楚洛布臧扎什等七人，並咨文到來，閱看譯文云，如天聖主之子第十四阿哥王貴體安好，如坐白雪山上萬光覆照，得如天之福，哈達賫〔註 1269〕到，不勝喜悅，我身體極好，凡對生靈有益之事，勤勉從事，自此以後，振興佛教，以爲要義，我們喇嘛等隨時指望阿哥王教導，咨文如水流不斷頒至，伯勒克，章京阿拉善哩祿多樂圖魯爾之哩祿他爾呢達哈庫之哈達，一併選定吉日呈貢等語。交使臣喇嘛達木巴噶隆、辦事官鍾佛保，正月二十七日由西寧起身，爲此恭摺謹具奏聞。

[259] 據青海盟長稟告達賴坐牀並聞準噶爾內部多叛逃摺（康熙六十年正月二十七日）[2]-《卷十三》

奏爲據稟轉奏事。

正月二十六日青海盟長貝勒額爾德尼額爾克托克托柰由喀喇烏蘇地方差爾罕齋桑畢哩棍稟稱，奉聖旨令達賴喇嘛於九月十五日坐牀典禮，班禪額爾德尼巡視各寺廟，心願滿足。將軍大臣等向我說，今大事已成，左右翼王貝勒貝子公台吉等，令我們共同酌定坐次，右翼二王，左翼貝子巴拉珠兒拉布坦〔註 1270〕，令我們四人暫坐，我言人若多坐，則恐土伯特人等準噶爾賊等易

〔註 1267〕原文作賚，今改正。

〔註 1268〕原文作賚，今改正。

〔註 1269〕原文作賚，今改正。

〔註 1270〕顧實汗圖魯拜琥第二子鄂木布孫，其父納木扎勒。《蒙古世系》表三十六失載。

生他慮，擬設二座，由二王坐，二王回時由貝子巴拉珠兒拉布坦坐，我在末坐。隨來準噶爾賊內卓特巴人〔註 1271〕告稱，由策旺阿拉布坦處車凌端多布遣使來至克哩業戈壁地方，告稱策旺阿拉布坦之妾色特爾扎布二子洛布臧舒努、舒努達瓦，棍詹〔註 1272〕之子車凌多爾濟〔註 1273〕、車凌端多布〔註 1274〕，拉藏汗之二子噶爾丹丹津、蘇爾咱，瑪哈之子三都穆齊齋桑等，此合謀叛出，準噶爾齋桑等，彼此動刀齊殺，洛布臧舒努等，來藏車凌端多布之婦孺皆搶取營壘向阿拉台去，由後策旺阿拉布坦回擊〔註 1275〕，車凌端多布得信，齊哭救援，選三百人夜半走去，其餘準噶爾人等馬匹牲口疲乏，重馱捆皆棄捨，羊膻羊馱去等語。臣咨送文來齋桑巴哩棍〔註 1276〕，查問西藏之信，告稱我們貝勒於十一月十八日由藏起身緩行，十二月初八日至喀喇烏蘇，令我問大將軍王好，差聞事之緣由，貝勒大蓋二月底來營，我們在藏時十一月初八日將軍噶爾弼起身，十一日將軍延信起身，皆由巴爾喀木路回去，其餘皆照貝勒額爾德尼額爾克托克托柰稟文所告說。再貝勒額爾德尼額爾克托克托柰問臣好，遣送哈達、香一束，答以哈達餑餑等食物，齋桑巴哩棍賞綢一疋，爲此恭摺謹具奏聞。

[260] 康濟鼐派員稟報藏情並獻奏文摺（康熙六十年二月十八日）

[2]-《卷十三》

奏爲康濟鼐稟報藏情事。

二月十五日阿里地方康濟鼐由西藏台吉蘇爾咱屬差侍衛胡爾敦至西寧來問臣好〔註 1277〕，並送哈達藏香氆氌。臣問侍衛胡爾敦，你何日由藏地起身，來時班禪額爾德尼，我們二路兵將仍住藏否，康濟鼐親領幾人來藏，管理彼處事務行否，你原爲蘇爾咱屬人，如何跟隨康濟鼐派爲使臣來此，現令達賴喇嘛坐牀，西藏唐古忒圖伯特人何說，你將始末情由全告，勿稍遺漏。據稱我原是拉藏汗屬人，準噶爾賊車凌端多布取藏，前年三月間準噶爾賊令聶斯

〔註 1271〕意爲名卓特巴之人。

〔註 1272〕《蒙古世系》表四十二作袞藏巴噶，巴圖爾渾台吉弟墨爾根岱青孫。

〔註 1273〕《蒙古世系》表四十二作策凌多爾濟，父袞藏巴噶，曾祖巴圖爾渾台吉弟墨爾根岱青。

〔註 1274〕即小策零敦多卜，《蒙古世系》表四十二作策凌端多克，巴圖爾渾台吉弟墨爾根岱青曾孫。

〔註 1275〕此句意爲征藏而去之車凌端多布之營壘婦孺皆被搶而往阿拉台去。

〔註 1276〕本文檔前文作畢哩棍。

〔註 1277〕此句意爲康濟鼐差原蘇爾咱屬之侍衛胡爾敦至西寧問胤禎好。

喀拉巴圖爾〔註1278〕爲頭目，六十人爲副，我們難管，有無厄魯特男女孩童解送，又遣送足二千唐古忒人等，令我們看守，將及三月，行七月間阿里地方至近，康濟鼐領少數人迎準噶爾聶斯喀拉巴圖爾等，請宴飲酒時忽衆兵圍住準噶爾賊，六十人殺了五十八人，逃走二人，康濟鼐領千人在嘎爾濤立營，順業功地方去住，足一年。上年五月間康濟鼐親領拉藏我等二百厄魯特人、三千唐古忒兵來截準噶爾後路，準噶爾賊被大兵擊敗，由我們堵截去路，康濟鼐三千唐古忒兵仍在阿爾崩阿地方駐守，準噶爾賊親領三百兵駐扎什倫布，去叩見班禪額爾德尼，後內地大兵送達賴喇嘛至藏，請去班禪額爾德尼，康濟鼐亦隨班禪額爾德尼來藏叩見達賴喇嘛，康濟鼐以爲隨蒙古人拉藏行，上年十一月十七日由藏地上滿洲聖主安蒙文一摺，呈貢黃紅香五束、珊瑚珠子二掛、琥珀珠子二掛、各色氆氌六疋，交我送來以前，上年十一月初八日、十一日二將軍領兵起身先行，令達賴喇嘛領內侍衛領催，十三日將軍等陸續起身，聞將軍等追及，一齊順巴爾喀木而去。厄魯特貝勒額駙阿保、公策旺諾爾布、副都統長凌，領內地兵〔註1279〕住藏。青海台吉等內親王羅布藏丹津、郡王查罕丹津、貝子巴拉珠爾阿拉巴坦各領兵亦駐藏。班禪額爾德尼仍在菩提，康濟鼐帶領三百阿里地方兵亦駐藏，將軍等起身前告達賴喇嘛，有聖旨來令康濟鼐暫辦噶倫之事，康濟鼐已經就任。仰仗聖主威福，護送達賴喇嘛來藏坐牀，闔藏唐古忒圖伯特人等言，我們皆復得見天日，聖主恩施，不勝感激，男女老幼在街道上不分晝夜歡樂歌舞。再我來時康濟鼐問我，你到西寧請驛往京城去，我帶一奴僕，請大將軍王賞給驛馬。

奏文譯看內開，天地衆生，天命君主，腳踏金蓮寶光，大滿洲佛，小康濟鼐專奏，準噶爾賊策旺阿拉布坦一切行爲違背滿洲大君主之意旨，罪惡肆虐，與拉藏汗結親，用計險惡，車凌端多布等遣賊殺拉藏，蘇爾咱並其弟〔註1280〕一併帶去，毀壞佛教。殺害博克達班禪之弟及二子多爾濟欽巴之兄弟。土伯特之大臣等財帛多被搶劫，拉藏汗屬奴僕土伯特西爾嘎特盟人等，將被準噶爾人等帶去，我意不忍，上年帶人順阿里路去準噶爾處，奪回拉藏汗人。後帶土伯特西爾嘎特人等順克哩業路去，準噶爾人等殺領此盟人等後，對固木布木廟達賴喇嘛惡意誹謗，妄稱土伯特片意不令爲達賴喇嘛，推崇博克達班

〔註1278〕第一九〇號文檔作納斯喀拉巴圖爾。
〔註1279〕此處補地兵二字。
〔註1280〕原文作蘇爾弟，今改爲蘇爾咱並其弟。

禪之明，自二藏推身言心，三祠之一切財帛均被準噶爾挐去。土伯特爲賊策旺阿拉布坦佔據，緣由地遠而巴台兵遮擋未能具奏，小人決意擊退賊車凌端多布，推廣佛教，而令衆生太平安逸，不惜生命，率領阿里地方之衆，並領拉藏汗人等來征討車凌端多布，蒙大君主派來大兵護送達賴喇嘛，順喀木二路來時準噶爾賊除投降外，餘者皆敗走，土伯特人等同心擁戴達賴喇嘛坐牀，博克達班禪來臨，又蒙將軍等宣佈聖旨，令小人我管理噶倫之事，由第巴阿爾布巴、魯木布柰二人共同辦理土伯特之事，謹遵上諭，暫且承當，今後上大君主，達賴喇嘛教諭之事，設有不安兵征之事，將不惜生命奮力兵事，可毋庸辦理噶倫之事，五世達賴喇嘛之缺，仍照固什汗先時扶持，教衆大有裨益，久蒙聖主洞察，自準噶爾賊擾亂之後，民極勞苦，今事件完結，食穿等項，達賴喇嘛奴僕，向無領給之例，甚難發給，小人等承拉藏汗之餘業，在土伯特地方奴僕等，令重整家園，仰乞施仁慈之恩，推廣教義，共享太平之樂，小人康濟鼐頭頂奏文於初一吉日呈貢等語。

臣查先前藏地人等請皇父安奏文遣使，有馳驛送往京城之例，康濟鼐遣侍衛胡爾敦、奴僕一名，照例馳驛，康濟鼐所奏蒙文呈貢之物，交侍衛胡爾敦，派領催齊勒特解送。康濟鼐由藏之遠地問臣好，咨送哈達香氆氌，臣皆領受，侍衛胡爾敦由京城回來向藏去時另行發給答物，再康濟鼐稟臣文另摺具奏外，爲此恭摺謹具奏聞。

[261] 轉奏康濟鼐稟文摺（康熙六十年二月十八日）[2]-《卷十三》

奏爲轉奏康濟鼐稟文事。

阿里地方康濟鼐稟臣文，滿洲大君主阿哥王腳踏蓮花之明，小人康濟鼐誠篤稟呈，賊策旺阿拉布坦爲首，上違君主之意旨，與拉藏汗結讐，暗遣兵殺拉藏汗，蘇爾咱之弟〔註1281〕一併帶去，毀土伯特佛教，善惡不分，皆被殺害，搶奪財帛，衆生怨恨，小人康濟鼐我上年領拉藏汗人等，順阿里路向準噶爾追去，殺準噶爾賊，領回拉藏汗人等，其後又帶土伯特西爾嘎特盟人等，由克里業路去追殺，準噶爾賊誹謗先五世達賴喇嘛原意，不合當選爲喇嘛，班禪之明，由二藏推身言心，三祠〔註1282〕一切皆被準噶爾賊挐去，本年我領拉藏汗人等及阿里地方兵，共謀擊退賊兵，後蒙大君主遣派大兵由左右二邊

〔註1281〕《蒙古世系》表三十八蘇爾扎之弟作色布騰。

〔註1282〕指格魯派甘丹寺、哲蚌寺、色拉寺三大寺，《大清一統志》（嘉慶）卷五百四十七頁二十八載三寺名分別爲噶爾丹廟、布雷峰廟、色喇廟。

來襲，賊被擊退，達賴喇嘛坐牀，衆生歡悅，小人叩見二博克達〔註 1283〕及將軍等，蒙大將軍阿哥王交下上諭，令小人我管理噶倫之事，第巴阿爾布巴、魯木巴柰〔註 1284〕等共同辦理土伯特之事後，若土伯特人等有不安兵征之事，旨令我在軍事上奮行，可免辦理噶倫之事，再行請旨。再拉藏汗人等，先小人養育，今事件完結，達賴喇嘛之奴僕向無領給之例，食穿等物，發給甚難，如蒙施恩，永感慈惠，五世達賴喇嘛由固什汗扶持，黃教極有裨益，小人謹遣使臣並具奏文，請大將軍阿哥王轉遞呈貢伯勒克之道，哈達香氆氌一併吉日稟呈等語，是以臣照康濟鼐稟文，恭摺謹具奏聞。

[262] 據延信稟達賴協助餉銀摺（康熙六十年二月二十三日）

[2]-《卷十三》

奏爲達賴協助餉銀事。

平逆將軍延信等稟稱，達賴喇嘛差屬下喇嘛卓呢爾嘎布楚、第巴達咱等來稱，達賴喇嘛言，此次大兵來時由將軍大臣等以下至兵丁等馬乏糧盡，不勝勞苦，此皆滿洲聖主爲道教衆生，並令我坐牀，今大兵撤回，我理宜自大臣以下至兵丁等，皆補給牲口衣服等物，惟準噶爾久居藏地，馬匹牲口皆被帶去，在庫之一切物件亦多被搶奪，然如何送行，是以我滿洲聖主仁慈養育我，復救衆生，以答厚恩，我們略盡微意，現庫內餘銀無多，各第巴達他等儘力籌出，共銀八萬八千兩，請勻給各官兵。再由藏至打箭爐，其間我屬拉里、秉嘎爾〔註 1285〕、色爾扎塘、類烏齊、布木達、阿布拉塘、巴塘、裏塘等八大城，供牛八千羊八千麪二萬斗米一千斗，皆預備均分，請給以作回去大兵口糧等語。是以延信等商議，達賴喇嘛誠篤感荷聖主之恩，兵丁極爲勞苦，誠意幫送，官兵領取銀兩，自滿洲綠旗大臣等以下至兵丁等，皆計等均勻分給，再達賴喇嘛中途拉里等八城預備牛羊米麵等物，官兵合著人口照數繕領憑單，陸續送領隊行大臣起身，爲此恭摺謹具奏聞。

[263] 據延信稟撤軍情形轉奏摺（康熙六十年二月二十三日）

[2]-《卷十三》

奏爲據延信稟撤軍情形轉奏事。

平逆將軍延信等稟稱，延信帥領大兵由來藏驛路行走，來時我兵過諾莫

〔註 1283〕指第七世達賴喇嘛與第五世班禪額爾德尼。

〔註 1284〕即隆布鼐。

〔註 1285〕常作邊壩，亦名達爾宗，宗址在今西藏邊垻縣邊壩鎮普玉村。

歡烏巴什嶺走乃秋時，因每日下雪，糞草皆壓，兵多勞苦，今正冬時雪大，而冷氣尤甚，適由此路來，聞青海人等告稱，由喀拉烏蘇那邊四五日大雪，深過膝蓋等語。驛移在濟魯肯他拉，路至西寧繞遠，而途中無居人，一遭下雪，糞草皆壓，竟不得燒火，延信意此二路既無居人，而郭洛特〔註 1286〕、禹舒、吉爾擦等唐古特人等見人少，妄自搶奪竊行，聞前後行走蒙古等告稱，驛人之馬不久被搶去等語。今正冬寒之時，若冷氣尤甚，若遇大雪，則人馬被劫去，冬時此驛路中斷，我與將軍噶爾弼商議，我將來路撤去驛站，將軍噶爾弼來路驛站，由藏至打箭爐仍駐驛站，此路居人不斷，而燒柴豐足，每驛有馬，唐古忒人等又幫行送事，雖稍繞遠，並不耽誤行走，是以令延信共議定，一面稟報大將軍王，一面撤驛之事咨送，由準噶爾隨來人等交護軍參領明泰、幫辦塔布囊阿比達呢魯特，侍衛歪朶等，沿路驛站皆撤，守護馬匹好好餵養，至西寧查明驛站綠旗軍馬之數，辦理住西寧糧餉之事，令移交西安巡撫噶什圖辦理。再由藏至打箭爐留駐驛站，咨行四川總督年羹堯知道外，延信沿來路驛站撤去之處，亦咨行巡撫噶什圖知道等語。查以前總督年羹堯稟〔註 1287〕將軍延信領兵由四川來是實，報由打箭爐至藏駐驛不撤，仍住索羅木駐驛筆帖式額爾格圖報文，差藏辦事官鍾佛保、喇嘛第巴噶隆告稱後藏扎什倫布之事皆辦完，將軍延信上年十一月十一日由藏起身向四川去，差護軍參領明泰帶撤驛文來撤驛，臣在木魯烏蘇所存米令皆埋，由西寧至藏住驛行文皆撤回之處，一面稟文，一面護軍參領明泰，一切未耽誤來至之處，將軍延信並留藏公策旺諾爾布皆查明行文，差交藏員外郎常明珠等沿路諮訊，探得信息令速報將軍延信查報時，另行奏聞外，爲此恭摺謹具奏聞。

[264] 據延信稟藏地大功告成蒙加議敘謝恩摺（康熙六十年二月二十三日）[2]-《卷十三》

奏爲藏亂平定，遵旨議敍事。

二月二十一日平逆將軍延信等稟稱，大將軍王移交准兵部稟咨文內開，平逆將軍延信，準噶爾車凌端多布等三次敗去，令達賴喇嘛九月十五日坐牀，具以奏報，奉旨前因遣大兵取藏，令議政大臣九卿共議，皆以藏地遙遠，路惡有瘴，如何能保至邊地具奏。準噶爾人等侵藏，土伯特唐古忒人等被困，再土司番子直至雲南四川居住，若土司近取，數萬土伯特唐古忒人等熟習，

〔註 1286〕即果洛藏人。
〔註 1287〕此處補稟字。

侵犯青海，則當時我們難於抵禦，而藏地亦難維護。幸乾綱獨斷，派振威將軍富爾丹〔註 1288〕、征藏將軍奇哩德〔註 1289〕、討逆將軍富寧阿〔註 1290〕管理三路兵，移行策旺阿拉布坦所佔邊界，定藏將軍噶爾弼管理雲南四川滿洲綠旗官兵順拉哩〔註 1291〕路前進，平逆將軍延信管理西路官兵，由青海進藏，大將軍王總理官兵往駐木魯烏蘇籌調糧餉，官兵各自勤奮，三路征討至策旺阿拉布坦所佔邊界，屢次擊殺，搶獲牲口及準噶爾人等數千，噶爾弼等由拉里〔註 1292〕路進取入藏，大功告成，今閱大將軍王所奏，延信等三次擊敗車凌端多布之兵，賊首尾不能相顧敗去，事堪嘉獎，自將軍以下兵丁以上，皆從優議敘具奏，該部知道，欽此欽遵，咨交等因。奴才延信伏維聖主登極以來，文德極明，武功超越，致使內地安寧，叛亂之賊無不征除，外國向化，慕入版圖，無不撫恤，安以防危，武備時嚴，治以止亂，米糧預集，對天下路途關口，瞭如指掌，洞察一切地理風俗民情，竟如睹見，準噶爾賊潛取藏地，乾綱獨斷，派大將軍王調兵咨行總管糧餉之事，擴大威信，籌辦米糧，令將軍噶爾弼、奴才延信分二路征伐，賊兵喪膽，首尾不能相顧，又封呼畢勒罕為達賴喇嘛送藏，賊力單弱，土伯特唐古忒傾心服從，又令將軍富爾丹、奇哩德、富寧阿順三路驚擾，使策旺阿拉布坦彼此不能兼顧，第巴阿爾布巴詣請大將軍王，隨來伊屬恭布之兵，令將軍噶爾弼帶引入藏，如走無人之境，車凌端多布所聚唐古忒領七千兵，九尊大炮，在喀拉烏蘇地方迎來，我們大兵湧至，護送達賴喇嘛，闔唐古忒無敢抗對，賊車凌端多布等唐古忒人等皆知他們巴爾喀木路兵，支持去，西寧兵在他們後面追趕，不能敗出，他們已無重兵迎戰，在沙克河地方夜犯我兵，陸續三次被擊，不顧隊伍，敗回原處，是以奴才延信護送達賴喇嘛在藏坐牀，準噶爾賊同夥第巴達克冊、扎什則巴、阿耀拉〔註 1293〕等加以正法，黃教振興，康濟鼐、第巴阿爾布巴等人們歡放噶倫，倡首辦事，衆唐古忒人等內心感戴聖主之恩，此次定藏大功，皆聖主睿謀籌畫，隨時訓諭，延信遵照聖諭，無不符合軍情，今又奉議敘聖旨特頒，大臣官員等至兵丁等跪聽宣讀，皆稱我們世蒙聖主養育高厚之恩，並未報答，

〔註 1288〕《平定準噶爾方略》卷六頁二作振武將軍傅爾丹。

〔註 1289〕《平定準噶爾方略》卷七頁十八作征西將軍祁里德。

〔註 1290〕《平定準噶爾方略》卷七頁二十二作靖逆將軍富寧安。

〔註 1291〕《欽定理藩院則例》（道光）卷六十二載名拉里，達賴屬小宗之一，今西藏嘉黎縣嘉黎鎮。

〔註 1292〕原文作阿里，今改為拉里。

〔註 1293〕第二五四號、二五五號文檔作阿昭拉。

此次出兵，圖報聖主之恩，征討賊匪，我們理宜奮勉，聖主以我等微勞，即令從優議敘具奏，特降聖旨，衷心感戴，即在家父母兄弟妻子，皆感叩君恩等語。奴才延信謹領大臣衆兵等仰向聖朝謹叩天恩，伏乞大將軍王轉奏聖主，特恩軍功議敘之事，所關重大，交各隊大臣官員等查明註冊，保送時合對鈐印，再行呈稟等語，爲此恭摺謹具奏聞。

[265] 準噶爾敗逃情形並議撤兵事宜摺（康熙六十年二月二十三日）[2]-《卷十四》

奏爲準噶爾敗逃情形並議撤兵事。

平逆將軍延信等稟稱，延信先領兵進藏時沿路陸續隨來準噶爾那木扎人等，皆告準噶爾賊遠敗是實，我們在達木地方留衆兵，因草漸黃，寒氣惡劣，皆要求進藏，九月二十七八九等日陸續至藏。準噶爾那木扎等數賊遠敗，不可不加質實，厄魯特侍衛歪朶、藍翎巴爾蘇拉格拉沁、委護軍校博經、馬甲索諾木、親王羅布藏丹津雅蘇爾巴木布拉、郡王查罕丹津侍衛巴拉當齊胡拉等跟踪賊跡，進至那克產地方，看明實情，令差來，十月十九日厄魯特侍衛歪朶等回來共同告稱，我們十月初一日由藏起身，十一日住小那克產地方，見達賴喇嘛之西拉郭特管理長阿濟克，詢問準噶爾賊之信，西拉郭特人等向藏尋大那克產會合，康濟鼐兵，移營行走，九月十五日準噶爾賊車凌端多布等追來，搶我們尾隨行走之西拉郭特二十餘戶，擄去二十餘人，十月初九日被準噶爾擄去我屬西拉郭特庫賁等四人回來告稱，準噶爾賊搶我們去，避康濟鼐兵，繞特布克托洛海東走，八日至穆嘎地方，他們馬牛沿路乏惓，不能領走我們，將搶去我們小那克產二十餘西拉郭特，由大那克產搶去二十餘西拉郭特人皆棄走，由我們自己領走，準噶爾賊兵不足三千，領婦孺牲口一齊行走，昏黑一併起身，天黑後安營，後尾行之人夜間始至，並無別故，他們屢次驚慌，馬匹牲口重物炮彈藥等物沿途皆捨棄，拆槍柄煮肉食，高抬一準噶爾人行走，不知何人何病，現我們二隊那克產繞準噶爾賊，竟無敗，隨克哩業去等語。我們共商將軍大臣等咨文，令我們查探，水草不可不看，我們自己順利，安濟克〔註1294〕親領急走，是月十四日過大那克產至丹珠克地方，準噶爾賊入水草地，隨看沿路瘦馬牛羊衣服氊子炮彈藥箭拋棄滿地，看他們安營之處，多少不同，皆尋水草地安營，大蓋不過三千人，安營之處，亦拋棄瘦牲口軍械衣服氊子等物，極急敗去是實，我們回來，他們所棄之物皆要

〔註1294〕本文檔前文作阿濟克。

拏取，無馱運牲口，證據則炮彈一槍一，我們十六日至安濟克家之日，大那克產之長阿濟布臧差伊下達什人告小那克產之長安濟克，準噶爾賊渡戈壁順克哩業路遠敗走，我因住地遠，未聞大兵何日來至，達賴喇嘛何日坐牀，令咨告我，我們拏奶油預備貢差，約日去叩達賴喇嘛。此來達什我們同查問準噶爾賊之信。告稱我九月二十九日起身由家來，走五日十月初四日大那克產中間被準噶爾搶去，我們西拉郭特盆楚克人逃出，見我告稱，九月二十五日準噶爾賊帶我去克哩業路，在野倫西拉戈壁這邊扎拉地方安營，晚間我竊騎一馬逃出，準噶爾賊進戈壁，無水草地，急行，言至克哩業，其餘皆照庫賁等一樣等語。

厄魯特藍翎巴拉蘇拉告稱，前年策旺阿拉布坦給車凌端多布兵，向藏攤派，我們兵丁人等每人貢肥駝各一隻，肥馬各四匹，口糧從優辦給，此外各看本領領餘駝馬，正月初一日起身，在我們界內烏什〔註 1295〕地方住一月，候各兵起身，走戈壁地方，水草兇惡，馬駝瘦甚，三月三十日始至克哩業，在克哩業住四十日，馬群尚不甚死，五月十五日由克哩業起身向藏來，地高而氣候惡劣，人一會即死，純是石頭戈壁，內竟無草，我們馬駝死糧絕，大半步行，極難走，六十六日至達木地方，今時冷而氣候尤劣，戈壁內無河，皆挖舊井飲，想今大冷之際，戈壁內不甚下雪，井皆凍，馬牲口不得飲，戈壁內水草惡，走三四日地方竟無草，牲口多死，我們由水草地來，兵士牲口無恙等語。

延信先由達木地方與第巴阿爾布巴、隆布柰說，他們地方熟悉，派妥人至那克產克哩業查探賊跡，康熙五十九年十月二十日差第巴阿爾布巴等至唐古忒達魯嘎烏爾金多爾濟等地，旋來告稱，我們追探賊人蹤跡，隨行過那克產至戈壁界，看賊渡戈壁，尋克哩業逃去是實，我們又隨賊跡至克哩業去，惟入戈壁界後無居人，我們騎去馬竟不得回來，其餘各處皆照厄魯特侍衛歪朵等所報一樣等語。

查康熙五十八年二月二十三日諭旨，我們軍威所及，車凌端多布等必敗，許多兵丁如何調離或留駐，由西寧路撤退，抑由雲南四川路之處，你們盡心籌畫辦理善後，欽此欽遵在案。又本年十月十三日大將軍王飭交文內開，奉旨，車凌端多布等被我兵擊退竣事，除駐守西藏兵丁外，餘兵按隊撤回，仍順索羅木路退，或由濟魯肯他拉繞順王查罕丹津家來西寧之處，皆令我擬辦

〔註 1295〕今新疆烏什縣。

等語。入藏何隊之兵誰為首領，由何路遣回之處，你們詳行議定，報我入奏。為此謹遵，令延信聞知此事，我們大兵由諾莫歡烏巴什嶺至沙克河仍見賊跡，每日防備，尚未定兵撤回時走何路之處，難以預定，賊或敗去或被擊殺，議定另聞，康熙五十九年八月十九日稟呈在案。今閱由各處來告之信，準噶爾賊車凌端多布等被我們大兵擊敗，肝膽俱碎，尋克哩業路遠去是實，令延信同商大兵在藏地度冬，藏無牧廠，群馬草料由唐古忒人等領餵，斷不得足，反多勞擾，照先由河北議派三千兵留駐藏外，令延信帥領大兵由木魯烏蘇來，正當秋令，而由諾莫歡烏巴什嶺，每日下雪，沿路皆是，地土竟無樹木，所燒獸糞，皆被雪壓，馬匹牲口不得草喫，兵丁等不得不用衣服帳房等燒煮茶飯，或人用雪和麵而食，然地極高寒，又有兵丁地土不服，頗有損傷，仰託聖主之福，賊兵三次偷襲，兵丁雖未受傷，不服地土者時有損傷，今正當嚴冬之時冷氣尤甚，由此路來，聞青海人等告稱，由喀拉烏蘇四五日大雪，過膝，氣候極冷，而糞皆被壓，竟難得燒用，大兵由來路退回不成。知濟魯肯他拉巴爾喀木等路郡王查罕丹津屬齋桑巴齊格齊臧濟特告稱，將軍由西寧路出來之路，正是來藏大路，直而且近，往南至西寧另有一路，此路即現將軍設驛，由郎潭〔註 1296〕、潘多、巴布隆、喀拉烏蘇、沙克、索克詹丹公過沙魯、拉布咱嶺、迪楚河，濟魯肯他拉北二日路程，過格爾擦、禹舒〔註 1297〕等唐古忒地方，過木魯烏蘇、麻穆特河、巴彥喀拉，會合將軍來索羅木河路至西寧，我適由我們查剛盟唐古忒領口糧牲口送往，我們王由索羅木地方順此路走五十日，十月十六日至藏，我此次行路，與將軍行路相隔，水草皆一樣，所燒皆糞，竟無樹木，九月十頭至索克詹丹公地方，一連下四日雪，深過人膝，此路人跡稀少，糞被雪壓，竟不得燒，今大兵回去時將軍來路或順我來路走，則斷不可。以前我們查罕丹津向藏來時我們營由哈拉卓圖地方起身，過齊齊拉嘎那河，順濟魯肯他拉，與四川兵由嘎魯克色爾扎地方會合沙克河，過喀拉烏蘇、巴布隆、郎潭、潘多等處來藏，沿此路燒草簡而曲路遠，惟使臣領少數人可行，非大兵走路，若往松潘去，則由此處去、順郎潭、潘多、巴布隆、喀拉烏蘇、沙克、索克詹丹公、沙魯拉、布咱嶺走，順濟魯肯他拉，齊齊爾嘎那河去，由我們營至松潘，由拉布咱嶺，沿路竟無人，燒皆糞，夏時

〔註 1296〕今西藏林周縣甘丹曲果鎮朗塘村。

〔註 1297〕多寫作玉樹，但為玉樹部落，非今青海省玉樹縣所在地結古鎮，清代玉樹部落位於金沙江之上源，當青海入藏大道渡口，今青海省治多縣一帶地區。

可走，此時雪大無燒柴，由松潘我們營去人，則走濟魯肯他拉往西寧去路，則順濟魯肯他拉北二日路程，格爾擦、禹舒唐古忒營去，順濟魯肯他拉往西寧去，頗繞遠。由藏地往打箭爐去有二大路，適領四川兵來，將軍由打箭爐、裏塘、巴塘、扎雅克、察木多、類烏齊、嘎魯克色爾扎、隆布、扎魯克、扎拉洞、拉里、棱功路來藏，此路地暖而無瘴氣，沿路有人，亦得買賣，燒柴並不悮，水草亦好，走少繞十餘日，以先商人用牛馱物由打箭爐緩行七十二日至藏，自藏地由棱功、拉里、達爾宗、碩板多、洛隆宗、巴塘、裏塘至打箭爐，此路原唐古忒人等大商所行大路，而沿途城池大寺廟村接連，居人不斷，買馬騾羊牛麪則易得，地尤暖無瘴氣，柴木豐足，路直而近，由藏地商人用牛馱物緩行六十三日至打箭爐，我思大兵順此路回去，則並不勞苦，可至打箭爐等語。

又向熟悉地方之唐古忒帶車凌固木布等查問，亦照齋桑畢齊格齊臧濟特所稟一樣。查以前大將軍王奏文內稱，領兵大臣等定藏後，由藏順裏塘、巴塘往打箭爐去路暖，冬時可行等語，問明打箭爐路可行，一面奏聞，一面即帶錢糧預備口糧進打箭爐口，在成都歇息餵馬，往京城去，綠旗兵各咨各處等語。大兵若由濟魯肯他拉路，順郡王查罕丹津家至西寧路行走，則繞遠而沿路無居人，所燒皆糞，若遇大雪，則竟不得，地高有瘴氣，對兵丁多礙，此路亦順索羅木至西寧路一樣，由藏地順棱功、拉哩、達爾宗、碩板多、洛隆宗、巴塘、裏塘沿打箭爐路之商人行路，而沿途城池大寺廟村落接連，居人不斷，地暖而無瘴氣，燒柴厚足，買馬騾牛羊麪則得不悮。如是達賴喇嘛又由藏至打箭爐，其間拉里〔註1298〕、秉嘎爾、薩爾扎塘、類烏齊、布木達、阿布拉塘、巴塘、裏塘等八大城，所供牛八千羊八千麪二萬斗米一千斗，八城分勻預備，請給回去兵爲口糧，此八城我皆差人告知，是以令延信共商，若大兵順打箭爐路回歸，則兵丁等有益，滿洲綠旗兵編隊，由藏陸續起身，順打箭爐至四川，荊州滿洲兵副都統寧古哩〔註1299〕管理，十月二十二日起身，甘州涼州肅州西安督標綠旗兵，總兵官李林管理，是月二十五日起身，固原綠旗兵提督馬建白管理，是月二十八日起身，涼州鳥槍馬甲副都統保色管理，

〔註1298〕原文作阿里，今改爲拉里。

〔註1299〕原文作景州，今改正爲荊州，即今湖北省荊州市。副都統寧古哩《欽定八旗通志》卷三百三十一作荊州副都統寧古禮。《平定準噶爾方略》卷五頁十三作副都統寧古禮。

十一月初一日起身，蘭州護軍馬甲副都統伊立布〔註 1300〕管理，砲營副都統徐國貴管理，是月初四日起身，頭隊大護軍鳥槍護軍，副都統烏立布〔註 1301〕管理，延信親領河北侍讀學士常壽，是月十一日由藏起身，前鋒總管宗室西棱圖〔註 1302〕管理前鋒等護尾兵，是日起身，此陸續起身，滿洲綠旗兵至成都後，照例所得草料，咨行總督年羹堯，延信親領兵至成都後另報外，現撤兵起身之處稟聞等語，為此恭摺謹具奏聞。

[266] 據延信稟擬將投敵踹濟特田產牛羊分給拉藏汗屬人以資生活摺（康熙六十年二月二十三日）[2]-《卷十四》

奏為將逆產撥給拉藏汗屬人事。

平逆將軍延信等稟稱，延信來至藏地，先將賊車凌端多布等圈禁在獄拉藏汗屬人皆行放出，又由準噶爾陸續逃出人在藏地餘人之數合對，查看老病無業殘疾人，共有七百餘戶，你們今在此地否，博羅闥克克地方台吉蘇爾咱之妻長瑪爾去見否，你們各儘量告知，問時被準噶爾帶拉藏之妻車凌達什前夫洛布藏固木布生女賁蘇克拉布坦此內告稱，今我由已推我輩人拉藏汗屬人往博羅闥克克地方去見長瑪爾人等，止騎牲口，難得食糧，而今冬冷時難去，明年出青草後始可去等語。再拉藏汗下衆人哭稱，我們竟無生葉，請給生路，是以延信等共同商議，此等人們生活必須安置，免致離散，查台吉車凌扎布告稱，拉藏汗之兄名丹津旺扎爾〔註 1303〕，早故，其妻名踹濟特，只生二女，準噶爾車凌端多布等來藏，照顧踹濟特，伊家業並未動，上年準噶爾三濟回去時踹濟特領伊二女隨三濟往準噶爾而去，今聞踹濟特伊二女皆給策旺阿拉布坦二子為妻，現踹濟特在藏地有房二處，田產牛羊等物，皆伊屬人看守等語。踹濟特拉藏汗胞嫂，伊親隨準噶爾人等去，帶伊二女給殺拉藏汗讐人策旺阿拉布坦二子為妻，踹濟特又無子嗣，如是在藏地踹濟特之產業牲口田地等交台吉車凌扎布一一查明，給在藏拉藏汗之衆人均分，每年收二處地租糧，

〔註 1300〕《欽定八旗通志》卷三百二十四作蒙古正紅旗副都統伊禮布。《平定準噶爾方略》卷六頁十三作伊禮布，覺羅。

〔註 1301〕《欽定八旗通志》卷三百二十一作滿洲正紅旗副都統吳禮布。

〔註 1302〕《欽定八旗通志》卷三百二十一有滿洲鑲紅旗副都統西倫圖，康熙六十年十一月任，康熙六十一年十二月名西倫圖者任漢軍正紅旗都統，於雍正二年正月解任。又《皇朝文獻通考》載清太祖努爾哈赤次子代善曾孫有都統奉恩將軍席倫圖者，即此人。

〔註 1303〕《蒙古世系》表三十八作旺札爾。《如意寶樹史》、《安多政教史》皆言此人無子。

即辦給衆人過活。伊主台吉噶拉丹丹津、蘇爾咱聞信，令存此給地，交台吉車淩扎布一一明白分晰，令註冊具報外，賁蘇克拉布坦人等，明年往博羅闖克克去，在藏地領兵往，聞公策旺諾爾布去，賁蘇克拉布坦人等至博羅闖克克照例收取長瑪爾營週圍居住，咨交住守長瑪爾營侍讀學士華色知道等語，爲此恭摺具奏。

[267] 奉旨查明軍功人員咨部議敘摺（康熙六十年二月二十三日）[2]-《卷十四》

奏爲擊敗準噶爾官員兵丁議敘事。

本月二十一日平逆將軍延信稟呈，准兵部咨文內開，平逆將軍延信報稱，準噶爾車淩端多布等三次敗退，達賴喇嘛九月十五日坐牀具奏，奉旨閏大將軍王所奏，延信等，車淩端多布兵三次被擊退，賊亂敗逃，頗堪嘉尚，在事將軍以下兵丁以上皆從優議敘，該部知道，欽此欽遵。由大將軍王處行文平逆將軍延信，在事軍功人等查明註冊鈐印咨部議敘等語。如是將軍你們隊自大臣以下，兵丁以上全名註冊，再此內奮勇征伐受傷人等，一一分別查明註冊鈐印，咨行送部議敘等語。此件議敘之冊，即繕鈐印，應稟咨大將軍王，惟聖主施特恩軍功議敘之事，所關重大，不可不查，又延信即交各隊大臣官員等復查明註冊，速保咨行時合對閱看，查明註冊鈐印，稟呈大將軍王，爲此恭摺謹具奏聞。

[268] 處理罪人家產部分撥還被搶本人部分撥給康濟鼐摺（康熙六十年二月二十三日）[2]-《卷十四》

奏爲處理逆產事。

平逆將軍延信等稟稱，查明第巴達克冊、扎什則巴、阿昭拉等犯之家產田地馬牲口等一切物件，一一照數交達賴喇嘛外，第巴達克冊、扎什則巴、阿昭拉等家產田地內，亦有不讚同準噶爾行徑，強行勒取家產田地在內，若出申告之人，查明申告事情，不實則即入達賴喇嘛，查明若無罪，被準噶爾賊強行奪取，則照數退歸原主，所得交公策旺諾爾布辦理。又噶倫康濟鼐所請之處，我家產全被準噶爾賊搶去，阿里地方田地收糧，養我們妻子屬人，今滿洲大君主施恩放我爲噶倫，我唐古忒例，噶倫等惟得五六口〔註1304〕糧，今我身爲噶倫，辦理達賴喇嘛一切事宜，家屬自須遷來，人口極多，在藏地無

〔註1304〕原文作日，今改爲口。

養家口之產業，又無住房，伏乞滿洲大君主恩施，致令我妻子各得產業，查康濟鼐誠感聖主無窮之恩惠，輔助達賴喇嘛之人，若無養家產業，便難維持，令延信共同商辦，將正法之第巴達克冊在藏一處房屋使其居住，抄沒第巴達克冊田地為其養贍家屬之用，皆交公策旺諾爾布等辦理，為此恭摺謹具奏聞。

[269] 據延信稟自準噶爾逃出人稱聞策旺阿拉布坦病發摺（康熙六十年二月二十三日）[2]-《卷十四》

奏為傳聞策妄阿拉布坦病發事。

平逆將軍延信等稱，拏獲在扎什倫布準噶爾喇嘛等咨，抄沒扎什則巴之產業，台吉車凌扎布等蒙文稟稱，十一月初一日隨蘇爾咱行二男子與二女子由準噶爾逃出，向我們告稱，我們由野綸西拉地方逃出，自準噶爾營來使者與車凌端多布等商議，車凌端多布、車木伯爾二人選三百人，他們棄兵前去，其來使者共兵丁人等，其使者告稱，策旺阿拉布坦咳嗽病發，扎什倫布煮莽扎，車凌端多布等去時由那木凌城〔註1305〕拏去挖金人保守去，由準噶爾營來二使者與車凌端多布久言皆哭，其後看守者鬆懈，因得逃去。看由那木凌城來人之言，不甚明白，我由準噶爾逃出之人，幾時逃出，何日來到等處繕文咨詢那木凌城等語。延信思策旺阿拉布坦生性兇狠，一切罪惡滿盈，台吉車凌扎布報文，準噶爾來使者見車凌端多布等，車凌端多布等選三百兵先去，策旺阿拉布坦咳嗽病發，扎什倫布煮莽扎，又見車凌端多布等久言衆皆哭，準噶爾衆人皆說想必策旺阿拉布坦已死，是以台吉車凌扎布報信稟聞等語，為此恭摺謹具奏聞。

[270] 據延信稟達賴喇嘛及青海王貝勒等均懇留大兵駐守藏地摺（康熙二月二十三日）[2]-《卷十四》

奏為藏內達賴等懇留軍兵駐防事。

平逆將軍延信、定藏將軍噶爾弼等稟稱，自河北議奏，賊車凌端多布等敗去，退回原處，我們留額駙阿保五百兵，察哈爾四百兵並滿洲漢兵二千，青海兵二千駐守。我們領兵大臣議定駐守，此次兵來，米糧地遠，難於駐守，即由喀木藏衛三處地方酌取，祇領給一年口糧等語，令延信與青海王貝勒貝子公台吉等共議，你們兵如能留住，我們內兵或住不住，青海王貝勒商稱，

〔註1305〕《大清一統志》（嘉慶）卷五百四十七載西藏一城名尚納木林城，即今西藏南木林縣，疑即此城。

今仰聖主威福擊賊，大事順利完成，皆將軍大臣衆兵等同心協力奮勇所致，此非我們青海弟兄所能勝任，惟準噶爾賊極爲奸猾，現雖遠遁，明年遣兵復來，實難預測，新定地方，唐古忒人等意尚安，若衹駐我們青海兵力單薄，與事無益，酌駐內地軍兵，仰仗聖主天威，準噶爾賊聞之不敢再來，衆唐古忒人等有所倚賴，得享太平，請內地駐兵等語。

達賴喇嘛差伊卓諾爾嘎布楚告稱，我原德爾格特地方一小唐古忒人，蒙滿洲聖主高厚之恩，令我住固木布廟〔註 1306〕養育，今又給我印信，冊封達賴喇嘛，大將軍王不辭勞苦，親領兵來臨木魯烏蘇，籌畫一切事宜，將軍大臣等率領大兵，沿途大雨雪雹，不分晝夜，人不卸甲，令我居中，週圍皆兵，以防賊襲，自將軍大臣等至奴僕等均極勞苦艱辛，今我小子仗滿洲聖主威福，已安然來藏坐牀，惟準噶爾賊極奸猾，現被大兵痛擊遠遁，若聞撤兵之信，遣兵復來，實不可測，倘僅留住青海兵，則力單薄，而唐古忒人等畏懼準噶爾賊，便難安閒度日，滿洲聖主救闔藏衆生倒懸之苦，復得重見天日，小人我自始至終除仰滿洲聖主外，再無倚賴，伏乞將軍大臣等共同商議，酌留內地軍兵，則滿洲聖主天威，準噶爾賊不敢再來窺窬，我闔唐古忒人等喇嘛等皆受聖主厚恩，得安閒度日等語。

達賴喇嘛屬噶隆、尙功、第巴、達他等亦照此再三求告，是以令延信共同商議，先議河北內兵馬住三千，滿洲兵水土不宜，延信撥其隊扎薩克兵五百、察哈爾兵四百，此兵兼壯丁，內好漢多，看漢仗好，選穿甲五百兵，額駙阿保厄魯特兵馬五百，松潘綠旗兵五百，蒙古綠旗兵共二千，將軍噶爾弼隊四川綠旗兵七百，雲南綠旗兵三百，共爲三千，貝勒阿保、公策旺諾爾布、副都統常齡等，除各營駐蒙古兵外，延信隊內綠旗官副將楊晉新品質優良，有管理之材，此次從征極爲奮勉，提督馬建白、總兵官李林、王雲吉等亦保楊晉新，稟請延信予以獎勵，副將楊晉新給總兵官劄文，留管綠旗兵，副都統常齡熟悉楊晉新爲人，亦令共同商辦，將軍噶爾弼隊管綠旗兵，派河北總兵官趙昆〔註 1307〕共管，蒙古綠旗兵不可無領隊大臣，令公策旺諾爾布爲首領管理，延信復立兵丁營盤形勢之處，布達拉山前順藏穆倫近水立十二營，皆砌營牆，挖濠溝，堅立營盤地方，極熟地理要緊，問明熟悉關口之人。扎薩克察哈爾兵、額駙阿保厄魯特兵、綠旗兵一併派唐古忒知道路人等，令守楊

〔註 1306〕即塔爾寺，位於青海省湟中縣魯沙爾鎮。

〔註 1307〕《平定準噶爾方略》卷五頁二十八作總兵趙坤，爲雲南鶴麗鎮總兵官。

嘎拉克、楊八井、凌功扎薩克等緊要關口，除放卡住守外，此外住阿拉坦諾爾、騰格哩諾爾、大那克產、小那克產、哩楚等處，達賴喇嘛屬商〔註 1308〕上之唐古忒西拉郭特、達他等各住地方，凡準噶爾賊可行之路，沿途皆派妥人探信追趕，保護巴蘭妥防，若聞賊來之信，巴蘭追趕，一面告知我們住哨，一面即速派軍營大臣等，若怠緩不報，則即以軍法處之，繕唐古忒文，處處嚴交傳行，留駐大臣官員等兵丁，每月食口糧領錢糧馬草料，皆照內地給例，與管理達賴喇嘛商〔註 1309〕上之噶隆第巴等計議妥協辦理等語，爲此恭摺謹具奏聞。

[271] 據延信稟報撤驛改設摺（康熙六十年二月二十三日）[2]-《卷十四》

奏爲據報轉奏撤驛改設事。

藏地之事久未稟報，臣甚急慮，將軍延信曾報達賴喇嘛坐牀後，並未續報，或報文路上耽延未至，令查明速報，自四川順打箭爐由巴爾喀木路迎送咨文。今二月二十一日將軍延信稟稱，康熙六十年正月二十三日延信兵來至姜喀爾地方安營，大將軍王沿打箭爐咨文，已遞駐驛把總堯士傑咨明，延信一一照數收到。大將軍王十一月初三日咨文云，你報達賴喇嘛坐牀，後並未將辦藏之事續報，至二月尙未到達，或在路耽延，亦未可知，故由此處按驛查明咨文外，飭令將未報事聲明情由，若報事在路耽延未至，則照先報，繕復報明，再此路冬冷，驛馬難以生存，由西寧至木魯烏蘇屢次增添軍馬，由木魯烏蘇前至藏駐驛，不知你們如何辦理，你所報之處，台吉額爾德尼濟農尾隨駐驛運米，轉移好路，額爾德尼濟農應加奮勉，此驛遷移何路何名，共設幾站之處，至今未報，速行查報等語，謹遵。竊延信領兵上年九月十四日至藏，十五日達賴喇嘛坐牀，已於十九日由藏繕摺具稟大將軍王在案，緊接我們將所辦之事，陸續當繕摺稟聞，延信在藏時準噶爾賊敗逃，確信不可不探，令厄魯特侍衛歪朵等至那克產探查信息，歪朵等十月十九日至藏。又住藏派輔黃教之人，蒙令延信與青海王等共商，你們兄弟之間，誰可駐守之處，盡所欲言，鈐印繕文稟告，他們屢次會議，各存私見，彼此推諉，月餘不決，迭經催促，始於二月二十九日陸續咨送，因此曠日。又聞由青海來蒙古等告稱，本年雪大而冷，由木魯烏蘇駐驛馬匹多有損傷，許多地方駐驛皆斷等語，是以令延信共商，由藏至西寧，其間地極遠，格爾側、郭洛特等唐古忒人等妄行奪取馬匹，致驛路中斷，我們陸續咨行在路耽延，我們特派領催霍尙呈

〔註 1308〕此處補商字。
〔註 1309〕此處補商字。

摺，皆交明領催霍尙，令沿途妥防，行由拉里〔註1310〕地方，順青海往西寧去，上年十一月二十九日起身咨行外，又領催霍尙在路遺誤不可測，我們照稟聞摺抄寫三本，由準噶爾隨來人等送去，交護軍參領明泰等稟告。再由西寧順索羅木路至藏駐驛仍留，正遇冬時大雪，人馬皆有損傷，此路斷難駐驛，我與將軍噶爾弼商議，將我來路撤驛，將軍噶爾弼來路駐驛，由藏至打箭爐，此路居人不斷，而燒柴豐富，唐古忒人等又幫送遞，並無耽誤，是以令延信同議定，一面稟聞大將軍王一面撤驛之事，交護軍參領明泰保收沿途駐驛撤回馬匹，妥爲餵養，至西寧查明駐驛綠旗兵馬之數，西寧辦理糧餉之事，咨令巡撫噶什圖辦理，此處行文噶什圖知道外。由藏至打箭爐留駐驛文，行文四川總督年羹堯知道，此等處皆繕摺咨交領催霍尙在案。再我由藏起身時遷驛去額爾德尼濟農仍尚未至藏，此間我們共議撤驛之處，皆交明泰由何驛遷何處，至何處，未查所駐地方。延信上年十一月十一日由藏起身，本年正月初十日來至察木多之日木魯烏蘇駐驛甘州把總劉永等追我來稟文，我們甘州涼州固原三處兵，由第十驛至十七驛，駐八驛，正冬冷時雪極大，草被壓，馬不得食，馬皆損傷，無燒柴惟取雪和麵而食，我們駐驛兵受疫病死，我們在二邊驛皆斷，雖事來到，無接連之驛，前後送事甚難，唐古忒人等仍來我們驛，妄行竊取，正如此時聞由藏回來往青海去之蒙古等告稱，大兵擊敗準噶爾賊，他們逃到原處，請達賴喇嘛坐牀，將軍領大兵由打箭爐退去，你們驛皆撤，你們無馬牲口而又無柴燒，當此大雪，如何能住，將軍去路暖，而燒柴豐厚，理應准此設驛，我們共商若仍住此處，難免死亡，除病故外，現共一百三十七人等語。查此驛已撤，我不收則難至成都，是以連把總兵共一百三十七人，皆辦給口糧，令隨我軍營至成都後，各遣各地，此八驛官兵請我來之處，具文咨令護軍參領明泰等知道，再先領催霍尙、護軍參領明泰等照一次二次咨行外，今又照樣抄寫，由四川路駐驛稟咨等語，爲此恭摺謹具奏聞。

[272] 據延信稟青海王公留藏駐守飭令會商具稟各抒己見據稟揭露親王羅布藏丹津遇賊退縮意存觀望藏人不願其主持藏政並揭青海軍欺凌藏民分別具稟轉奏摺（康熙六十年二月二十三日）[2]-《卷十四》

奏爲青海留藏會議，分別具稟轉奏事。

據平逆將軍延信稟稱，請派駐藏輔助黃教之人，九月十九日令青海王貝

〔註1310〕原文作阿里，今改爲拉里。

勒貝子公台吉等會集布達拉宮，共商駐藏輔助黃教事。宣稱你們同是兄弟，令誰主持於黃教有益，你們各盡所言，印文稟我，奏請聖裁。他們共同聲稱，輔助黃教，衆生有益，所關重要，斷難當時答稟，容我們共議，具文稟告將軍大臣等而散。於是他們內屢次會議時，各存私見，彼此推諉，殊難一致，月餘不决，我們屢次催促，於十月二十九日始陸續送文。

譯閱印文，滿洲聖主明鑒，親王羅布藏丹津、郡王查罕丹津、貝勒額爾德尼額爾克托克托柰、貝子巴拉珠爾拉布坦、台吉踹拉克諾木齊等同謹奏，今滿洲聖主憐憫我們大衆，將小呼畢勒罕封爲達賴喇嘛，派兵咨送，我們共三次與賊交鋒，賊均敗北，謹遵滿洲聖主之旨，令達賴喇嘛呼畢勒罕於康熙五十九年九月十五日於布達拉坐牀，由土伯特等大人先詢拉藏汗時被賊擊情形如何，今準噶爾賊又來，你們不惜身命攻伐否，再你們兵集共得多少。土伯特首領等言，先拉藏汗時被準噶爾兵所擊，達賴喇嘛呼畢勒罕未來，因未用力被擊，今大君主之明，達賴喇嘛呼畢勒罕補土伯特缺，布達拉衆生復見天日，受恩無窮，此達賴喇嘛呼畢勒罕再可唐古忒兵一萬，陸續傳調，則得二萬等語，今滿洲大君主，達賴喇嘛呼畢勒罕補土伯特缺，推廣黃教，以安衆生，無窮之恩，我們固什汗之後，土伯特人等之意，竟如日出，無窮喜樂，滿洲大君主仁慈天恩，不惟本身難報，即子孫亦難報答，惟祝聖主增壽萬萬歲，除放噶倫外，何等効力，難報無窮之恩，聲明喜悅跪奏等語。

又一文，滿洲聖主之明，親王羅布藏丹津、郡王查罕丹津、貝勒額爾德尼額爾克托克托柰、貝子巴拉珠爾拉布坦，台吉踹拉克諾木齊等同謹奏，今將軍延信等遵旨，令我們青海台吉等照先固什汗扶持黃教，有益衆生，定輔土伯特缺緣由，奏明聖主，我們共言，土伯特之缺，理宜王居，我們左殿王之後裔，貝勒阿拉布坦倭木布〔註1311〕，其人不在此處，現在我們右邊二王，左邊額爾德尼額爾克托克托柰、貝子巴拉珠爾拉布坦，此四人應令誰住之處，聞應定二博克達、吹忠、大臣等之言，你們內定〔註1312〕，滿洲大君主並未聞二博克達、吹忠。我們同意右邊二王，左邊貝子巴拉珠爾拉布坦，住此三人，

〔註1311〕顧實汗圖魯拜琥長子達顏鄂齊爾汗孫，《蒙古世系》表三十八失載。《如意寶樹史》頁七九〇後表一載其父羅布藏彭措貝勒，其名博碩特拉布坦旺波。

〔註1312〕此句之意爲，至應留何人駐藏，應聽達賴喇嘛、班禪額爾德尼、吹忠及大臣之言而定。

由固什汗之子孫〔註 1313〕恭候滿洲大君主定奪，我們三人，今唐古忒有兵一萬，我們青海兵擬駐一千，應令誰駐之處，賴大君主威福，想賊兵不敢再來侵襲，所有情形，跪奏大君主明鑒等語。

延信令羅布藏丹津親王等由河北合議，你們青海駐兵二千等語，你們奏文內惟駐藏一千兵，共台吉等兵多交，照河北議，必應駐二千兵，他們言共與台吉等商議，散後，接著親王羅布藏丹津差伊扎爾固齊莽霍代，查罕丹津差伊齋桑親克圖爾格伊來告稱，我們共來台吉兵足五千，藏地無水草地，少領兵來藏，餘皆留達木地方，現今草黃，所帶口糧殆盡，互相竊奪，無法管理，各皆想回家去，今我們親住此處，現選兵不過一千，亦未確實。因向莽霍代等云，你們口說無據，你們王台吉等說咨送印文，次日送來印文內開，滿洲聖主明鑒，親王羅布藏丹津、郡王查罕丹津、貝勒額爾德尼額爾克托克托柰、貝子巴拉珠爾拉布坦、台吉踹拉克諾木齊等同謹奏，我們各兵由努克特四月間即起身來此，馬匹牲口皆不得肥，所帶口糧少，無法多駐兵丁，向土伯特人等領取，則土伯特人等不允，由此供給，領食甚難，故祇能留駐一千兵，奏請大君主明鑒等語。

郡王代青霍紹齊查罕丹津稟文，滿洲聖主足踏金光之明，小奴才代青霍紹齊敬奏，先在熱河仰叩天顏時侍衛拉什向我降旨，擊敗準噶爾賊，推廣固什汗立教，又固什汗之缺，應令誰坐。我們奏言，先達賴王〔註 1314〕時與扎什巴圖爾王坐，今我們青海之長親王羅布藏丹津，一則伊屬人等皆在藏地，二則年齡較輕，駐此良好，我身有病而老，水土又不宜，聖主仁慈，令我回青海，君主坐倚金光，具奏，專賴聖主，達賴喇嘛坐牀，我身病而老，水土不宜，滿洲聖主仁慈，令我回管青海，則聖主之旨，我們兄弟們承意坐此，故聖主明鑒等語。

又稟大將軍王文，撫遠大將軍王之明，郡王代青霍紹齊查罕丹津稟稱，先在熱河仰叩天顏時侍衛拉什向我降旨，擊敗準噶爾賊，推廣固什汗立教，又固什汗缺，應令誰坐，我奏言，先達賴汗時與扎什巴圖爾汗坐，令掌我們青海之道，親王羅布藏丹津，一則伊屬人等皆在藏地，二則年齡較輕，駐此良好，我身病而又老，水土不宜，聖主慈鑒，令我回青海，具奏，今謹遵王

〔註 1313〕此處補孫字。

〔註 1314〕達賴王即達賴巴圖爾，《蒙古世系》表三十七作多爾濟，顧實汗圖魯拜琥第六子，達賴巴圖爾爲其號。

訓，達賴喇嘛坐牀，我身病而老，水土不宜，具奏滿洲君主，令我坐營青海，遵君主之旨，我們兄弟們承意具奏，爲此故請大將軍王明鑒等語。

盟長踹拉克諾木齊稟稱，滿洲聖主明鑒，盟長踹拉克諾木齊額爾德尼博碩克圖〔註1315〕謹奏，君主明慈，我們固什汗之子嗣，派兵擊敗賊車凌端多布，恢復土伯特，令達賴喇嘛布達拉坐牀，將軍延信等與我們青海王貝勒貝子公台吉等會商，令固什汗之後嗣可輔教之人，選派一名，奏明君主，我們問衆時，黃教土伯特事件重大，賊策旺阿拉布坦行爲不測，似我小人，此人能不能出名，告知將軍延信，必說好，小人我意上君主之事無私，誠意奮勉，強弱之事，成黃教土伯特事〔註1316〕，凡事成之人，想君主明鑒，有益教衆等語。

奴才恭維聖主治天下，並不分內外，一律看待，一概施恩，繼絕救廢，仁化威德並行，雖遠方極邊之民，感戴厚恩，凡所教化，無不樂從，第五世達賴喇嘛自固什汗以來，世代恭順，仰蒙聖主扶持黃教，闔青海厄魯特西藏唐古忒之民，善施厚恩，治化太平，準噶爾賊策旺阿拉布坦貪婪肆虐，派車凌端多布暗遣入藏，他們殺世代姻親拉藏汗，破壞黃教，拆毀寺廟，殺逐喇嘛，燒殺擄搶，唐古忒人民恨入骨髓，聖主不忍坐視，定謀廟堂，派大將軍王大兵，達賴喇嘛呼畢勒罕給封冊印，興復所毀黃教，皆遵聖主籌劃，大兵三次擊敗準噶爾，賊人喪膽，如鼠敗逃原處，令達賴喇嘛坐牀，因此闔唐古忒人等扶老攜幼來迎，跳舞叩望，擴展黃教，我們衆生復見天日，永久安生，莫不呈現太平之象，惟準噶爾賊久擾唐古忒，民尚未安，準噶爾賊策旺阿拉布坦未滅，輔助黃教，有益衆生，在藏防準噶爾賊，應選才能，奴才無知人之才幹，僅祇愚知，何敢不據實聲明，奴才久住西寧，辦青海之事，此次管理他們兵丁，粗知這些性質，他們所行之處，一併聲明，聖主明斷，預備具奏。青海總台吉等皆固什汗之子孫，此內現親王羅布藏丹津、郡王查罕丹津，貝勒額爾德尼額爾克托克托奈、阿拉布坦溫布、貝子巴拉珠爾拉布坦、洛布臧達爾扎、台吉踹拉克諾木齊等原固什汗之子，均屬大戶，聖主令爲盟長，青海大小事務，專任辦理。繼而貝勒色布特詹〔註1317〕、洛布臧查罕、貝子拉

〔註1315〕此人爲右翼盟長，顧實汗圖魯拜琥第七子瑚嚕木什之孫，《蒙古世系》表三十七失載，《如意寶樹史》頁七九〇後表五載其父名旺欽，己名曲扎諾木齊台吉。

〔註1316〕原文作使，今改爲事。

〔註1317〕準噶爾部遊牧於青海者，《蒙古世系》表四十三作色布騰札勒，準噶爾部巴圖爾渾台吉孫，其父卓特巴巴特爾。

查布、丹鍾，公嘎拉丹達什、車凌、台吉額爾德尼，此皆首領等，雖無專辦之責，會盟之處，他們知之，故能發言。其餘台吉等皆平庸，隨同他們首領承當從行。

貝勒賁蘇克旺扎爾年幼無知，此人性極貪婪，口說爲黃教達賴喇嘛不惜身命奮勉，僥倖圖利，他們兄弟們內互爭世僕戶口牲口等事，不能秉公辦理，因衆意無能從之人，失和互相猜疑不睦，好歹離合並無一定，不能管下人等，彼此以竊奪爲常事。

親王羅布藏丹津係固什汗嫡孫，扎什巴圖爾之子，右翼人，世大，聖主仁慈伊父扎什巴圖爾親王，令伊承襲，執掌青海總管印信，雖年幼無嗣，知識平常，然意氣漸大，佔據青海，凡事任意擅辦，與伊合好之人則加袒護，不合之人便行排擠，衆台吉等貪利，附伊者多，此次兵或小台吉等，伊兵缺欠，羅布藏丹津伊數外承補餘兵，實無餘兵，此次所調青海之兵共一萬，不能預定。左翼貝勒賁蘇克旺扎爾、貝子洛布臧達爾扎、台吉索諾木達什等人們親兵，我們知進兵斷然不及，咨守德布特爾外，青海共兵僅足五千，我們齊進，公策旺諾爾布告稱，八月十三日在布木楚地方，拏獲準噶爾賊，王查罕丹津放哨人等，我領兵追賊時羅布藏丹津領兵速來，我們共合追賊四次，差人喊欽遵，羅布藏丹津領兵在山上站立，竟不下來，八月十五日過察罕哈達地方，見賊跑跡，共列兵前進，羅布藏丹津領伊屬兵在後高山上站立喊欽遵不近，晚賊敗立營後，伊始親近我，十五日夜賊侵攻我們營敗後，青海人等躲開我營遠處安營，八月二十日二十二日夜賊來侵營，祇有我兵大擊，至達木地方，延信領呼畢勒罕向藏進時羅布藏丹津未至，被我聞伊下人等順小路抄走，我們來至二日前先進藏，佔住拉藏家，唐古忒男女聚滿無主僕，每日飲醉，勒食物，領馬草料下人等，我們親王，拉藏汗缺王座，衆唐古忒告行不能管下人等，而袒護賊僞，多來叩達賴喇嘛，唐古忒人等妄加搶奪，下人醉，強取市人之物，牽拉唐古忒婦人們，巡查章京見其懲管，聞我說參奏，羅布藏丹津親來向我跪呈哈達，再三叩求寬免，是以唐古忒人等失意告稱，若令親王羅布藏丹津駐藏，我們唐古特人等憂憒。

郡王查罕丹津係固什汗第五子伊拉都齊諾彥〔註 1318〕之子博碩克圖濟農達爾扎〔註 1319〕所生，右翼人，先呼畢勒罕代內前力強，原與羅布藏丹津情意

〔註 1318〕《蒙古世系》表三十九作伊勒都齊。
〔註 1319〕《蒙古世系》表三十九作博碩克圖濟農。

相好，後伊兄之子貝子拉查布〔註 1320〕、弟之子丹鍾〔註 1321〕等霸佔世僕不給，互相控告，侍讀學士常壽往令他們和好，於是拉查布、丹鍾等怨恨親王羅布藏丹津，附和查罕丹津〔註 1322〕，力分單弱。查罕丹津仰蒙賜封郡王，恩施賞賚各樣物件，交給西藏事務，羅布藏丹津心存妬嫉，拉查布、丹鍾等因與羅布藏丹津好，查罕丹津先與準噶爾賊密商，互相差使臣等，告發三人同謀，令查罕丹津探查作惡之處具奏，於是彼此竟相反目，更互相陷害，查罕丹津言羅布藏丹津等雖未阻行，查罕丹津伊二子皆由伊分散力單，與準噶爾賊互相差使臣，心存亂謀，勢非得已，羅布藏丹津看此形勢，勉強從行，是以查罕丹津雖在藏有居總管之意，伊係右翼人，右翼羅布藏丹津乃親王世系，爭言不能駐藏，查罕丹津年老，水土不宜，得總管青海，稟文羅布藏丹津有駐藏之意，滿足查罕丹津郡王右翼人，若聖主令伊駐藏，恐查罕丹津沮伊掌總管青海印信。貝勒阿拉布坦溫布、貝子巴拉珠爾拉布坦，左翼人，屢次強言駐藏，總管青海皆有益，查罕丹津領管行走，員外郎蘇晉泰〔註 1323〕稟告，八月十五日夜賊去擊伊營時查罕丹津甚是畏懼，想要敗逃，下人等皆馱載，數人逃出，見齊桑親克圖爾格伊說，王不可敗走，若敗，則我們皆被滿洲兵殺死，出腰刀，責令下人全下馬始定，再遣伊前哨二百人在查罕哈達地方，倉促間被準噶爾五百賊襲殺拏獲，後問拏獲人員，對之和善，霍濟特台吉濟木巴咨放，伊特升行之，索克班杜拉爾，準噶爾賊車淩端多布等仍與查罕丹津並無惡思，恐任事無益。

貝勒阿拉布坦溫布係固什汗長子殿王之子貝勒巴合老賁索克〔註 1324〕所生，左翼人，定固什汗時他們左翼台吉內總管青海厄魯特等，自達賴巴圖爾以來至扎什〔註 1325〕巴圖爾，請進，聖主封爲親王，賞總管青海印信，今伊子羅布藏丹津承襲，拉藏汗被準噶爾所殺，伊嘎拉丹丹津、蘇爾咱二人皆在準噶爾，策旺阿拉布坦前看固什汗所立之例，今放拉藏汗之缺，無比阿拉布坦溫布

〔註 1320〕《蒙古世系》表三十九作喇察布，顧實汗圖魯拜琥第五子伊勒都齊曾孫，其父墨爾根諾顏，祖博碩克濟農。

〔註 1321〕《蒙古世系》表三十九作丹忠，顧實汗圖魯拜琥第五子伊勒都齊曾孫，父根特爾，祖博碩克圖濟農。

〔註 1322〕此處文意顛倒，應爲拉查布、丹鍾等怨恨查罕丹津，附和親王羅布藏丹津。

〔註 1323〕第一七八號文檔作員外郎蘇金泰。

〔註 1324〕《蒙古世系》表三十八失載，《如意寶樹史》頁七九〇後表一載其名羅布藏彭措貝勒。

〔註 1325〕此處補什字。

近之人，青海王台吉等皆言，阿拉布坦溫布人老實，不飲酒，伊謹守常規，於事無所好，少有舊習，此次來兵至喀拉烏蘇，舊病復發，告稱，我五十餘歲，我子纔四五歲，無長子，我因身有病，漸成殘疾，今又增病，藏地高，有瘴氣，水土與我有病之人不宜，我到必死，人皆爲己，我死爲誰，勸我親請窪地，順唐古忒索克詹丹功路向家去，此間對頭處，我帶五百兵護我送至索克詹丹功咨送回，兵去被親王羅布藏丹津管理進藏，共說王台吉等告我去後，咨送五百兵未遣藏，伊親領向家去，阿拉布坦溫布病，而伊兵不過千，顯然膽怯。

貝勒額爾德尼額爾克托克托奈係固什汗第三子達蘭泰〔註 1326〕之子阿齊巴圖爾〔註 1327〕所生，人平時闇弱，無能正事，一味退避，向衆勢順從，求利己行，伊共兵不足千，性有貪婪，欺壓伊胞弟台吉阿旺達克巴〔註 1328〕，霸佔奴僕不給，不按盟辦事，後互相攻殺，殺拏獲阿旺扎巴〔註 1329〕，如己信用之特雷噶隆，青海台吉等不從其意，面上仍表恭敬，此闇弱無能無義，想非可任事之人。

貝子巴拉珠爾拉布坦係固什汗次子車臣台吉〔註 1330〕之子貝勒巴合那木扎爾額爾德尼〔註 1331〕所生，人極平庸，兵不過七八百，不能管下人等，青海人不甚重視，凡事非勇敢之人。

貝子洛布臧達爾扎係固什汗次子車臣台吉之子車哩克圖代青〔註 1332〕所生，左翼人，平庸，腿殘疾仍病，不可上馬，此次兵未至約略之處，知落後不追，防德布特爾之處，遣回，此次兵不過千，人極平庸，不可任事。

台吉蹈拉客諾木齊係固什汗第七子額爾德尼代青胡魯木什〔註 1333〕之子韓欽〔註 1334〕所生，右翼人，年幼伶俐，會盟之時能言會說，大兵口糧有所資助，伊妻準噶爾小策凌端多布之妹，彼此遣送使書，準噶爾人等說好，青海人等皆說此妻之妹，公車娶不合，蹈拉客諾木齊用強，奪取公達什端多布給

〔註 1326〕《蒙古世系》表三十六作達蘭泰。

〔註 1327〕《蒙古世系》表三十六作袞布。

〔註 1328〕《蒙古世系》表三十六失載，《如意寶樹史》頁七九〇後表四載其名阿旺扎巴。

〔註 1329〕即本文檔前文之阿旺達克巴，貝勒額爾德尼額爾克托克托鼐之弟，《蒙古世系》表三十六失載，《如意寶樹史》頁七九〇後表四載其名阿旺扎巴。

〔註 1330〕《蒙古世系》表三十六作鄂木布。

〔註 1331〕《蒙古世系》表三十六作納木札勒。

〔註 1332〕《蒙古世系》表三十六作卓哩克圖岱青。

〔註 1333〕《蒙古世系》表三十七作瑚嚕木什。

〔註 1334〕《蒙古世系》表三十七失載，《如意寶樹史》頁七九〇後表五載其名旺欽。

妻，此兵不足千，身病殘疾，性情暴躁，思想不定，不可任事。

貝勒色布特爾〔註1335〕係準噶爾人，共兵不足二百，伊身青海，台吉等互相挑唆，衆人皆知，闔境人等不予重視，伊僅獨行。

貝勒洛布臧察罕，共兵不過五六百人，與伊兄巴拉珠爾拉布坦一樣平庸。

貝勒賁索克旺扎爾〔註1336〕，兵不足千，年幼無知，衆皆不重視。

貝子拉查布兵馬夠千，年幼老實，人無本事，意志不定，衆亦不重視。

貝子丹鍾兵千餘，年幼口佞，胡說狂妄，或時飲後亂擊胡說長輩，意志不定。

公嘎拉丹達什、車凌端多布〔註1337〕、達什端多布等，兵不過五六百人，皆昏庸，衆人不予理會。

台吉額爾德尼兵有七八百人，無知，庸而近酒，每日醉行。

再唐古忒康濟鼐人，自準噶爾賊來，伊身不從，往納克產地方去收拉藏屬唐古忒西拉郭爾人等與阿里人等，親集兵力送倭拉濟，殺準噶爾賊六十餘，互相攻擊，相持不下。

第巴阿爾布巴在喀木地方，因第巴仍探取準噶爾之信，至我們聞大兵前進，揚稱已死，棄婦孺往木魯烏蘇迎接大將軍王。第巴隆布柰率兵至喀喇烏蘇地方，伊亦棄婦孺迎隨，我們共商勸令此三隨放噶倫辦理藏之小事，此等唐古忒官員等，藏之布達拉、色拉、布賴蚌、噶勒丹等寺大喇嘛等，畏懼青海人等不敢明說，曾告說青海人等性貪婪，不思扶教，養育衆生，先拉藏汗護庇尊重，伊厄魯特視唐古忒爲牲畜，樣樣欺凌，準噶爾賊來時唐古忒人等不能用力抵禦，對準噶爾賊來，唐古忒人等恨入骨髓，滿洲聖主恢復所毀黃教，救我們闔唐古忒衆生倒懸之苦，命將軍大臣等率兵，三次大敗準噶爾賊，使達賴喇嘛坐牀，自大兵到來，各寺廟煮莽扎，作善事，對民衆則秋毫無犯，善言開導，一切之事皆照五世達賴喇嘛之例，按理辦理，我們闔藏唐古忒喇嘛老幼，皆合掌叩頭，復見天日，此後無不仰戴滿洲佛聖主慈恩，我們皆得安逸，太平過度，惟今將軍大臣親領大兵駐紮此地，再三嚴禁，青海人等仍

〔註1335〕準噶爾部遊牧於青海者，《蒙古世系》表四十三作色布騰札勒，準噶爾部巴圖爾渾台吉孫，其父卓特巴巴特爾。

〔註1336〕《蒙古世系》表三十七作朋素克旺札勒，顧實汗圖魯拜琥第六子多爾濟曾孫，父額爾克巴勒珠爾，祖策旺喇布坦。

〔註1337〕《蒙古世系》表三十七作車凌敦多布，顧實汗圖魯拜琥第七子瑚嚕木什曾孫，父噶爾車木伯勒，祖達爾巴。

處處去拉奪唐古忒人，牽走婦女們，將軍大臣等親領大兵回去後，衹留青海兵，使我們衆唐古忒憂苦，其行爲不亞於準噶爾賊，伏乞將軍大臣等具奏滿洲聖主，聲明情由，輔佐黃教，總管我們唐古忒之人，必須體會滿洲聖主仁心，專意奮勉，以推廣黃教爲要旨，養育衆生爲安，選放妥員，抵禦外敵，我們唐古忒喇嘛等，萬民皆仰滿洲聖主之恩，永久太平安生，各乘間告我們。奴才問，此等人在青海衆台吉內，放誰與你們有益，告稱阿拉布坦溫布雖人不濟，左翼人，近拉藏，人老實尋理，行思如餘台吉等人不憂慮。

奴才於青海王貝勒貝子公台吉等內按看，思查聖主專意輔教，衆唐古忒有益，不用支持準噶爾之人，思阿拉布坦溫布人雖劣，非能生事之人，我們又愚想額駙阿保係固什汗第四子巴彥阿布海〔註 1338〕之子貝勒巴合巴圖爾額爾克濟農胡魯來〔註 1339〕所生，世遠無地，人敬謹嚴，管伊下人等好，而自幼聖主近養成人，每日得聞聖主之訓，知一切倫常道理，想以此輔教，總管唐古忒，住防準噶爾賊，此凡有餘，衆唐古忒人等較爲有益，奴才無知人之才，事關重大，我們愚，少知之處，皆聲明，青海王貝勒台吉等稟蒙文一併稟呈轉奏，稟請聖主明斷等語。是以臣具摺，親王羅布藏丹津、郡王查罕丹津、貝勒額爾德尼額爾克托克托柰、貝子巴拉珠爾拉布坦、台吉踹拉克諾木齊等具奏原蒙文五件，並郡王查罕丹津稟奏蒙文一件，一併謹具奏聞〔註 1340〕。

[273] 據延信稟為達賴喇嘛坐牀請班禪為師及班禪送來牛麵分發官兵摺（康熙六十年二月二十三日）[2]-《卷十五》

奏爲據稟轉奏達賴喇嘛坐牀，班禪送來牛麪犒軍事。

據平逆將軍延信等稟稱，在河北議處後，領兵去藏將軍大臣等，及衆旺哩克之主等使臣等共看達賴喇嘛坐牀，班禪等世代尊崇，應坐高牀，達賴喇嘛奉班禪爲師，受教經義，是以知照班禪，繕文，主事瑚畢圖移咨、筆帖式巴合代屯執掌。康熙五十九年九月初九日由棱東地方先咨，十月十八日班禪

〔註 1338〕《蒙古世系》表三十六作巴延阿布該阿玉什。

〔註 1339〕《蒙古世系》表三十六作和囉哩。

〔註 1340〕豐培按，此摺繁長，但極重要，充分表現了青海王公與準噶爾頗有聯繫，且多親婭關係，率兵隨從清軍入藏，事非得已，特別是親王羅布藏丹津的觀望不前，不久即叛附準噶爾，此爲張本，對於駐藏問題上各有打算，這些情節此摺記述極詳，爲其他史料所未及，極足珍視，惟譯文難懂，反復閱讀數十次，纔能大致理順，仍有個別文字，不易卒讀，保存原譯文，以待修整。

至藏之日延信領大臣官員等由藏在十里外迎接，執哈達會見，是日班禪至布達拉宮，達賴喇嘛出院內迎接，致敬師父之禮，呈哈達，三次叩見，右邊班禪牀褥，爲一級坐，彼此問好飲茶。達賴喇嘛告班禪云我原杜爾格特〔註 1341〕地方一小子，蒙滿洲聖主重恩，令我進駐固木布木廟養育多年，闔衆令我奏請爲達賴喇嘛呼畢勒罕，聖主推廣黃教，以安衆生，給我印冊，封爲達賴喇嘛送往藏地，大將軍王領兵親臨木魯烏蘇，派將軍大臣等率大兵進藏，路上三次擊敗準噶爾，賊遠逃，對我保護極善，至藏九月十五日吉日令我坐牀，滿洲聖主降旨，以我年幼，尚未學經，班禪世代尊崇，令教我經卷，以班禪爲長，仍先行原禮，欽此欽遵，嗣後凡推廣教經之法，皆由師傅班禪指引。班禪點頭說，滿洲聖主推廣黃教，以安衆生，令達賴喇嘛坐原牀，我甚喜悅，謹遵滿洲聖主之旨行事。於是筵宴我們衆人，次日土觀胡圖克圖〔註 1342〕、洛布臧祖拉齊木格布楚〔註 1343〕捧來旨文，我們衆人恭捧往班禪住處宣讀，班禪合掌告稱，自準噶爾賊來藏以來，毀壞黃教，災害土伯特衆生，滿洲聖主明察，推廣黃教，以安衆生，三次擊敗準噶爾，賊遠逃，令達賴喇嘛坐原牀，復廣黃教，遇難闔土伯特之衆仍然安逸，滿洲聖主降旨，令老弟子爲達賴喇嘛師，坐原牀之處，老弟子每思感滿洲聖主之高厚之恩，不勝喜悅，爲喇嘛者，何報滿洲聖主重恩，惟願增滿洲聖主萬萬世，集衆喇嘛等專禱唪經外，竟不能報答於萬一，謹爲聖主萬萬歲唪經。煮莽扎給班禪銀五千兩，綢哈達一併呈進，我隊共來額駙王貝勒公大臣官員喇嘛等皆各呈進曼達、綢、哈達，此爲大喜日。我們筵宴散後，次日班禪差伊喇嘛洛布臧來告稱，我們班禪之言，大兵至此，我理宜幫助兵丁等，惟我處較小，距此遙遠，謹得帶牛一千，麪一萬七千小斗，由將軍大臣等領取，請分給兵丁等，牛麪一併送來。令延

〔註 1341〕杜爾格特應爲德爾格特，清時期爲德爾格忒宣慰司，轄地包括今四川省德格、鄧柯、石渠、白玉諸縣，七世達賴喇嘛爲青海蒙古迎往青海前爲避拉藏汗之害曾避居德爾格特，故有此說。

〔註 1342〕指第二世土觀活佛羅桑卻吉嘉措，今青海省互助縣東山鄉人，康熙四十三年至五十一年任佑寧寺第二十四任法臺，卸職後被清聖祖召入北京，封爲掌印喇嘛，康熙五十九年奉命護送七世達賴喇嘛入藏坐牀，回北京後被清世宗封爲靜修禪師，成爲清代駐京呼圖克圖。

〔註 1343〕第一五五號文檔作達喇嘛洛普藏札勒車木噶木楚、洛普藏札勒車木噶普楚。第一九六號文檔作嘎布楚洛布藏祖拉齊木。據《安多政教史》頁四十八註釋文載此人藏名全稱爲賽科巴達喇嘛噶居瓦羅桑程勒，賽科巴爲青海廣惠寺僧，達喇嘛爲喇嘛職銜之一，噶居巴係學位名。

信共商，班禪肫肫感激聖主之恩，誠意送給兵丁牛麪，領取計明人數，滿洲蒙古綠旗大臣官員等至兵丁等均勻分給，爲此恭摺謹具奏聞。

[274] 據延信稟曉諭布魯克巴等仍舊和好往來摺（康熙六十年二月二十三日）[2]-《卷十五》

爲曉諭布魯克巴等和好往來事。

據平逆將軍延信等稟稱，延信至藏後，問週圍居住之愛曼，藏之西南布魯克巴愛曼、西邊之巴勒布額農阿克愛曼、西北邊阿哩克喀齊愛曼人等居住，先五代達賴喇嘛時他們仍來藏，彼此貿易，後拉藏汗征布魯克巴，繼而準噶爾賊侵藏肆虐，自那時以來，彼此停止換物，此等愛曼人等皆住藏地邊界，此次大兵進藏，擊敗肆虐之準噶爾賊，驅逐其逃回原處，達賴喇嘛坐牀，復推廣所毀黃教。應曉諭閤唐古忒之民，各安居樂業，繕唐古忒文，延信鈐印曉諭，又言滿洲聖主聖旨，差平逆將軍宗室延信致文西藏布魯克巴、巴勒布額農阿克、阿克喀齊等曉諭事，我滿洲聖主統治天下，並不分內外，各處黎民，皆各以樂道安生，從此敬順之人乃至伊子孫，必施以重恩，有違旨毀教虐待衆民，必致天討，治以重罪，策旺阿拉布坦原爲準噶爾一小台吉，與伊叔噶爾丹博碩克圖反目，勢弱時遵從聖化，示以誠意，每年呈貢交差，聖主仁慈，疊施恩寵，數遣使臣，但策旺阿拉布坦性極奸猾，虐害骨肉兄弟，誆帶伊妻之弟圖爾古特阿禹奇之子三濟扎布〔註 1344〕，霸佔三濟扎布之奴僕，又偷搶伊叔噶爾丹博碩克圖之兵力，無故來犯我們哈密，又派車凌端多布等兵偷襲西藏，殺世代姻親之拉藏汗，搶其妻子，帶往準噶爾地方，毀壞西藏黃教，殺害喇嘛等，使闔土伯特民衆憂恨至深，聖主明察，扶持黃教，普救衆生，解倒懸之苦，爲慰閤藏人等之企望，將住古木布木廟小呼畢勒罕封爲達賴喇嘛，賞給印冊，令我爲將軍，率領大兵，四十九扎薩克蒙古兵、青海厄魯特兵、綠旗兵護送達賴喇嘛，賊車凌端多布等並無敬道之義，不改舊惡，反而領兵拒我們於博克河、齊暖郭特爾〔註 1345〕、楚瑪拉郭特爾〔註 1346〕三處，白日畏懼不出，夜間三次來犯我營，我率兵擊敗，殺幾百人，喪膽敗去，逃回原營，於是我親領大兵送達賴喇嘛，九

〔註 1344〕圖爾古特常作土爾扈特，額魯特蒙古四部之一。阿禹奇《蒙古世系》表四十七作阿玉奇，其子三濟扎布《平定準噶爾方略》卷二頁三作三濟扎卜，《蒙古世系》表四十七失載。

〔註 1345〕第五十七號文檔作齊倫郭勒，第九十一號文檔作齊努高勒，第二三〇號文檔作齊暖郭爾、齊努郭爾，第二三三號文檔作齊努木郭爾。

〔註 1346〕第二三〇號文檔作楚瑪拉，第二三三號文檔作楚瑪拉郭爾。

月十五日吉日請達賴喇嘛在布達拉宮坐牀，復繼黃教，以慰土伯特民衆，共享太平，今將康濟鼐、第巴阿爾布巴、隆布鼐等人放爲噶倫，將從逆幫準噶爾賊使衆民憂慮之第巴達克冊、扎什則巴、阿昭拉、多霍樂達什、杜拉爾台吉、卓哩克圖溫布人等均正法外，今閤藏人民渴望之達賴喇嘛已坐牀，推廣黃教，唐古忒民衆共享太平，你們應仍照先五代達賴喇嘛時彼此和好，遣使來往，我滿洲聖主好生之德，不分內外，一體看待，仁至之意，你們亦得永久和好，太平安度，爲此特示等語，爲此恭摺謹具奏聞。

[275] 據延信稟請獎康濟鼐等並將始終抗拒準部台吉照例賞給名號摺（康熙六十年二月二十三日）[2]-《卷十五》

奏爲請獎康濟鼐等事。

據平逆將軍延信稟，伏維聖主明法，勸善懲惡，普天下人無不誠意服從，查代本康濟鼐準噶爾侵藏時伊竟不從，在那克產地方收拉藏汗所屬唐古忒西拉郭爾人們，與阿里人們結集兵丁，解送準噶爾搶拉藏汗之人，康濟鼐殺準噶爾賊六十餘，抗拒未讓，本年又集阿里地方兵，堵截賊車凌端多布回去之路，雖未遇準噶爾賊，康濟鼐自始至終誠意奮勇捨身與準噶爾賊對敵，實在可嘉，康濟鼐並親隨來藏，延信送給康濟鼐衣帽一襲、備鞍馬一匹、盔甲弓撒袋腰刀。再第巴阿爾布巴在喀木地方探尋準噶爾之信，及聞我們進兵，揚稱身死，不顧家業婦孺，尋木魯烏蘇地方去，隨大將軍王送達賴喇嘛回藏，沿途詳告地情。第巴隆布柰聞大兵來，伊身亦棄婦孺至喀拉烏蘇地方迎接隨從。第巴阿爾布巴、隆布柰皆棄家業妻子，誠意迎接大兵，亦頗可嘉，延信共商給康濟鼐、阿爾布巴、隆布柰綢各八疋，皆令爲噶倫，總辦達賴喇嘛商上之事。隨康濟鼐出力頗羅鼐〔註1347〕、阿旺元端、胡爾敦侍衛等人們，亦各

〔註1347〕即頗羅鼐，《欽定西域同文志》卷二十四載，坡拉鼐索特納木多布皆，轉音爲頗羅鼐索諾木多布皆，原官第巴，授扎薩克頭等台吉，辦噶卜倫事，累封至郡王，賜印信，按坡拉鼐爲索特納木多布皆所居室名，漢字相沿止從轉音稱頗羅鼐。康熙五十九年清兵定藏，封頗羅鼐一等噶布倫，辦理達賴喇嘛商上事務，旋封爲一等台吉，管理後藏扎什倫布一帶地方兵馬事務。雍正五年西藏噶倫阿爾布巴等作亂，殺總理西藏事務貝子康濟鼐，頗羅鼐舉後藏兵與之戰，俘阿爾布巴等，查朗阿率清軍入藏，誅阿爾布巴等十七人，遷七世達賴喇嘛至泰寧。清廷封頗羅鼐爲固山貝子，總理藏務，成爲事實上甘丹頗章之領袖，雍正九年晉封多羅貝勒，乾隆四年晉封多羅郡王，乾隆十二年卒。

賞綢，照例皆給達魯哈等。再噶倫等暨〔註 1348〕辦事頭目等空缺，交康濟鼐薦舉幹員補放。

又霍爾查巴爾查之達齊庫爾踹濟特父子稟稱，先我屬唐古忒，由曾巴王即無貢，因此阿拉坦查齊爾巴敦王爭給銀印，明朝給王印，現皆有後，固什汗、五代達賴喇嘛鈐印文，亦有我父，先章查城總管，後我父年老，令我放杜旺闊爾〔註 1349〕，日嘎功嘎爾〔註 1350〕、喀拉烏蘇，管此二處居住，準噶爾賊至達木地方，令我們幫助出兵，我們未出，與準噶爾賊有讐，我屬三千餘戶唐古忒等被搶奪侵擾，皆處處散，後聖主令額倫特、色楞二將軍領兵來時我們仰懷聖主恩德，幫二將軍口糧牛五百、羊五千、鹽五十馱。拉藏汗使臣台吉巴爾超海、綠旗兵三名，送與我屬額爾克齋桑，遇準噶爾賊，巴爾超海、綠旗兵三名皆敗北，拏獲額爾克齋桑，割耳鼻口唇刑殺，我屬三都布達魯哈屢殺準噶爾賊，得準噶爾賊馬解送二將軍，又準噶爾賊見一切馬牲口皆被搶奪，隻身敗出，又自我屬人等勒派五十戶，遣送克哩業地方居住時，即領我們此五十戶人殺準噶爾四賊，因此抄沒我五十戶，殺二人，婦孺皆搶去，餘皆圈禁，所搶我屬人等皆貧窮饑餓，不久而死，準噶爾賊遇我們皆殺，我們屢次受害等語。

又被準噶爾賊殺害額爾克齋桑之父台吉綽克托稟稱，準噶爾賊來，因殺拉藏汗，滿洲聖主兵來臨，與準噶爾賊在喀拉烏蘇對陣，其間車凌端多布差五人向我勒派馬牛羊，我與我子額爾克齋桑殺五賊，因此結讐，差我子額爾克齋桑至二將軍前送口糧時被準噶爾賊拏獲刑殺，我屬三百餘戶皆被搶散，今止餘我小子車凌，現依喇嘛等度命，我們捨身出力，滿洲聖主慈憫行仁，收我們離散人給印據，求照我們原例等語。

查霍爾查巴爾查台吉清庫爾踹濟特〔註 1351〕、西拉郭特綽克托等，誠意感恩，我們前年來藏時，幫送口糧，其子被賊殺害，該人等皆被賊搶散，台吉清庫爾踹濟特、綽克托等自始至終，拒不從賊至死，實甚可憫，今蒙聖主之福，推廣黃教，安定土伯特，不可不勸此次出力人等，令延信共商議霍爾查巴爾查台吉清庫爾踹濟特、綽克托皆賞綢，照例仍為台吉，綽克托之子車凌，

〔註 1348〕原文作繼，今改為暨。

〔註 1349〕常作東科爾、東闊爾，即西藏貴族世家之稱謂。

〔註 1350〕《大清一統志》（嘉慶）卷五百四十七作日喀爾公喀爾城，《欽定理藩院則例》（道光）卷六十二作貢噶爾，達賴喇嘛所屬十大宗之一，今西藏貢嘎縣。

〔註 1351〕本文檔前文作達齊庫爾踹濟特。

給額爾克齋桑名號，不得歧視，收取他們離散所屬人等給予憑據印文等語，爲此恭摺謹具奏聞〔註1352〕。

[276] 據延信稟將前立達賴送京摺（康熙六十年二月二十三日）

[2]-《卷十五》

奏爲將前立達賴送京事。

平逆將軍延信稟稱，在河北議處新呼畢勒罕封達賴喇嘛坐牀，前立達賴喇嘛〔註1353〕不可仍在藏居住，將軍大臣青海王台吉藏衆喇嘛等共議，此既非達賴喇嘛呼畢勒罕，已封之人斷不可留在此處，送往京城聖主裁奪，奏行在案，是以延信至藏，令達賴喇嘛坐牀後，青海王貝勒貝子公台吉等與噶勒丹、色拉、布賴蚌各寺廟喇嘛等照由河北議說，前立達賴喇嘛定送京城，隨前立達賴喇嘛人等共十五人，衣食口糧等物，由達賴喇嘛商上領給騎馬駄牲口，以抄沒第巴達克冊等牲口內領給，延信親領起身，再前立達賴喇嘛之母連妹弟餘二十口人，帶去不成，令在藏住求告之處，我們竟無養命之能，乞請養命之業，是以令延信共商議，由抄沒罪人扎什則巴之家產內酌量給房一處，計足彀二十口食，分出地一段，給此等人度日，交噶倫康濟鼐等辦給養贍等語，爲此恭摺具奏聞。

〔註1352〕關於此父子之史跡，可參見《平定西藏紀略》附錄一第五號文書《封授青科爾吹倫台吉敕書》。民國時期楊質夫入藏所著之《入藏日記》(見《西藏紀行十二種》)所載之史料可資參看，文中所謂乾隆六十年爲康熙六十年之誤，因所言之事皆清聖祖統一西藏之事。

民國二十三年十二月二十一日，暑期五，晴，晚間風。早起，桑雄川總管巴寓占都爾來寓，其人前途次於曲納干會晤，約謂異日若到拉薩當來會晤云，渠於前日到拉後，即訪問來寓，可謂言而有信，並贈余以酥油，奶渣等物，尤屬可感，渠並引一人來，謂係黑河北岸□□族之官人，其名謂□□□□，其祖先謂蒙古人，清乾隆時因從征準噶爾有功，蒙皇帝賞給職品甚大云云。言次取懷中手卷示余，展視之，其卷爲五色紙所製，上寫滿蒙藏三體文字，惟無漢文，審視藏文大意謂。

朕夙以天地爲心，恩慈爲懷，凡遐邇庶民，邊防諸族無不平等對待，給以恩施。乃準噶爾策妄喇布坦妄生事端，率領賊兵進佔拉薩，毀滅聖教。該卻克吐（chog thu）原爲達賴喇嘛之人，且係沙拉果勒台吉，此次賊兵到藏，策凌敦多部率兵搶劫財物，殺百姓，並將汝子額勒濟克殺害，該卻克吐毫不爲動，並於將軍額倫特過境時供應一切，誠屬可嘉。茲據大將軍報告前情，合亟晉封汝爲一等台吉，世襲罔替，無論何人不得欺凌，該台吉亦須永久恭順，忠誠不渝，以爲臣子應盡之責，而念朕恩永矢弗諼，乾隆六十年云云。

〔註1353〕指爲拉藏汗所立且爲清廷冊封之六世達賴喇嘛阿旺伊西佳木磋。

[277] 據延信稟將從逆第巴達克冊等六人審明錄供處决摺（康熙六十年二月二十三日）[2]-《卷十五》

奏爲將從逆人員審訊處决事。

平逆將軍延信、定藏將軍噶爾弼等稟稱，前定藏將軍噶爾弼稟〔註 1354〕藏穆綸各處船皆被第巴達克冊收去，第巴達克冊被逼避薩木雅城，由薩木雅城又逃至伊家去，趙汝、傑固爾〔註 1355〕往伊家去告明情形後，始隨來，看此處唐古忒對第巴達克冊甚恭敬，一切事皆看第巴達克冊指示行事，是以第巴達克冊暫仍優遇，令住我營具奏在案。九月十四日延信領兵送達賴喇嘛至藏，十五日令達賴喇嘛坐牀，查拏幫助準噶爾賊車凌端多布等作亂之第巴達克冊人等，一一審訊，聖主爲黃教衆生封給達賴喇嘛印冊，拉藏汗亦給印冊封號，此亦施恩土伯特民衆，使各得太平度日，你係土伯特望族，輔理黃教，應與拉藏汗一心任事，你反害拉藏汗性命，送信準噶爾賊，拉藏汗由達木地方敗回藏內後，你親迎準噶爾賊車凌端多布等，請入你家筵宴，如何輔助賊人辦事作惡。供稱我極弱一人，準噶爾車凌端多布取藏，即放我第巴，被他們威力所逼，一切事情皆遵從他們指示是實等語。又問第巴達克冊，先前拉藏汗敬你如兄，坐同牀，食同桌，以你爲長輩，毀壞布達拉宮，害及拉藏汗之身，蘇爾咱敗出時你應念拉藏汗之舊好，對此一子應使避出，你反處處鈐印傳文，凡拏送蘇爾咱則重賞，放出或隱藏，伊家滅族，爲何拏蘇爾咱交給準噶爾。供稱車凌端多布殺拉藏汗，取布達拉宮，即拏蘇爾咱，令我傳文，我無法，乃傳行我屬人拏蘇爾咱送來等語。又問第巴達克冊，賊車凌端多布前年得拉藏人咨送原處，康濟鼐維護佛教，捨身堵截準噶爾退走之路，盡殺準噶爾賊，被搶拉藏人皆給衣食養育，你背叛康濟鼐，處處調遣唐古忒兵往征康濟鼐，你叛教幫準噶爾賊起事，罪行極顯。供稱我被準噶爾威逼，竟調兵征康濟鼐，自無他說，甘心領罪。又問第巴達克冊，你供被準噶爾威逼隨行等語，你知畏準噶爾賊，不畏我們天討之兵麼，我們大兵三次擊敗準噶爾賊，你聞我們兵來至喀拉烏蘇、達木等處，你不迎接大軍，反收各處渡船，又逃匿薩木雅城，再由薩木雅城逃往你家，因路遇到你，你始無法隨來，你一切叛亂黃教，隨準噶爾賊等罪皆明顯，你身知斷難免死，纔如此逃避，前年我們將軍額倫特、色楞等領兵拯救你們土伯特衆生之災，維護黃教，賊車凌端多布等狂妄

〔註 1354〕此處補稟字。

〔註 1355〕《衛藏通志》卷十三上頁四作第巴濟古爾。

與我兵對抗，你不幫我們兵，反增準噶爾賊之力，集唐古忒兵與我們兵對敵。供稱我幫助準噶爾車淩端多布調領兵將，向內兵對抗等事，皆噶隆扎什則巴、阿昭拉等強令我為，我們幫助準噶爾行動是實，一切之事，惟問扎什則巴，阿昭拉〔註 1356〕不諱等供。

再將此事審問扎什則巴、阿昭拉，供稱車淩端多布等取藏後，放我們二人為噶隆，派我們自領兵進行軍事，我們行為皆被他們威逼，並非自願。再審云扎什則巴你沒實意幫準噶爾行惡，若說被威脅，理宜同第巴阿爾布巴、隆布柰去請大兵，你若不得離身，亦應差可靠之一二人致信我們，反要對抗我們送達賴喇嘛來之大兵，你們誰領藏唐古忒兵七千，馱九尊大炮往喀拉烏蘇地方去，與我兵對敵。據供此皆我們自行錯事，無法推諉，應領受死罪。又問扎什則巴首告代本通布柰〔註 1357〕之處，扎什則巴領唐古忒兵七千進至喀拉烏蘇地方，傳言我們六頭目，領內地兵與青海兵同來，你們應各捨身奮勉，此次你們若不奮勉，致使我們唐古忒兵敗，準噶爾兵自難在藏立足，此次退出，後若再來，則我們婦孺皆被屠戮，如是你們皆一意勤勉等語。供稱我從車淩端多布傳文如是，確是事實，領罪。又問扎什則巴你親領七千唐古忒兵，堵我兵住喀拉烏蘇地方，第巴達克冊咨文令你們散兵，你始散兵，抑或你私自散兵，第巴達克冊咨文何言，兵如何分散。供稱第巴達克冊並未咨文，惟車淩端多布咨一次，其文內開，今順巴爾喀木來將軍將來取藏，我不能支持，隨後準噶爾車淩端多布被大兵擊敗，出令我散兵，我親向扎什倫布去。第巴達克冊供稱，我如此咨文是實等語。阿昭拉、第巴達克冊供稱，一切軍事皆噶隆扎什則巴，你自己共同幫準噶爾，你自己為首領兵行等語。扎什則巴亦與你同行領受，今令你供。供稱我是一卑下小人，感我主人第巴達克冊之恩，車淩端多布等舉放噶隆，惟貪一時之榮，一切事照車淩端多布交派，行兵集調之事，皆我之責，我與第巴達克冊商調各處兵，傳行印文皆實，領罪。

又問阿昭拉，你親領三千兵，順我們巴爾喀木路來去堵將軍，此三千兵皆何處兵，至何處迎去，再藏穆倫地方遣一千兵住住守，又莫珠功嘎〔註 1358〕地方亦住一千兵，此住兵皆何處兵，誰任為首。供稱我並未帶去三千去兵，

〔註 1356〕原文作阿耀拉，今改為阿昭拉。

〔註 1357〕第二五四號文檔作代琫通巴柰。

〔註 1358〕《大清一統志》（嘉慶）卷五百四十七作墨魯恭噶城，《欽定理藩院則例》（道光）卷六十二作墨竹，達賴屬中等宗之一，宗址位於今西藏墨竹工卡縣。

我惟集達賴喇嘛商〔註 1359〕上之蒙古兵彀百，我們唐古忒兵及隨行之人共不足二百兵，我親領並未遠去，第巴達克冊住家，住查拉堪藏穆倫渡〔註 1360〕地方住一千兵，無一兵一咨。再莫珠功嘎地方惟第巴達克冊咨五十兵住莫珠公嘎地方，差令集兵，其五十兵知莫珠功嘎兵未集來，他們亦散回來，此外別處並未住兵等語。又問阿昭拉，你係第巴達克冊一世僕，準噶爾賊雖令你爲噶隆，你理在你主第巴達克冊前出力，提出有益黃教，奮勉行爲，你背你主第巴達克冊養育之恩，致你主陷入叛逆死罪，你還有何供。供稱我一下等小人，惟圖眼前利益，今日始知死罪。

再問拉藏汗屬台吉那木扎、侍衛巴圖爾等，你們汗拉藏在達木地方與準噶爾對陣時，衆商夜毀準噶爾營，台吉杜拉爾聞知，暗中通知準噶爾，至事未成，反入準噶爾圈套，你兵頗受傷，敗出後，杜拉爾台吉隨準噶爾進你汗牧群，凡在達賴喇嘛之牲口，皆供給車凌端多布等，再住喀拉烏蘇地方多霍樂達什人，你們台吉蘇爾咱逃出，被托布齊拏獲，由車凌端多布乞養準噶爾一人爲子，此原準噶爾人所請，將軍大臣等集此等人們查詢稟文，審問杜拉爾台吉。供稱我當時惟遵命領我僕馬，尋準噶爾營去，使我往蘇魯克人問牧群之處，我指給是實，領罪。又問杜拉爾台吉，你並非台吉，誰給你台吉名號，誰錯放你，你往準噶爾營去，口出大言，你們有益，我不幫你們馬糧，你因何如是豐厚，向我們來告準噶爾卓特巴人，此行如何。供稱我原欽遵杜拉爾台吉，我錯管牧群，準噶爾車凌端多布使我隨入，待以仁慈是實，準噶爾人等令我如此說，我有何供。

訊多霍樂達什，拉藏汗由藏敗出時，親自探信，伊子蘇爾咱適得命出，你因何致信準噶爾被獲，並養準噶爾人爲子。供稱準噶爾車凌端多布等來，我隨第巴達克冊在藏探拉藏汗，拏蘇爾咱時車凌端多布令我馳差托布齊、車木伯爾時，我去一次，拏蘇爾咱時無我，再養準噶爾人爲子，我無嗣，又我妹子，車凌端多布等我慈養爲子是實，別無可供處。

再拉藏汗屬卓哩克圖齋桑等訟告稟文，青海貝子巴爾珠拉布坦屬卓哩克圖溫布由青海來，住那克產地方，準噶爾賊車凌端多布等來搶我們人等時我們敗出，躲住木魯烏蘇山下地方，我們住處惟卓哩克圖溫布知之，我們馬一

〔註 1359〕此處補商字。

〔註 1360〕指拉薩河，藏名機楮，見《衛藏通志》卷三，《大清一統志》（嘉慶）卷五百四十七作噶爾招穆倫江。

匹槍一杆銀一兩哈達一併並卓哩克圖溫布拏去，請告我們住處惟你知道，斷別告準噶爾賊，再三請求，執伯勒克，卓哩克圖溫布承受我們所執之物，反引帶準噶爾賊往我們隱住之處，我們所有馬匹牲口等物皆被搶，我們隻身敗出，車凌端多布等卓哩克圖溫布等爲他們誠意努力，馬牛衣等物分給一半。又我們恭額等三人被準噶爾賊逼向青海敗去時，遇準噶爾賊哨未能出，又回向扎什倫布敗去，遇卓哩克圖溫布等，殺我們恭額、丹津，莽郭特人逃出，馬牲口衣服槍支等物皆被卓哩克圖溫布搶去，槍現伊身佩帶，幫助準噶爾賊，極使人憤恨，搶行之處甚多等語。是以拏卓哩克圖溫布審問，供稱我住那克產地方，由準噶爾他們營來，即將我拏獲，我請求饒命，隨準噶爾人等，派我之事均盡力而爲，準噶爾人等令我等指給此週圍隱避人住處，我帶引準噶爾人等指向卓哩克圖齋桑等住處搶取是實，恭額等三人內二人殺準噶爾人〔註 1361〕，我並未殺等供。問由卓哩克圖溫布搶得物內，給爲公中等物。供稱車木伯爾齋桑令我實意辦事，給我十二匹馬十六隻牛槍一杆、馬褂甲一件、鍋一個。又問卓哩克圖溫布，你依靠準噶爾賊之勢力殺恭額、丹津，你今可用巧準噶爾人等麼，你又引準噶爾賊，誰殺，搶人強奪之處，一一詳供。刑問供稱，丹津我殺，準噶爾人等，恭額我槍殺是實。額爾德尼台吉〔註 1362〕屬令西拉郭特那木扎盜鹽，車凌端多布等差我治那木扎罪，取五百牛，此內車凌端多布等給我五十牛。又一次我由那木扎達倉取三十牛，車凌端多布等拏去。又一次車凌端多布令我勻馬，我由那克產〔註 1363〕週圍往唐古忒西拉郭特領給四十馬是實，我皆領取。又問卓哩克圖溫布，你幫準噶爾無故殺人搶物有何供處。供稱我該死，更無供處。

延信共同查審第巴達克冊等拉藏汗被害前，第巴達克冊與準噶爾賊從中致信，你親迎準噶爾賊筵宴，車凌端多布等侵取藏地，伊身爲第巴，佔據印信，集調兵丁，拏蘇爾咱等事皆親自執行，處處傳文，自始至終幫助叛逆，此次聞我們大兵來時又處處調兵迎拒我兵，傳行印文，我們大兵來到又行逃避。扎什則巴從準噶爾賊，助其辦事，聞內大兵送達賴喇嘛，又領衛藏之唐古忒七千，九尊大炮，伊爲首截住我兵，準噶爾賊被我們兵三次擊敗逃走，

〔註 1361〕此句意爲恭額等三人內二人被準噶爾所殺。

〔註 1362〕屬土爾扈特部遊牧於青海者，《蒙古世系》表四十六作丹忠，號額爾德尼濟農，父拜博。

〔註 1363〕此處補產字。

又未來投，向扎什倫布逃去，取家產，準噶爾逃出後，聞康濟鼐兵堵截，恐被獲，逃懼不敢出，始被逼由班禪請領免命文回來。阿昭拉卑賤小人，第巴達克冊優與噶隆，並未勸阻，第巴達克冊從逆與逆賊辦事，勾結扎什則巴，夥同車凌端多布等處處調兵，抗拒我軍。杜拉爾台吉不助拉藏汗，遵從準噶爾賊之命，將拉藏汗、達賴喇嘛之馬牛羊蘇魯克皆供給車凌端多布等。多霍樂達什原爲準噶爾人，挈蘇爾咱時伊身托布齊馳往車木伯爾，告知蘇爾咱被獲，又車凌端多布請養準噶爾爲子。卓哩克圖溫布青海一班第，伊主巴拉珠爾拉布坦，在大那克產地方由西拉郭特領貢差遣，理宜至那克產地方領貢即回去，反毀薩欽爲平民，娶妻違背伊主，從準噶爾賊，恃賊勢力殺害無辜，搶掠良民，行爲惡劣。據此第巴達克冊、噶隆扎什則巴、阿昭拉、杜拉爾台吉、多霍樂達什、卓哩克圖溫布皆準噶爾同夥，甘心從逆，破壞黃教，傷害人民等，若不正法，則後日難免勾結準噶爾作亂，因此我們共同商議，第巴達克冊、扎什則巴等六人幫從逆賊行事，斷不可留，曉諭闔土伯特全區，第巴達克冊、扎什則巴、阿昭拉、杜拉爾台吉、多霍樂達什、卓哩克圖溫布等正法示衆，家產人馬牲口田地，交由達賴喇嘛商上，噶倫康濟鼐、阿爾布巴、隆布鼐等同看抄沒，照數一一查明，皆交達賴喇嘛商上。第巴達克冊之孫，扎什則巴之二弟，辦理第巴達克冊之家務山珠特、歪羅布、固濟業，此子阿保崇崇之罪，雖不致死，若仍留藏地，將不可測，設後再有事，延信並領我們兵，再被準噶爾賊威逼，難免投從，應酌量輕重治罪，皆交達賴喇嘛商上處理外，將第巴達克冊等六人正法之情由，稟聞等語，爲此恭摺謹具奏聞。

[278] 據延信稟安置逃來人員摺（康熙六十年二月二十三日）

[2]-《卷十五》

奏爲安置逃來人員事。

平逆將軍延信稟稱，九月初八日由準噶爾隨來踹拉克、洛布臧並一婦女一齊逃出，拉藏汗屬胡魯固恩、庫賁、他賁，並西安正白旗馬甲趙家保家僕，蒙古扎木楊等，遇我出哨之護軍校劉格、厄魯特侍衛歪朶、藍翎巴彥等，帶至我營查問，踹拉克你由何日何處逃出，車凌端多布等如何至此，婦女是你何人。據稱我準噶爾人，隨車木伯爾走，車凌端多布等被大兵擊敗急行，九月初一日至那克產之日我始逃出，此婦女名扎布，原拉藏汗屬婦女〔註 1364〕，

〔註 1364〕原文作妓女，今改爲婦女。

額爾克台吉之妻，婦女〔註1365〕言額爾克台吉隨他們台吉嘎拉丹丹津往準噶爾去後，車凌端多布等至藏，殺拉藏汗，此婦女爲車凌端多布之族兄台吉阿拉達爾霍紹齊娶爲妻，我逃出時此婦女戀念伊營，一齊逃出，求我們順便領來等語。問踹拉克此婦女你娶否，或送回伊娘家。據稱我領出此婦女時我們二人生死在一處，曾有誓言，訊問婦女扎布是實等語。是以此婦女扎布即隨來踹拉克爲妻逃出，趙家保家僕、蒙古扎木楊、拉藏汗屬洛布臧西拉布、胡魯固恩、庫賁他賁等查問，皆與踹拉克所言相同，陸續隨來準噶爾博爾霍代、色特爾、巴彥、特固斯、卓特巴、扎木楊、特固斯溫布、特固斯三婦女，洛布藏端多布、哈什哈、達什、額森、霍什、郭爾達什、扎木蘇、那木扎、倭齊爾、卓特巴、巴朗查克、索諾木色普特恩、西拉布，問二婦女查問大略，皆與踹拉克所言相同等語。是以延信查洛布臧西拉布、胡魯固恩庫賁、他賁等皆拉藏汗人，交在藏拉藏屬人外，由準噶爾逃出正白旗馬甲趙家保家人，扎木楊並扎什倫布在藏週圍避準噶爾賊，西安廂紅旗業成額佐領下馬甲瓦森泰，僕人黑壽、來壽、鐕丹、方斌志等，延信領兵至藏，瓦森泰等陸續尋來，是以我領這些人至西安，交給各旗。再由準噶爾隨來踹拉克、伊妻洛布臧、博爾霍代、色特爾、巴彥、特固斯、卓特巴、扎木楊、特固斯溫布、特固斯三婦女，洛布臧端多布、哈什哈、達什、霍什、郭爾達什、扎木蘇、額森、那木扎、倭齊爾、卓特巴、巴朗查克、索諾木色布特恩、西拉布婦女二十三，男人六，共二十九人，我們大兵一齊帶去。踹拉克告說之處，我們隨來人內無出痘者極多，走內地暖處多怕，請將他們順索諾木路送往西寧等語，是以延信給隨來準噶爾人等每人狐狸皮褂一件，又給綢一疋，銀十五兩，這些人無馬牲口，抄沒第巴達克冊馬騾騎馱，足穀口糧，一併送給這些人，令護軍參領明泰爲長，喀爾沁〔註1366〕幫同塔布囊阿畢達、厄魯特侍衛歪朶、藍翎巴爾蘇拉、巴彥、巴布哩、滿都虎，領催滿楚代、博拉博遜等致送大將軍王處外。再被準噶爾賊拏獲西寧綠旗馬兵鄧茂逃出，尋至延信營，據鄧茂告稱，準噶爾賊帶我去入戈壁，第三日十月初三日我竊一馬騎出，餘皆照先隨來準噶爾人等所言相同，鄧茂係西寧綠旗兵，延信賞給鄧茂衣馬口糧，亦交護軍參領明泰等帶至西寧，交總兵官王一乾〔註1367〕。再第巴達克冊之孫極幼，抄

〔註1365〕原文作妓女，今改爲婦女。

〔註1366〕疑爲科爾沁之誤。

〔註1367〕《平定準噶爾方略》卷三頁三十七作西寧總兵王以謙。

沒伊母，給厄魯特藍翎巴彥爲妻，此子令伊母帶去，十一月十一日向西寧起身等語，爲此恭摺謹具奏聞。

[279] 查詢差領催霍尚將延信稟文遲遞原因摺（康熙六十年二月二十三日）[2]-《卷十五》

奏爲稟文遲遞原因事。

二月十九日平逆將軍延信咨文，差領差霍尙來至，臣問霍尙，將軍延信上年十一月二十九日差你，你因何遲誤，此時始至，並由何路來。據稱上年十一月十一日將軍延信領兵由藏起身，行及二十日二十九日至拉里〔註 1368〕地方，日偏時始寫完一文，即令我起身，二十九日囟，十二月初一日將軍延信令我起身，我自拉里〔註 1369〕地方起身，順巴爾喀木扎什康什爾、達爾宗、碩般多、洛隆宗等城，秉巴爾〔註 1370〕，類烏齊等廟，過巴彥囊清〔註 1371〕、達烏、隆布、拉舒等由秀武津渡木魯烏蘇，至蒙古拉晉盟地方住。本地人等向我說，你不可由此路去，郭洛特盟人在奇勒、巴彥喀拉、索羅木、阿拉克沙爾等處攔路搶人，你繞東路，順二索羅木、扎克津去，則較妥善，我復渡木魯烏蘇河，蒙古拉普人將我送至阿拉他欽伯哩侍衛台吉，由伯哩侍衛台吉將我送至禹舒盟珠拉木海齋桑，珠拉木海齋桑給我三匹馬、綢、牛，我請奇爾薩托洛海治進路，順碩魯旺橋，尋西寧來，途中橋大，城盟無馬，皆令騎驢牛，雪大無日，夜走不能，勉強至蒙古拉晉地方，又繞十餘日，走七十九日始至，是以將軍延信等所報事件另摺具奏外，領催霍尙由兵處差人，是月二十二日起身，咨送京城，將霍尙問話，恭摺謹具奏聞。

[280] 據延信稟追查砲位下落摺（康熙六十年二月二十三日）[2]-《卷十五》

奏爲追查砲位下落事。

平逆將軍延信等稟稱，我們前稟之處，準噶爾隨來特固斯等，你們告稱，準噶爾賊帶來唐古忒九尊炮等語。今問唐古忒兵皆散，此九尊炮現放何處，據稱埋了五尊炮，炮藥彈皆分，此五尊炮埋何處，餘四尊炮放何處，問噶隆扎什則巴得知，稟文在案。延信至藏，看守存炮庫長濟固爾柰，問在藏之炮

〔註 1368〕原文作阿里，今改爲拉里。

〔註 1369〕原文作阿里，今改爲拉里。

〔註 1370〕清代舊籍常作邊巴、冰壩、邊垻等，今西藏邊壩縣一帶地區。

〔註 1371〕清代舊籍常作巴彥囊謙、南称巴彥，今青海省囊謙縣一帶地區。

共多少。據稱先拉藏汗時大小炮共二十尊，此次大兵來時噶隆扎什則巴領兵，與準噶爾車凌端多布等去時，領去九尊小炮，現惟大炮五尊，小炮六尊，共餘十一尊炮等語。是以問扎什則巴，你領兵迎我們內大兵去時由藏領幾尊炮。告稱準噶爾車凌端多布令我一齊帶兵，共帶九尊炮，我們唐古忒兵向喀拉烏蘇去時至布喀〔註1372〕、莽柰地方，準噶爾車凌端多布等營向阿拉坦諾爾起身時此九尊炮他們一齊皆馱去，我親領唐古忒兵往喀拉烏蘇，準噶爾人等被大兵擊敗逃回，車凌端多布等領他們營向那克產去，聞唐古忒兵散，我親往扎什倫布去，他們自己迎大兵去路上，埋五尊炮，再四尊炮或馱去，或埋擲河內之處，我實不知。又問扎什則巴，你親帶炮，你說不知，可以妄供麼，刑訊。供稱我知早晚必死，我妻子家產皆出，告埋炮之處，我若知道而不實供，徒受重刑，仍照前供不移。是以我們查在藏十一尊炮，四十餘桶炮藥等件，再交能存炮之人，一併皆公策旺諾爾布等所用之處領用外，扎什則巴所帶九尊炮，準噶爾人帶埋路上，不知拋棄何處等語。此炮交達賴喇嘛屬噶隆等，阿拉坦諾爾、布喀、莽柰週圍住唐古忒西拉郭爾等嚴詢，求得則即解送，若隱藏不解，查出必治重罪等語，爲此恭摺謹具奏聞。

[281] 據延信稟代奏青海盟長踹拉克諾木齊蒙文摺（康熙六十年二月二十三日）[2]-《卷十五》

奏爲代遞青海盟長蒙文奏摺事。

平逆將軍延信等稟稱，青海盟長台吉踹拉克諾木齊用蒙文稟稱，滿洲聖主明鑒，盟長踹拉克諾木齊額爾德尼博碩克圖謹奏，我祖父胡魯木什爲固什汗一寵子，我父韓欽，我幼時即故去。後賞內喇嘛在時，仰慕滿洲君主英明，蒙受重恩，我年幼，祖母尚未出痘，不能瞻仰，後我祖母出痘，在額拉郎保扎爾固齊〔註1373〕二次去告立案，又在侍讀學士長壽前去稟告立案，後又在將軍額爾德尼〔註1374〕、侍郎侍衛色楞、公策旺諾爾布、侍讀學士長壽等前稟告時、大臣等言現藏地有準噶爾賊，不可測，有軍事，將軍額爾德尼、侍郎侍衛色楞、公策旺諾爾布幫給馬牲口口糧，君主言令你慈鑒，我親去止兵，在木魯烏蘇由我屬唐古忒幫助牛羊等物，大臣等令我如此奏上君主，奉旨俟事完時再加恩賞。由部咨文，侍讀學士給我文書，其後侍讀學士長壽由在藏賊

〔註1372〕地名與湖同名，布喀池即今西藏班戈縣境內巴木錯。

〔註1373〕應爲二郎保。

〔註1374〕《平定準噶爾方略》卷三頁二十一作湖廣總督署理西安將軍額倫特。

兵咨送，探信人哈爾查哈齊齋桑，四友陪咨送，聞拉藏汗屬格爾策唐古忒皆被殺，將軍延信、侍讀學士長壽等又令我探賊車凌端多布等信息，我差固英齋桑、烏拉代齋桑探信奏上君王。奉旨先侍郎色楞、公策旺諾爾布幫牛羊，今又探偵賊信，此次又經出力，大施恩賞，君主降旨，大將軍王扎什固齊將軍王，我僅能交牛一百，羊千隻，再賊車凌端多布等領兵夜來擊我營，我雖無能不濟，記滿洲君主訓旨，在薩奇固拉遜前禱告，不惜身命，屢殺賊匪，遂奪取馬匹擊賊，將軍延信賞我銀兩，今大兵仰仗君恩，擊賊擴教，令闍土伯特之命安逸，達賴喇嘛坐牀，教中大事，皆以善成，我爲固什汗之後裔，聖主厚恩，如何答報，惟增萬萬歲，我們唪經外，斷不能答報，先小人思仰滿洲君主之明，受重恩，再三稟告大臣等，我福薄，至今未得瞻仰，今我身有病，不能遠行，小人先台吉等照慈賞驛站例，小人不濟，我慈賞驛站明鑒，往穆倫圖去，仰滿洲聖主之明，爲此伊稟蒙文一併稟呈等語。是以臣恭摺，原稟蒙文一件，一併謹具奏聞。

[282] 據延信稟提督馬建白途中病故已派李林代領隊伍摺（康熙六十年二月二十九日）[2]-《卷十六》

奏爲提督馬建白途中病故，派員暫管所領隊伍事。

二月二十三日平逆將軍延信稟稱，正月初九日固原城守參領堯大成等稟報，提督馬建白由藏領兵至阿連雪山〔註 1375〕，忽受風寒，醫治不愈，至五十九年十二月十五日戌時病故，提督銀印一顆，尚未啓用，速行文三紙，暫交提督前營遊擊曹祥〔註 1376〕看守等語。查馬建白所領官兵衆多，不可無人管帶，即令山東總兵官李林親領此隊馬兵，至成都暫行管帶，他所領兵馬交副將樹明〔註 1377〕管理，正月初十日移交咨行，副將樹明亦令知之，爲此恭摺謹具奏聞。

[283] 青海郡王察罕丹津因病回旗並代呈蒙文奏摺（康熙六十年三月十二日）[2]-《卷十六》

奏爲青海郡王因病回旗事。

青海郡王查罕丹津差伊子台吉端多布旺扎爾〔註 1378〕來問臣好，稟稱伊生

〔註 1375〕自成都至藏有兩座著名大雪山沙工拉與魯工拉，疑爲二座中之一。
〔註 1376〕《甘肅通志》卷二十九頁五十三作固原提標前營遊擊曹勳。
〔註 1377〕《平定準噶爾方略》卷六頁十二作參將述明。
〔註 1378〕《蒙古世系》表三十八作惇多布旺札勒。

病回營之事，至三月初九日臣問端多布旺扎爾，你父病如何。答稱我父聞大將軍王言，上年二將軍領兵回來時我們青海王台吉等同議，親王羅布藏丹津、貝子巴拉珠爾拉布坦、我們三人恭候上諭駐藏，具奏等因。查罕丹津年老，原有疾病，藏地水土不服，初病，思候聖旨來時無礙，由上年十一月二十五日漸漸增病，週身骨節麻木，食肉即吐，多食不能消化，惟少食炒麵，喝茶，彼處喇嘛等藥不靈，久之至春時恐病更增，往營處去尋好額木齊飲藥治之自愈，在營地方候諭，與親王羅布藏丹津、貝子巴拉珠爾拉布坦等商議，他們言你現在身實病，令往營處治病，我們二人在此候旨，我又將此情告知額駙貝勒阿保、公策旺諾爾布等，額駙公等言你理宜在此候旨，今已生病，我們留你不成，你具文給我們，我們報大將軍王等語。我具文鈐蓋圖記，給額駙貝勒阿保、公策旺諾爾布等，上年十二月十九日由藏起身，路上一日祇行二三十里，本年二月二十五日始到黃河邊衛鄭托懷地方，不能行動，在衛鄭托懷地方住幾日休養，我來時急，我子台吉端多布旺扎爾、齋桑清奇圖爾克伊等二月二十七日差咨稟大將軍王。再五十七年我親在木蘭圍場〔註1379〕去瞻仰天顏，我面奉諭旨，你回去約你們兄弟大力共征準噶爾賊，恢復你祖道法，令達賴喇嘛坐牀，回來時我再降旨，欽此欽遵，常記在心。查罕丹津原恃聖主之恩以生，想聖主之恩，我病必愈，聖主如何降旨，我當謹遵，茲差我稟呈具奏蒙文一件。臣又問台吉端多布旺扎爾，聞你父由藏回來，尚未差人去看，今病回來，令善養身體，我遣醫生去看，漢醫生未必與你們相宜，我侍衛章京，惟一子僅你自己，你速回去，請好額木齊喇嘛好好治病，若想我們內地物食，我即送去。台吉端多布旺扎爾答稱，我父蒙聖主重恩，雖病蒙恩必愈，今大將軍王又差侍衛扎爾固齊去看，甚有體面，病人已喜悅，想可即愈，王如此仁慈，我惟叩頭外，並無別言，我父食物不甚消化，不知想何物等語。王查罕丹津往藏回來，因向齋桑清奇圖爾克問藏地之信，答稱班禪達賴喇嘛極好，駐藏大臣等兵皆好，太平無事，其餘皆照將軍延信報文所告。是以臣予台吉端多布旺扎爾喝茶，即遣回。

所奏蒙文譯閱內開，奴才仰仗聖主威福，擊敗逆賊，二博克達合一處，請達賴喇嘛坐牀，來成教業，奴才前奏瞻仰熱河地方，叩見天顏，蒙聖旨，擴教之事，你誠意奮勉，擊退逆賊，我再降旨，欽此。奉旨留藏，因我不服藏地水，身得腫病，喇嘛等言此處久住無益，準噶爾賊敗去，他們營亦毀，

〔註1379〕此處補場字。

果至力窮，想藏地無事，與親王羅布藏丹津商議，告額駙貝勒阿保、公策旺諾爾布等，治病回營。先我具奏住藏，今爲教道，聖主如何降旨，奴才謹遵外，並無別意，滿洲聖主原極慈憫，希降聖旨等語。

查郡王查罕丹津由藏地病回，臣差侍衛雅圖，員外郎喀拉喀〔註 1380〕去看，到後若有另言，再行奏聞外，爲此恭摺，將郡王查罕丹津所奏蒙文一件，一併謹具奏聞。

[284] 羅布藏丹津派員將蒙文奏摺遞到並貢品呈進摺（康熙六十年三月十二日）[2]-《卷十六》

奏爲轉奏事。

青海親王羅布藏丹津由西藏差伊額爾克盆蘇克來，問臣好，送哈達藏香氆氌，二月初一日到達。臣問盆蘇克你幾時起身，藏地信息如何，你們王請皇父安，有無奏文。答稱征藏大兵將軍等領兵順巴爾喀木路去，進藏額駙阿保、公策旺諾爾布大臣兵丁等皆好，並無他事，上年十二月初五日我們王令我往京城請聖主安，奏文一件、珊瑚珠一掛、琥珀珠一掛、香三十束、氆氌三十疋，差交呈貢。我正年本月二十四日到營，即聞大將軍王只親來，奏文呈貢之物皆在後，回去備領騎馬牲口，其餘皆照將軍延信先前文告。

三月初四日盆蘇克等帶至蒙文奏摺一件，譯文閱看，文內開。親王羅布藏丹津謹奏，今將軍派遣大兵，我們青海會合進兵，仰仗君主之威，擊敗準噶爾賊，固什汗之後裔在唐古忒地方恭候聖旨，我們郡王查罕丹津、貝子巴拉珠爾拉布坦，我們三人住我父王之地，君主疊降恩惠，我雖懦弱無能，又念我祖父固什汗我父王之故，對我格外慈愛，封爲親王，今仍對我不斷降恩等語。

羅布藏丹津由藏遠地问臣好，咨送哈達藏香氆氌，臣皆領受，盆蘇克等亦照賞郡王查罕丹津之使臣等賞盤費銀兩，王羅布藏丹津奏蒙文呈貢之物，皆交盆蘇克，起身遣行外，爲此恭摺謹具奏聞。

[285] 代遞達賴喇嘛奏章貢品摺（康熙六十年三月二十七日）[2]-《卷十六》

奏爲轉遞達賴喇嘛表章貢品事。

西藏成教導，生六世達賴喇嘛噶拉臧嘉木磋〔註 1381〕差頗隆喀瓦喀木布、

〔註 1380〕第一三一號文檔作員外郎喀勒喀。
〔註 1381〕即七世達賴喇嘛羅布藏噶勒藏佳木磋。

洛布臧拉布坦等四使臣，於三月十八日到此。臣問使臣洛布臧拉布坦等，你們幾時由藏起身，由何路來，除你們四使臣外，一共來人多少，駄騎多少，你們來時班禪額爾德尼達賴喇嘛好否，我們駐藏大臣等兵丁等如何，準噶爾賊在藏擾亂多年，今我們大兵將達賴喇嘛送藏坐牀，你們衆喇嘛等閤唐古特土伯特人等有何言論，達賴喇嘛差你們爲使，向皇父謝恩有奏文否。答稱準噶爾賊在西藏有四年，毀寺廟，殺喇嘛等，我們唐古忒土伯特人恨之入骨，幸聖主滿洲佛之英明遠見，遣阿哥王遠來極邊，將達賴喇嘛按照五世喇嘛封給金印金冊，送坐布達拉金牀，將準噶爾賊幫及行惡之人正法，除去一切苛政，恢復所毀黃教，因此噶勒丹、色拉、布賴蚌等各寺廟喇嘛等閤唐古忒土伯特人等皆蒙聖主之恩，各得生路，復見天日，無不鼓舞喜悅，我處閤男女老幼全叩達賴喇嘛，報丹舒克、伯勒克，每日爭走。上年十一月初五日班禪額爾德尼給達賴喇嘛格存薩奇爾，我們來自班禪額爾德尼坐布達拉，與達賴喇嘛每日講經，極爲和好。將軍等領兵由巴爾喀木路回去。駐藏額駙阿保、公策旺諾爾布以下至兵丁等皆好，並無事故，極爲太平。本月二十前後達賴喇嘛頗隆喀瓦喀木布洛布臧拉布坦、達爾罕囊蘇達木楚克，令我們二人請聖主金安，爲送貢使臣，拜那木喀木布洛布臧拉普濟、業格勒囊蘇車郎那木扎爾，令我們二人爲謝恩使者，請安呈貢哩木沙克扎穆呢佛一尊，奏文一件，珊瑚琥珀青金串珠各一掛、氆氌六疋、固爾固木一百兩、萬萬歲之光日大喜執當舒克金廓爾陸一件、索洛三千三百七十六、香四十一束。謝恩之禮，執固爾固木一百兩、珊瑚琥珀珠各一掛、斜約八千五百五十、唐古忒鞍一份、香四束。達賴喇嘛之父索諾木達爾扎奏文一件，呈貢白紅水晶珠各一掛、金二十兩、香二十一束、固爾固木十兩、小刀一把、氆氌一疋。自上一百八十人，給二百三十五駄，本月二十九日由藏起身咨行，我們馬少牛多，處處候江，順諾莫歡烏巴什、庫庫顋路行走，約三個半月始到大將軍王處，除我們自己外，五十人一百駄，照例馳驛解送京城，餘人駄被多巴養育等語。

達賴喇嘛奏唐古忒文，譯閱文內開，佔據天下有福金庫爾敦上滿洲君主明鑒，自古人只上君主之明如日，慈命導善，如執沙克扎穆呢佛之道，達賴喇嘛在此跪拜，點香合掌篤奏，今萬萬嘎拉布比先全靈二件，盡大福聚集之力威，上滿洲君主之身旨心缺如金山之固，仁二靈祥好采之威，如萬萬日之光照明亮，凡天所容生命，致太平安逸，保存天卦門開，閤藏舉寶牀，阿拉山滿自布木巴給阿必什克天果，受旨靈異，君主來臨此世，擲花擲靈八件之威全，大君主此盡土伯特生命之善行，闍藏恃君主之恩，我上三寶阿達斯迪特之力，上大君主之慈旨，我們身好，天人通滿洲聖大君主，不另思一切生命，此致使此土伯特生命太平安逸之明如天，大君主之奇旨，今我們三處竟名揚布達拉金牀，康熙五十九年九月十五日坐上，大君主之身壽之明，萬萬年二腳之蓮花永固，一切所思之事，無蔽如海寬擴，我身無晝夜常肫想，在此處廟之弟子等闍藏等，皆爲上大君主二腳之固唪經。

又奏，佛博迪薩圖等尤思衆生示身之明無疵，旨皆寬大不遺，今運之舒才，身形一點無疵，如顯見明鑒，導佛原流之滿洲佛大君主之身，自天生來明鑒，普遍沙克扎穆呢佛之謀，上大君主之善旨，擴封教寶，慈憫土伯特本地人等，一切生命，致使太平安逸，額斯綸騰額哩不能數萬窮兵靈異，大君主之子阿哥大將軍王有益教命，不念己身勞苦，以靈意送臨木魯烏蘇，上滿洲大君主之旨，封將，附大兵送藏，兇賊之兵，上大君主至威福較此，未能支攻，如日光衆星之明垂，皆聖主之威，兇賊之兵遠敗去，有福布達拉以善坐，誠上滿洲大君主之靈異善行，似此靈異大恩，如何能報，今準噶爾賊使衛藏離散，掠盡財物，此大兵我少盡微意，明鑒。全佛收導衆佛之才之滿洲，實成敗離思道教衆生之觀，一切善靈模範文采，上大君主之生身三時可信普遍，三月十八日吉日請安，差頗隆喀瓦喀木布洛布臧拉布坦等，照先善旨封五世達賴喇嘛，自此以後，不棄仁慈，不斷明鑒，致使生命太平安逸，大君主至誠，闍教生可信仁君之聖，如二烏木渾瓦齊爾之固，在我們生命慈憫不棄，奏文禮哈達沙林珠子等物，初一吉日由布達拉呈貢等語。

又一文內開，達賴喇嘛給上滿洲大君主之大兵口糧數目，銀八萬兩、馬三百、騾三十、牛九千三百七十二、羊二萬二千七百十五、炒麵四萬二千五十七斗十升、麪一百七十四斗、奶油四千二十二斤、白米一千三百七十四斗、鹽一百七十一斗、茶葉七百三十六斤等語。

索諾木達爾扎奏唐古忒文，譯閱，文內開，永久天力全轉庫爾敦滿洲上君主之明，比先施福靈異，滿洲君主一切之旨從行，索諾木達爾扎不勝肫奏，今掌導道滿洲上大君主之身，寶如萬萬日光覆金山，威之寬大，似圈高金山，在此處闍生命皆受大恩，似瞻仰君主之天明，喜悅上大君慈恩之善自天生來，上滿洲闍藏君主二腳不動，如雍隆寶之固，凡事似夏海之擴充，此土伯特廟喇嘛共皆固信勤禱唪經。

又奏滿洲靈異大君主無窮仁慈，日覆衆生，在土伯特遇大愁，致使生命安逸，將呼畢勒罕照封五世達賴喇嘛咨送，大將軍王數著不盡隨大兵，令達賴喇嘛坐布達拉金牀，土伯特一切生命，施恩大無窮，此閤生命皆一意，上大君主如日月，似必斯滿騰額哩勤篤一意禱告，又各喇嘛等共聚禱唪一切集福經，上大君主嗣後慈憫我們之意，請陸續不斷降旨，奏文之禮，哈達香氆氌等物呈貢等語。

查先達賴喇嘛請皇父安，送貢差使臣人五六十，馱不過一百，交章京筆帖式出恒城口〔註 1382〕，順倭爾多斯送京城有例，臣照達賴喇嘛之使臣洛布臧拉布坦等所請，使臣四人、下人五十名、馱一百，照例馳驛，達賴喇嘛、索諾木達爾扎奏唐古忒呈貢之物，皆交他們，派主事達色、筆帖式色楞扎什，三月二十九日起身咨行外，其餘人物照先留在多巴地方善守養育，交總兵官王益謙、道臺趙世喜等。再達賴喇嘛父母、噶勒丹、色拉、布賴蚌廟喇嘛等，第巴阿爾布巴、隆布奈〔註 1383〕等，由藏之遠地問臣好，各咨送哈達香氆氌珊瑚琥珀珠子棗杏、固爾固木、庫庫等物，臣皆領取，此使臣等由京城回來向藏去時各咨送之物，各給咨答報，爲此恭摺謹具奏聞。

[286] 據明泰稟準噶爾屬人前來歸順審明情由摺（康熙六十年三月二十七日）[2]-《卷十六》

奏爲準噶爾所屬歸順事。

三月二十五日護軍參領明泰等稟稱，隨來準噶爾踹拉克等九人、婦女四人，並第巴達克冊養子阿布崇崇帶領來此，臣問〔註 1384〕明泰先將軍延信所報之處，由準噶爾隨來男二十三人，婦女六人，上年十一月初十日間移交，問你們因何此時始至，何路來，因何耽延，你帶餘人何時至，除報將軍延信外，又有知信息否，進行查問。據稱上年八月間大兵三次擊敗準噶爾，九月十五日達賴喇嘛坐牀，十一月十一日將軍延信領兵由巴爾喀木路去，隨來準噶爾人等交我們，十一日由藏起身，自拉哩路尋索羅木往西寧去，因未得江水，十五日始起身，將軍延信交我準噶爾踹拉克、那木扎、卓特巴、達什、扎木蘇、索諾木達什、霍什霍爾、額森、洛布臧、霍爾霍代、卓特巴、濟木揚、特固斯、洛布臧端多布、哈什哈、倭濟爾、巴朗查克等男十七人，踹拉克、

〔註 1382〕應爲橫城渡口，位於寧夏銀川市興慶區臨河鎮橫城村，爲入寧夏黄河重要渡口之一。

〔註 1383〕即隆布鼐。

〔註 1384〕此處補問字。

博爾霍代、卓特巴、特固斯各一妻，那木扎二妻，準噶爾色特爾、巴彥、特固斯、溫布色布特恩四人未全，員外郎柰曼代問，柰曼代言，將軍延信、大將軍王令色特爾等四人，進此四人，係王羅布藏丹津隨來之人，將軍延信交王羅布藏丹津告後，洛布臧端多布、霍什霍爾、倭濟爾、巴郎查克四人，又各領一妻，我們自己十一月十五日帶領由藏起身，渡嘎拉耀穆綸住歇，公策旺諾爾布等又令我們偷帶先達賴喇嘛隨觳百人，並隨來準噶爾薩木坦西拉布，第巴達克冊養子阿布崇崇，令一齊帶交，令這些候，十一月十九日始起身，一日走二三十里，十二月初三日至來哩〔註 1385〕，將軍延信令領催額拉濟圖留候我們，告稱將軍之言，先隨達賴喇嘛之人，一併移交我們，將軍親自帶去，先隨達賴喇嘛觳百人，咨交領催額拉濟圖，我們尚未群至，候住八日，十二月十一日由拉哩起身，順固木布扎木達城〔註 1386〕，尋濟魯肯他拉至禹舒盟，自查罕蘇巴爾罕津渡木魯烏蘇河，過奇勒巴彥喀拉嶺，順阿拉克沙爾尋巴彥諾爾〔註 1387〕來，此路狹險，冬時我們牲口瘦不能遠走，行四月餘始到，這些送來時將軍延信令我爲首，喀爾沁阿必達他布囊爲從，厄魯特侍衛歪朶，藍翎巴布哩曼、都呼、巴彥、巴爾蘇拉、領催博拉博遜，曼楚代等咨，隨第巴達克冊之妾，給巴彥爲妻，一幼孫一併給領，多霍欒達什之妻，給爾蘇拉爲妻，巴布哩曼、都呼皆娶拉藏屬厄魯特婦女，亦一併帶來，我們於此月初一日至道色哩葉布地方，我有好馬輕快，帶領阿必達他布囊、領催博拉博遜、曼楚代，準噶爾踹拉克、那木扎、卓特巴、西拉布、達什、扎木蘇、索諾木達什、霍什霍爾、額森等九人，第巴達克冊養子阿布崇崇，四婦女，帶踹拉克唐古忒奴僕洛布臧先來，厄魯特侍衛歪朶等五人，準噶爾博爾霍代、卓特巴、扎木揚、特固斯、洛布臧端多布、哈什哈、倭濟爾、巴郎查克、薩木坦等九人，婦女七人，厄魯特侍衛等婦女四人，第巴達克冊一幼孫遺留，皆以牛馱緩行，想四月初間始能到，其餘皆照將軍延信所報告。隨向準噶爾踹拉克、那木扎、卓特巴、西拉布、達什、扎木蘇、索諾木達什、霍什霍爾，問你們皆策旺阿拉布坦下爲屬人，策旺阿拉布坦地方你們有父母妻子麼，你們隨車凌端多布敗出之人，又如何隨來，據實稟告，一一查問。踹拉克告稱，

〔註 1385〕當爲拉里之誤，《欽定理藩院則例》（道光）卷六十二載名拉里，達賴屬小宗之一，今西藏嘉黎縣嘉黎鎮。

〔註 1386〕第一九九號文檔作扎木達城。

〔註 1387〕此湖位於青海省共和縣恰卜恰鎮東巴村東十餘里，《寧海紀行》載其東西長六里，南北闊二里餘。

我準噶爾人，策旺阿拉布坦族叔台吉達爾屬人，我們準噶爾地方男子能騎馬即處處行兵騎馬，婦女亦不得一日一處安住，前聞我們準噶爾人等歸順上聖阿穆呼朗大君主，均得安生，我早已思歸隨大聖大君主，及到西藏，因我們哨嚴，未得出，上年大兵進藏，我們準噶爾人等不能抗拒天威，敗出急走至那克產地方，牲口瘦斃，棄重馱，焚燒蒙古包長槍，前後行走，彼此不能相顧，我乘隙請大兵來。策旺阿拉布坦地方，我有父母妻子，今我本人進受上聖大君主重恩，得以安生，想我父母必有相見之日，故行隨來等語。那木扎告稱，我準噶爾之人，策旺阿拉布坦胞兄棍詹次子小車凌端多布屬人，先前我即思投歸上聖大君主，不得空未來，前年我們準噶爾人等進藏，送內兵來時我在路上見一病人，四五人擡走，想是一大人，問名說王侍衛，我每日偷奶油炒麪暗給，至木魯烏蘇離散，送給一牛，上年我親隨來將軍前，見王侍衛，給我綢銀羊麪等物，車凌端多布被大兵擊敗，彼此不能相顧，我乘空起意，將我主卓特巴、西拉布、倭齊爾、固爾固特〔註1388〕巴郎查克由巴罕那克產〔註1389〕地方出，西拉布知覺被獲，我們四人出尋大兵隨進，其餘皆與踹拉克所言相同。卓特巴亦照那木扎所云。西拉布告稱，我與那木扎等商議出營取馬，復進營取物時被覺拏獲，帶車木伯爾齋桑前打五十鞭，我頭皆破，走十餘日，裝牛皮空，在查罕烏蘇地方，取西哩復偷出，在特布克托洛該地方，我們齋桑托布齊屬拜拉嘎斯骨侍衛歪朶遇弟薩木坦，一齊尋找大兵隨進，其餘皆照那木扎所云。達什、扎木蘇、霍什霍爾、達什告稱，我們皆土爾扈特之人，策旺阿拉布坦他拉子土爾扈特台吉多多克屬人，車凌端多布敗出至那克產丹鍾地方，我們乘隙偷出，尋大兵隨進，其餘皆照踹拉克所云。額森告稱，我土爾扈特之人，亦台吉多多克之人，由阿拉坦諾爾尋大兵隨進。索諾木告稱，我土爾扈特之人，藍翎巴爾蘇拉、巴彥兄弟，策旺阿拉布坦下懷特〔註1390〕台吉額爾克屬人，由特布克托洛該尋大兵隨進，其餘皆照踹拉克所云。查準噶爾踹拉克等人皆慕皇父仁化，誠篤隨來之人，臣均賞現來九人衣服，厄魯特侍衛歪朶等領後來之準噶爾人等到後，亦照此賞給，咨交護軍參領明泰。再親王羅布藏丹津尋來準噶爾人等不可留臧〔註1391〕，咨送將軍延信、公策旺諾爾布等行文，來至亦解送。再厄魯特侍衛歪朶等先隨來，皇父

〔註1388〕常寫作土爾扈特，厄魯特蒙古四部之一。
〔註1389〕即小納克產。
〔註1390〕常寫作輝特，土爾扈特蒙古徙額濟勒河之後稱爲厄魯特蒙古四部之一。
〔註1391〕此句意爲此句意爲投奔羅布藏丹津之準噶爾之人不可留藏。

仁慈，派爲藍翎侍衛，今又各給妻室，原在臣前當差，咨送之人，以後留臣部下効力，茲問明泰等情由，恭摺謹具奏聞。

[287] 洛隆宗第巴呈文獻物摺（康熙六十年三月二十七日）[2]-《卷十六》

奏爲洛隆宗第巴呈文獻物事。

喀木地方洛隆宗城第巴薩木達拉呢恭額旺扎爾以唐古忒文來稟，譯文內開，大將軍王鈞鑒，小人上滿洲大君主，阿迪斯迪特，禱告以善看大將軍王，常思奮勉効力，先準噶爾賊一切事不諱，乞請小人，我容地方不佔據不惹人，我唐古忒文鈐印仁慈，稟文之禮，伯勒克哈達一件，氆氌一疋等語。

伊鈐印文言，撫遠大將軍王文，衛藏二處盟人等大小諾彥軍事使臣等傳行，漢土伯特蒙古人等，此薩木達呢恭額旺扎爾，由伊父祖父以來均爲舊臣，拉藏汗仁慈，派住裏塘莊多特地方辦事，給印文之處，今大君主仁惠，誠意感激，行藏容郎布林郎布折拉布濟原康寧拉剛他當幾雅拉布拉克他布沙固爾博克呢業固爾拉唐惟奢特布拉蘇蘇隆達克呢爾卓爾呢達達木查崇曼他永比布等山，巴拉木草，世代佔據，至薩木達爾柰恭額旺扎爾子孫，凡人搶奪霸佔，不致凶傷，先有拉藏汗給過印文，今又給鈐印，查上年臣親領兵往木魯烏蘇時此薩木達爾柰恭額旺扎爾遣人問臣好，呈貢哈達一件氆氌一疋，臣皆領受，回賞莊緞一疋綢一疋，令伊奮勉從事，得信咨令即報，後準噶爾十人來守饒雅薩木巴橋〔註 1392〕，薩木達拉呢恭額旺扎爾行文副將岳鍾琪，我們官兵與薩木達拉呢等去殺準噶爾六人，生擒托克托哩等，定藏將軍噶爾弼報薩木達拉呢恭額旺扎爾雖奮勉行，惟伊稟文各盟地方之名極多，無從查考，即給鈐印不成，臣駐藏公策旺諾爾布等，由你們地方薩木達拉呢恭額旺扎爾，你唐古忒人，果奮行好，則達賴喇嘛必待你仁慈，給證書，言行文，此處咨交文，亦告達賴喇嘛，薩木達拉呢恭額旺扎爾，將軍噶爾弼領隊兵殺準噶爾賊之處，交該部恩施，請分別議敘，薩木達拉呢恭額旺扎爾由遠地問臣好，呈送哈達氆氌皆領受，俟後順便之人再給報物外，爲此恭摺謹具奏聞。

[288] 羅布藏丹津派員來此向其詳詢藏情摺（康熙六十年三月二十七日）[2]-《卷十六》

奏爲詢得藏情事。

〔註 1392〕清代舊記作三巴橋、假夷橋、嘉益橋、嘉裕橋、三壩橋等，西藏洛隆縣馬利鎮附近怒江（即喀拉烏蘇）上之橋，爲入藏之要津。

青海親王羅布藏丹津由西藏差扎爾固齊蒙霍代達什問臣好，並送哈達、拉果爾、棗、氆氌，三月二十五日到。臣詢問蒙霍代達什，你爲領兵之員，必知各處情況，大兵送達賴喇嘛坐牀，唐古忒土伯特人等情形何如，巴勒布等國曾差使臣否，準噶爾賊敗去後有無情況，你幾時由藏起身，順何路而來。據稱大兵擊敗準噶爾賊時我們協力攻擊，準噶爾賊敗去後，送達賴喇嘛至藏坐牀以來，散居唐古忒土伯特人等各處歸來，仍然各自居家，極爲熱鬧，照他們唐古忒風俗，男女在街巷執手跳唱喜悅，閤唐古忒人等無論大小，皆感滿洲君主威福，送達賴喇嘛坐牀，我們又復見天日，嗣後永久安生。再喀木藏衛三省人等，陸續來藏叩謁達賴喇嘛，執丹書克，我動身時尚有不斷前來者。上年十二月二十六日布魯克巴差六員來到，二十七日巴勒布國亦有四使來到，皆想探問達賴喇嘛情況如何，加以核實，因此額駙、公與我們王商議，於本年正月初二日許其進叩達賴喇嘛，使臣等見後皆讚言達賴喇嘛果實靈異，皆賞筵宴，初三日咨回，使臣之名我不知。再正月初十日聞阿里地方唐古忒傳言，近克哩業哈布齊該地方有準噶爾千餘人，看情形上年敗出之賊，被嚴寒所迫，不能行走，說在彼過冬，並非眼見之人來藏所告，額駙、公與我們王商議，差人探實，令我們齋桑固爾查布爲首率領三十人正月二十一日咨行。我們王特令我問大將軍王好，差呈哈達棗氆氌，我們親自諾莫歡烏巴什順拜都、渡木魯烏蘇河，由圖拉嘎圖從新路行走，三月二十日到家，二十一日即起身來西寧，事完竣後回去，飭向你們王兄弟及王二老福晉問好，西藏極太平，令你們住守營，咨交我等語。羅布藏丹津由藏問臣好，咨送哈達棗氆氌，臣皆領取，答給哈達一件綢一疋，再扎爾固齊蒙霍代達什亦賞綢一疋外，爲此恭摺謹具奏聞。

[289] 遵旨調烏哩布為滿洲副都統代為謝恩摺（康熙六十年三月二十七日）[2]-《卷十六》

奏爲代爲烏哩布調職謝恩事。

副都統烏哩布稟稱，奴才世受重恩，並未報答，幼時即蒙聖主恩施，陸續用至廂黃旗蒙古副都統，奴才受此重恩，正未能報答聖主，又蒙調補正黃旗滿洲副都統，旨到敬望闕謝恩，伏乞大將軍王轉奏等語，爲此恭摺謹具奏聞。

[290] 遵旨調西安〔註1393〕將軍宗扎布回西安〔註1394〕摺〔註1395〕（康熙六十年三月二十七日）[2]-《卷十六》

奏爲調員回寧事。

准兵部咨稱，康熙六十年二月二十日乾清門頭等侍衛拉什奉旨，傳告議政大臣等，西安〔註1396〕將軍宗扎布現在西寧無事，大將軍王大臣等於移文之便，令將軍宗扎布調住西安〔註1397〕，欽此欽遵，咨行到後。臣將軍宗扎布三月二十二日起身調回西安〔註1398〕，爲此恭摺謹具奏聞。

[291] 據延信稟將準噶爾喇嘛等五十三名遣送進京摺（康熙六十年四月一日）[2]-《卷十六》

奏爲遣送準噶爾拉喇嘛等進京事。

平逆將軍延信等稟稱，延信在藏時抄沒正法〔註1399〕之扎什則巴之子妻家產，差台吉車凌扎布，咨車凌扎布云，茲飭你親至扎什倫布，凡由準噶爾來之喇嘛等，一一詢問，不許在扎什倫布地方留居一個，皆帶藏地交公大臣等遣送京城，本年三月十三日咨到駐藏公策旺諾爾布等。十二月初三日台吉車凌扎布帶來準噶爾喇嘛洛布臧端卓特、西拉布臧布、洛布臧拉什、洛布臧薩木談、伊什嘎拉臧、洛布臧原端、洛布臧西拉布、噶布楚洛布臧原端、伊什西魯布、伊什扎木蘇、伊什皮林來、伊克伊魯布、洛布臧鍾柰、伊什丹津、洛布臧西拉布、伊什扎木蘇、伊什扎木三、伊什鍾柰、伊什珠克拉、洛布臧丹津、洛布臧索諾木、洛布臧丹津、恭額扎什、洛布臧盆素克、格隆洛布臧那木扎、噶布楚洛布臧莫洛木、格隆薩木坦、伊什拉克坦巴、洛布臧根敦、洛布臧達札、洛布臧西拉布、濟什策當、洛布臧木巴、洛布臧車凌、洛布臧薩木談、伊什巴拉珠爾、洛布臧達什、噶布楚伊什哩克端、伊什達克巴、洛布臧雅木畢、伊什達雅、洛布臧索諾木、洛布臧端拉克、洛布臧克魯伊布、伊什根敦、洛布臧巴拉達爾、伊什薩木談、洛布臧班珠爾、洛布臧拉布、窖噶布楚、洛布臧嘎拉臧、拉木扎木巴洛布臧達爾扎、洛布臧達什、洛布臧扎

〔註1393〕原文作西寧，今改爲西安。
〔註1394〕原文作西寧，今改正爲西安。
〔註1395〕此文檔將西寧、西安相混淆，故於正文中多處予以改正。
〔註1396〕原文作西寧，今改爲西安。
〔註1397〕原文作西寧，今改爲西安。
〔註1398〕原文作西寧，今改爲西安。
〔註1399〕原文作鎮法，今改爲正法。

木三共五十三喇嘛，問得他們皆由準噶爾來是實等語。是以台吉車凌扎布帶解洛布臧端卓特等五十三喇嘛，皆照將軍交，沿途令給口糧，由該噶倫等鈐印證據酌派唐古忒兵交員外郎阿拉善解送外，再帶來第巴必賀扎什則巴之二妻，大妻子十二歲，小妻子七歲，此二子年幼，並非應解要人，我們同議作爲達賴喇嘛商〔註 1400〕上交噶倫康濟鼐、隆布柰等，索伊班齊木布之子班珠爾旺楚克，在將軍辦理，交達賴喇嘛商〔註 1401〕上，此妻棍色布哩六歲男子詹巴車凌亦交噶倫等，再車凌扎布抄沒帶來之物數目，在藏地查封物之數目皆註冊，查明亦交達賴喇嘛商上，爲此咨令將軍知之等語。員外郎阿拉善領準噶爾喇嘛等至成都，照例令咨京城，並咨行總督年羹堯知之等語，爲此恭摺謹具奏聞。

[292] 據延信稟由準噶爾歸來人員查詢情由派員送京摺（康熙六十年四月初一日）[2]-《卷十六》

奏爲查詢準噶爾逃出人員並派員送京事。

平逆將軍延信等稟稱，本年三月十三日駐藏公策旺諾爾布等咨報事，本年十二月初三日由準噶爾隨來男五名，女一口，住那克產達魯哈阿珠巴桑等，馳驛遣送等因。問得額拉追，告稱我土爾扈特人，隨準噶爾巴布齊〔註 1402〕至西綸沙爾地方去，進戈壁，聞無水，托布齊去看水草，差人前後限五日，住宿西綸沙爾地方時，我弟庫魯、我妻弟達什則巴並霍土旺共同商議，擬投聖主，求得永久安逸，領女三口男一名妻子一名，共竊三十六馬，不知名特布克托洛海二日路程之地，遇四十餘人向我們攻擊，我們來霍土旺受槍傷，被他們拏獲，婦孺馱載皆被他們搶去，我弟達魯、我妻弟達什則巴並領我妻索諾木登山峰放槍，不放進，他們由遠高聲喊欽遵，問你們何人。我們告稱，我們準噶爾車凌端多布人，問他們何人。他們告稱小車凌端多布軍人，我止住，不能侵犯棄去，看西北各人馬駝光景，多見向後營走，或不知何兵，我們來至那克產，見杜喀爾等，令我們一齊遣送。問杜喀爾告稱，我拉藏汗屬，隨蘇爾咱之人，拉木扎木巴車木伯爾搶掠，帶我、此漢奴僕甘勝二，拏我們二人直帶至西綸沙爾後，放我們，甘勝二我們二人商議，死則同，生則尋君主大兵逃去，車木伯爾由牧群竊十馬騎出，由西綸沙爾走七日，不知地名，

〔註 1400〕此處補商字。

〔註 1401〕此處補商字。

〔註 1402〕應爲托布齊。

遇準噶爾逃人，追行七人，搶取我馱馬，我們二人騎二馬敗出等語。問甘勝二告稱，我正藍旗批彥圖佐領下馬甲雅圖奴僕，前年向準噶爾作戰時被獲，其餘照杜喀爾所云。又問額拉追、庫魯、達什則巴等，你們皆由準噶爾篤請君主來人等，凡準噶爾信你們別諱，車淩端多布敗出時行幾日到西綸沙爾，由西綸沙爾進戈壁去時幾日無水，車凌端多布等兵行幾隊，你們軍馬口糧如何，由西綸沙爾至克哩業有幾日路程，由策旺阿拉布坦地方有信否。據答稱，我們被大兵擊敗出時，由阿拉坦諾爾至西綸沙爾走三十三日，由西綸沙爾渡戈壁去時，聞無水，原非走路，不知有幾日路程，車淩端多布、拉布扎木巴車木伯爾、托布齊各領一營行，拉木扎木巴車木伯爾在前，接連車淩端多布，在後尾托布齊，此三隊皆間四五日路程，看水草行，車淩端多布等住那克產邊界，搶去牛羊，中途棄去瘦弱，現馬匹口糧雖有，皆勞苦。行不記日，八月間至策旺阿拉布坦地方，巴遜人爲首來七人，在倭洛該諾爾地方見車凌端多布等，一同行一日。再車凌端多布差伊西伯格敦人，聞止差住克哩業兵，聞下人之言，策旺阿拉布坦，小車凌端多布等給三千兵去藏，車凌端多布若地方不宜兵，仍留藏，伊親來，小車凌端多布等帶三千兵至克哩業，極爲窮困，惟一千精壯兵，聞幫車凌端多布等，遇我攻擊人等，再見特布克拉洛該，計兵之光景，思亦如準噶爾兵，我來時至那克產那邊丹鍾廟之日，貝子阿拉布珠爾〔註 1403〕之弟綽晉晉〔註 1404〕，見拉藏屬多呢爾拉木扎木巴等六人，問得他們告稱，我們至戈壁地方，中夜逃出，我們馬瘦糧盡，我們順扎什隆木布，由素識人等求馬匹口糧，尋大臣去。綽晉晉、多呢爾拉木扎木布等，我們後出之人，凡各地知之明白等語。是月初六日綽晉晉、多呢爾拉木扎木巴等六人來，問他們，多呢尔拉木扎木巴、敦魯布扎木蘇告稱，我們二人皆由土爾扈特地方來，在藏學經二十七年，多呢爾扎木巴我先與準噶爾使臣查罕丹津有鬪毆之處，我們結讐，被拉藏汗慈憫之人，不可留在此，車凌端多布等毀我們薩欽，我們無水，在戈壁內走四日，與貝子阿拉布珠爾之叔之子綽晉晉商議，你兄阿拉布珠爾受聖主重恩，身受君主仁慈，貝子仍令伊子承襲，我們因何隨準噶爾去，大兵在藏，言請君主安〔註 1405〕進，我領奴僕楚晉丹、烏爾晉三都布、達什那木雅，由戈壁內至不知名地方，十月初三日尋來。問綽

〔註 1403〕屬土爾扈特部，《蒙古世系》表四十七作阿喇布珠爾。

〔註 1404〕《蒙古世系》表四十六、四十七失載。

〔註 1405〕此處補安字。

晉晉告稱，我阿拉布珠爾之叔額布吉斯欽〔註 1406〕之子桑濟扎布〔註 1407〕，被準噶爾搶掠隨來，早已嚮往聖主，不得離身之法，無奈隨車凌端多布走，我懷念聖主重恩。多呢爾拉木扎木巴、敦魯布扎木蘇等，皆受聖主之仁化隨來之人，問車凌端多布等不順原來路去，無水，順別路去意如何，此間由策旺阿拉布坦地方來信否，行走情形如何，牲口口糧如何，車凌端多布等在何處過冬，特布克托洛該見額拉追等兵誰的，盡你們所知詳告。據稱車凌端多布顯係無告我們之處，仍順原來路去則路兇，皆知勞苦，由原路躲避，冒稱此路好，特畏懼下人逃散，思知去無水之處，我由西綸沙爾進戈壁，走四日，尋山雪得一點食，竟無水，我們由來處又三日路程無水。聞拉木扎木巴車木伯爾、車凌端多布等差人來告，拉木扎木巴車木伯爾、車凌端多布、托布齊三隊相間四五日走，共兵二千餘，車凌端多布等進戈壁四日，聞馬牛羊死，棄，皆無人烟，地不適，腫死者亦多，車凌端多布亦得腫病。車凌端多布等進戈壁，因不得水，心極憂慮，本年八月間由策旺阿拉布坦地方，令巴遜人為首七人來到，次日車凌端多布派西伯格根敦人在克哩業兵令止來，我們被擊敗出，今事不成，來則反無益，即差人阻止，遇額拉追等攻伐，見他們光景計之，必由克哩業來兵進路，順特布克托洛該路來，不可測，我們來時並未遇見車凌端多布等，被擊敗出，聞他們必尋車凌端多布回去，斷無來處。再車凌端多布怨稱，我兵打仗頗行走，已被擊敗，此次計窮不能敵，是以阻止，說圖謀過冬之處，看情形本年斷不能到原處，至繞克哩業過冬，此外別無信息。據此情形，車凌端多布等聞我們大兵二路來不可測，他們帶克哩業之兵，車凌端多布等被天兵擊敗逃出，他們調兵何敢再來，然準噶爾極奸猾，若少留兵力，任邊人等妄自惹行，亦不可測，我們共請議隨康濟鼐來選派熟悉地方幹員，由三路詳實偵探，得信另報外，以前由那克產地方咨文，因不大甚明未報，再多呢爾拉木扎木巴、敦魯布扎木蘇、貝子必賀則巴〔註 1408〕、杜喀爾、甘勝二應即解送，看拉木扎木巴、敦魯布扎木蘇、達什則巴病，全身腫不能行，暫留在此，以俟病愈，多呢爾拉木扎木巴、綽晉晉等九人解送京城，杜喀爾交伊原主蘇爾咱之妻，甘勝二交伊主馬彥圖〔註 1409〕家等語，為此恭摺謹具奏聞。

〔註 1406〕《平定準噶爾方略》卷二頁三作土爾扈特阿玉奇汗，額布吉斯欽疑為蒙語之尊稱。

〔註 1407〕《平定準噶爾方略》卷二頁三作三濟扎卜，土爾扈特阿玉奇汗之子。

〔註 1408〕待考。

〔註 1409〕本文檔前文作批彥圖。

[293] 郡王察罕丹津因病回來據稟代奏摺（康熙六十年四月初一日）[2]-《卷十六》

奏爲據情代奏事。

先青海郡王查罕丹津因病由藏回來，差伊子台吉端多布旺扎爾稟後，臣差侍衛雅圖、員外郎喀拉喀去看，到時若有別情，再行具奏等因。三月二十七日雅圖、喀拉喀回來稟稱，我們三月初十日由西寧起身，十八日至王查罕丹津住所海柳圖地方，見到王查罕丹津，向他轉告大將軍王之言，我先聞你由藏地回來，但不知住地，無法差人，你差子來始知，聞王病我心多不安，遣漢醫生送藥，則恐與蒙古地方病情不合，故未遣派，不知食我們內地何物相宜，亦未敢送，此楚拉吉爾米，食物不能化，則可作稀粥食，茲送楚拉吉爾米一袋，奶餅一斗，王你有了年紀，氣候不宜，祈善自調養爲要，請好額木齊喇嘛治療，心別煩悶，查罕丹津叩謝承領。告稱我自幼去藏地二三次，並未生病，今年老，此次至德肯地方，頭暈，多食則不能消化，我五十七年在木蘭阿拜地方去瞻仰聖主天顏，君主賞我一藥，奉論旨，此藥專治中氣之人，服後固心，飲三分，欽此，我至諾莫歡烏巴什之日不能睡，睡則氣閉，服君主賞藥，心內明白，氣亦和順可睡，因此始知藥靈，屢次發病皆服過此藥，此次我們青海人等仰聖主威福，從大將軍指示，恃大兵之力，去送達賴喇嘛，準噶爾賊盜牲口馬匹，三次侵營，大兵炮槍，賊不久敗去。先準噶爾賊取藏，毀壞教道，任意誅殺喇嘛，破壞寺廟，土伯特人民四年處在困苦憂愁之中，我們青海台吉等雖有征賊取藏之意，奈心不齊，我們久享聖主太平之福，軍戰之事，並未經過，因力不及，延緩未進，蒙聖主滿洲佛通達英明，上年封呼畢勒罕爲達賴喇嘛，我們青海衆台吉等蒞盟，一切辦理均遵訓旨，大將軍王又領兵送至木魯烏蘇河，毫無耽延，乘機同力送達賴喇嘛至藏坐牀，博克達班禪之明不勝喜悅，閤藏喇嘛土伯特唐古忒之民老幼大小婦孺皆感聖主之恩，街道上無不跳舞歡悅，我們祖父所立教道，被準噶爾賊所奪，將至滅亡，今重新推廣，救閤唐古忒土伯特倒懸之苦，重新開闢各君主等煮莽扎之路，似此天高地厚之恩，我等世代子孫，不能以報萬一，惟禱聖主之根永固萬萬年。查罕丹津原是一小台吉，聖主以我爲固什汗之孫，封爲貝勒，又優封郡王，我面奉論旨，你回去約你兄弟同力征準噶爾賊，復你們祖父所立之道，令達賴喇嘛坐牀，回來時我再降旨，欽此欽遵，常記在心，固什汗之孫聖主施恩極重，我無力報答之處，我身原有疾，至藏後水土不宜，稍病住藏，思候上旨無妨，稟告將軍等駐藏，我亦具奏將軍等起身，達木地方水較好，住數日，看亦不宜，復往藏去，由十一月二十五日病勢漸增，骨節痲木，食肉則吐，飯多食則不能化，惟食炒麵飲茶，面目皆腫，服彼處喇嘛藥並未減輕，喇嘛等言告至春時恐其更增，是以我與親王羅布藏丹津、貝子巴拉珠爾拉布坦等商議，告知額駙阿保、公策旺諾爾布等，給鈐據文，上年十二月十九日由藏起身，本年二月二十五日至黃河邊衛鄭托悔地方，給台吉拉布坦，聞我妻子祀郭莽喇嘛〔註1410〕皆故，心又悶不能往營去，即在衛鄭托悔地方調養，令我子端多布旺扎爾問大將軍王好，聞差額木齊喇嘛服藥，面目腫多消，病稍愈，十二日由衛鄭起身，十五日至海柳圖。額木齊等言，令我入夏前往熱水好，我得是月二十三四日至黃河邊舒爾棍地方去住熱水，查罕丹津原仗聖主以生，如何降旨，我首先遵從，從大將軍王行至西藏以來，每晤慈顏，蒙賞給蟒袍各色綢珠盔甲弓箭腰刀，此次我身病先回，內心愧對，理宜治罪，聞知我病，又差侍衛扎爾固齊來看，賞給楚拉吉爾米、庫魯實不敢受，我蒙聖恩斷不致死，我病必好，俟住熱水全愈後，去見大將軍王。再聞貝子丹鍾亦回來，不知虛實，我差人去看我們兵後，丹鍾達克巴人來我遷帶六十戶人，此帶之故，亦令問明咨告，我差人仍尚未到。臣看查罕丹津之病形顏色，比先不如，面目轉消腫，沿途探信，均云查罕丹津在西藏不服水土，因病回來，並無別故等語，爲此恭摺謹具奏聞。

[294] 據延信稟查罕丹津因病回旗擬令其子帶兵入藏摺（康熙六十年四月初一日）[2]-《卷十六》

奏爲據延信稟轉奏事。

平逆將軍延信等稟稱，本年三月初十日駐藏公策旺諾爾布等稟稱，郡王查罕丹津蒙文稟譯閱，滿洲聖主侍衛拉什傳旨，你此次勤奮從軍，擊敗準噶爾賊，恢復你祖所立之教，當時令我等候降旨，令我子端多布旺扎爾與我來信，來兵後丹鍾達克巴人來，我攜帶六十戶人不可靜坐等語。這些皆□不尋理，至毀壞不可測，我身有病而年老，藏地水土又與我不宜，然我營不住邊界，他們不睦，思使我誣奏滿洲聖主，不可測，我親奉聖旨先去奏請緣由，來年我親追來，我來不及來，則遣我子端多布旺扎爾，此等處面奏滿洲聖主之明，與親王商議，親王羅布藏丹津亦令我以善完結說善，我向家去親住不

〔註1410〕甘肅拉卜楞寺第一世嘉木樣活佛阿旺宗哲。

成，聲明呈稟緣由等語。以我會同王代清霍紹齊〔註 1411〕，先將軍你們派青派一千兵交親王羅布藏丹津、貝子巴拉珠爾拉布坦、你們三人首住，你今旨說我，將軍理宜聲請呈告，當時並不聲告，今告我回去，王你不以將軍所交之事爲重，如何藉端棄去麼，王你斷不可去，我意你仍住此處，應遵聖旨指示從事，立言時，王查罕丹津言，先侍衛拉什我奉論旨之處，我有聲告將軍之處，並無說令我住，察思住此處候旨，我子端多布旺扎爾、丹鍾皆年幼，一時彼此反目，致事敗，我生無益，丹鍾又妄誣，使我生奏君主不可測，此處極無事，我急回去，我攜帶六十戶，問明緣由完結，原旨，事完令我來京城，我去差人奏請聖旨，聖主若令我來，我聖主明鑒，去請訓，有青草時再行追來，不及則遣我子端多布旺扎爾，我等處與親王羅布藏丹津商定咨呈大臣等，向王羅布藏丹津告稱，原將軍令我們三人住，今查罕丹津得病，而端多布旺扎爾來信，丹鍾達克巴人攜帶六十戶致給與，我斷不可靜坐，丹鍾又回去，此二人彼此不睦，致成爭戰不可測，若至反目，聖旨爲我們固什汗子孫屢次降旨不合，我們骨肉內無益，我們二人一在此處承居無異，得急咨回息事，先君主之旨大，咨應合旨。看我們王查罕丹津之形容，去意甚堅〔註 1412〕，雖言罔阻，並不取言，令留伊正兵，伊又路遠，人少則難行，帶伊正兵十二月二十二日起身，此起身去之緣由，理應呈大將軍王，大將軍王不知仍在西寧抑去往京城，即稟不成，看將軍事由稟大將軍王，抑奏聞君主之處，爲此郡王查罕丹津稟蒙文一併咨行將軍等語。延信將由藏來咨文，委把總邱則溥，查問藏信。告稱現駐藏官兵應領錢糧口糧，皆照將軍大臣所交，由達賴喇嘛商上給，所食馬乾很足，並無耽誤，再準噶爾賊車凌端多布等皆尋克哩業過戈壁遠敗去是實，藏內無事，大臣官員兵丁等皆甚好居住等語。我差侍衛雅圖、員外郎喀拉喀稱，王查罕丹津惟因病回來，領伊正兵來之處，並未告知，今將軍延信報稱，王查罕丹津將伊六十戶令貝子丹鍾攜帶來，伊正兵皆來等語。貝子丹鍾與拉查布不睦，恐伊營出事，回來是實，是以臣王查罕丹津，準噶爾賊極奸猾，雖他們被擊遠敗，藏地不可不加防守，你正兵留藏數，內兵皆有奏聞之處，你生病回來，理宜留兵，另令大人爲首留兵，非全帶來，今你身愈，仍帶你正兵令回藏去，若年老有病不能去，則令你子爲首，青草出即咨行起身，咨交你正兵一名不可缺減，爲此恭摺將王查罕丹津、公策旺諾爾布等蒙文稟，一併謹具奏聞。

〔註 1411〕即郡王戴青和碩齊察罕丹津。

〔註 1412〕原文作喜，今改爲堅。

[295] 准許準噶爾噶爾瑪巴朗與其伯父同住摺(康熙六十年四月十五日)[2]-《卷十七》

奏爲准許準噶爾屬人與其親屬同住事。

四月十二日駐藏公策旺諾爾布等稟稱，先前由準噶爾隨來薩木坦、西拉布，平逆將軍延信移交護軍參領，今薩木坦等一齊行走之噶爾瑪、巴朗至那克產，所騎牲口被竊〔註1413〕，卓哩克圖溫布盟住布雅爾旺扎第巴、薩木坦等查詢噶爾瑪、巴朗，你們是誰屬人，先隨來薩木坦、西拉布一齊行走，如何落後那克產，你們行走情況詳告。噶爾瑪告稱，我準噶爾齋桑固木布扎布屬人，策旺阿拉布坦克哩業遣派之兵，共二千五百，左翼兵騷哩圖哈什哈爲首領，右翼兵達什阿木呼朗爲首領，五十七年十一月間起身，在特克斯地方過冬，次年四月間至克哩業地方。上年車凌端多布調兵時騷哩圖哈什哈等二千兵帶精壯過呼呼穆綸、喀喇穆綸，水土不宜，得腫病二百餘人，遣回克哩業，餘兵帶來至特布克托洛海，遇見車凌端多布等隊逃出之人拏問，告稱車凌端多布等被滿洲聖主大兵擊敗逃走，騷哩圖哈什哈、達什阿木呼朗等商議，車凌端多布等許多厄魯特唐古忒兵尚被擊敗，我兵雖去，更不中用，不如去尋車凌端多布等行踪，領兵回去。我夜逃出，尋找大兵，不知那克產邊地名，見薩木坦、西拉布等一齊行走至那克產，我牲口被竊，尋我牲口等語。巴朗告稱，我拉藏屬人，準噶爾人等帶我至西綸沙爾，獨自逃難，先薩木坦一齊隨來，西拉布要逃，被車凌端多布等知覺，將他拏獲，捆手帶走，我夜偷將捆手皮繩解脫，我們二人一齊逃出，遇那克產邊，噶爾瑪一齊行走至那克產，我腳痛不能動，與噶爾瑪落後，我伯父昂噶拉珠兒，我兄棍楚克在藏地，得同他們居住。又噶爾瑪等餘處，與先前隨來人等告言無異，將噶爾瑪暫留在此，咨多呢爾拉木扎木巴等一齊咨行。巴朗拉藏屬人，伊伯父昂噶拉珠兒，伊兄棍楚克又在藏地，情願與伊伯父昂噶拉珠兒等同住，將巴朗交伊伯父昂噶拉珠兒等語，爲此恭摺謹具奏聞。

[296] 色楞等兵役十五人無馬驛送暫留藏地摺(康熙六十年四月十五日)[2]-《卷十七》

奏爲將兵役十五人暫留藏地事。

四月十二日駐藏公策旺諾爾布等稟稱，噶倫康濟鼐告稱，侍郎色楞〔註1414〕、

〔註1413〕原文作騎牲口偷竊，今改正爲所騎牲口被竊。

〔註1414〕《平定準噶爾方略》卷二頁二十二作一等侍衛色楞，授爲副都統。

總督額倫特隊來兵奴僕並拉藏屬人，準噶爾人等帶去伊地，我阻止殺準噶爾賊，收取兵奴僕並拉藏人，在我地住養，早要送去，因無辦事人員未送，今此地有大臣，共十五人我送驛，請大臣等受取辦理等語。查西安督標後營馬兵朱文秀，西安督標火器營步兵黃成成，西寧鎮標右營馬兵王朝動，西寧鎮標後營馬兵徐德倉，西安正藍旗漢軍博良佐領下馬甲董世玉，侍郎畢賀色楞奴僕回子，廂黃旗侍衛達克巴臧布奴僕固木布達爾，正白旗不知佐領馬甲保三由鞏昌府落後奴僕喜二，正紅旗漢軍不知佐領馬甲七十之弟晉昌，同旗不知佐領前鋒阿木皮由西寧落後奴僕杜來，廂白旗不知佐領馬甲雷姓人由西寧落後奴僕二娃子，廂紅旗不知佐領馬甲薩爾泰奴僕奇他，正藍旗漢軍額拉格佐領下馬甲夏光堯奴僕周鴻石，廂藍旗齊代佐領下馬甲洪泰奴僕焦七，同旗不知佐領護軍校薩拉楚霍奴僕老疙瘩，將這些人咨送康濟鼐〔註 1415〕，理應各送各處，春時辦理無騎肥馬，又難專送，朱文秀等十五人暫留在此處，後有便再遣交各處等語，爲此恭摺謹具奏聞。

[297] 布魯克巴派使來藏並諭其照常貿易據稟轉奏摺（康熙六十年四月十五日）[2]-《卷十七》

奏爲據稟轉奏事。

四月十二日駐藏公策旺諾爾布等稟稱，本年正月十三日布魯克巴差使臣通默特楚克布三濟耀等到藏，噶倫康濟鼐等親自接見，問默特楚克布、三濟耀等來藏情由。他們告稱，上年康濟鼐由阿哩克地方，我喇嘛阿旺杜拉固林布池致信辦事旺布查〔註 1416〕，聖主爲推廣黃教，撤消準噶爾所立僞達賴喇嘛〔註 1417〕坐牀，以大兵之力送來達賴喇嘛，我們喇嘛阿旺杜拉固林布池、辦事旺布查得知，令我們問達賴喇嘛安，執伯勒克。又問通默特楚克布、三濟耀等，你們幾時起身，走多少日，有否以前你們使臣走過地方。據稱我們上年十二月初八日動身，自我們地方通藏之路，山險路惡，不可騎馬，步行走二

〔註 1415〕此句之意應爲這些人由康濟鼐咨送。

〔註 1416〕從上下文知之，此處譯文語意不清，應爲康濟鼐致信喇嘛阿旺杜拉固林布池、辦理事務之旺布查。因布魯克巴之政體若甘丹頗章，雖沙布隆爲部落政教之首，但以喇嘛地位之尊崇，不常經理俗事，設第巴以理政務，故有辦事之説，辦事者即指第巴也，旺布查似爲《現代不丹》所載之格西・阿旺・嘉錯，阿旺杜拉固林布池待考。

〔註 1417〕指爲拉藏汗所立且爲清廷冊封之六世達賴喇嘛阿旺伊西佳木磋，此處指爲準噶爾所立，誤。

十五日，以前有拉藏三次使臣行過，車凌端多布等到藏，每年一次差派使臣，今聞滿洲大君主推廣黃教，光輝遠照，專差我們來此等語。因諭使臣通默特楚克布三濟耀等，爲聖主推廣黃教，擊敗毀教賊車凌端多布等，令阿哥王爲大將軍，領無數兵將至木魯烏蘇，大將軍王一切事務辦理妥協，酌量進兵，派平逆將軍、定邊將軍〔註 1418〕二路征討，賊車凌端多布帶領厄魯特唐古忒兵共萬人，我們由西寧派兵迎截，賊人白日不敢侵犯，夜在博克河等三處三次侵犯，皆被痛擊敗去，我們將軍大臣等，同心追殺殆盡，惟聖主好佛，有旨令賊敗勿追，我們遵旨未追，否則準噶爾賊斷無生還，將軍與我們共遵聖主之意旨，送達賴喇嘛來藏，上年九月十五日坐牀，今聞唐古忒人等皆受聖主重恩，太平安逸等言，又喇嘛阿旺杜拉固林布池、辦事旺布查咨文，知你們使臣來情由，我們大國聖主統治天下，並不分內外，一概仁慈，待如赤子，各自安生，善行者勸，惡逆者懲，繼絕一切之事，以公辦理，你們掌布魯克巴之道喇嘛阿旺杜拉固林布池、辦事旺布查，聖主來兵殺滅準噶爾賊，送來達賴喇嘛，復興所毀之教，以應民意，聞此奇蹟，即差使臣，實可嘉獎，以前拉藏汗在時你們彼此稍有不睦，所爲皆知，將不介意，我們大國之道，惟以和爲貴，我們承滿洲聖主之旨，領兵駐守，此後你們地方之貿易，則即遣來，我們派官員等監視貿易，衛藏之貿易，則亦令去你們地方，如此兩國互和之道，聖主聞知，必加讚獎，你們使臣來，我們必報大將軍王奏聞聖主等言，筵宴，譯唐古忒文，來使臣酌賞綢布奇布哈達克。他們喇嘛阿旺杜拉固林布池等送我七件粗褐伯勒克，領受，答給綢十疋，平逆將軍延信等傳諭布魯克巴地方之文，亦行交付通默特楚克布三濟耀等，本年正月二十八日起身等語，爲此恭摺謹具奏聞。

[298] 請將第巴達克冊逆產撥給康濟鼐作為家業據稟轉奏摺（康熙六十年四月十五日）[2]-《卷十七》

奏爲據稟轉奏事。

四月十二日駐藏公策旺諾爾布等稟稱，先平逆將軍等稟呈大將軍王案內，噶倫康濟鼐呈請，我家產皆被準噶爾所搶無餘，阿里地方田地所收之糧養我妻子屬人，今滿洲君主之恩，放我噶倫，按我們唐古忒之例，噶倫等惟得五六口人口糧，我身爲噶倫，辦理達賴喇嘛商〔註 1419〕上一切之事，不可不

〔註 1418〕《平定準噶爾方略》卷七頁十八作定西將軍噶爾弼。
〔註 1419〕此處補商字。

將妻屬遷來，我屬人口極多，藏地無養家口之業，自己亦無住房，如蒙滿洲君主施恩，俾我妻子屬人請得一生業等語。查康濟鼐一意誠篤，感聖主無窮之恩，尊崇黃教，輔助達賴喇嘛之人，似難無養家口之業，令延信共同商議，將正法第巴達克冊在藏一戶房撥給居住，酌彀伊養口，令將第巴達克冊田地撥給，皆令公策旺諾爾布辦給，所給之處，聲明〔註1420〕繕呈交大將軍王等語。是以我們言與第巴隆布柰等撥給之處，聞達賴喇嘛差伊多尼爾拉木扎木巴洛布臧棍楚克〔註1421〕告稱，令康濟鼐任辦聖主所交之事，勤奮誠意，輔教有益，該管人多，不可不足給養田，第巴達克冊係重罪正法之人，撥給此產，名正言順，全交噶倫另擇之處，令撥給康濟鼐等語。多尼爾拉木扎木巴洛布臧棍楚克，令你告達賴喇嘛，達賴喇嘛因聖主推廣黃教，應合聖意，奮勉從事，康濟鼐全給成全足養之處，我們必稟告大將軍王。本年正月初二日請我們筵宴，我們大衆，達賴喇嘛令伊多尼爾拉木扎木巴在衆前勸勉康濟鼐更加勤奮，代請巴圖魯名號，賞蟒袍元狐冠並帶子等物，又養家口，在雅木魯林巴人田地，在藏之家一戶一併給康濟鼐等語。所給之數，康濟鼐告稱，共人六百六十三戶，田地一年得糧八千斗，他們唐古忒糧的量，比我們內地斗小，似有八升等語，為此恭摺謹具奏聞。

[299] 恭設金龍聖位並放佈施據稟轉奏摺（康熙六十年四月十五日）[2]-《卷十七》

奏為據稟轉奏設立金龍聖位事。

四月十二日駐藏公策旺諾爾布等稟稱，恭維皇帝治萬國，不分內外，一概待如赤子，仁慈好生，養育衆生，以大公行教化，絕域外國人等皆行向化，無不感恩，自從策旺阿拉布坦極為狡猾，更不曉事，聖主通達，思念衆生勞苦，問罪開導，曉以利害，雖疊降諭旨，仍頑不曉，反遣兵竊據藏地，毀壞黃教，使閤唐古忒人民飽受災難，聖主洞悉其恃惡不改，乃令阿哥王為大將軍，綜理一切調轉大事，將軍王一切行事，均仰仗聖主奇謀，三次擊敗準噶爾賊，安定喀木藏衛三省，悉令安適，天心無分內外，盡使土伯特重新振興推廣，似此大喜，我們領兵來此駐防，仰慕君主金顏，不得叩謝，特設聖主金龍之位，為衆唐古忒等讚揚，曉諭倫常道理，君主金龍之位，設於大藏〔註1422〕

〔註1420〕此處補明字。

〔註1421〕第一二〇號文檔作藍占巴洛布藏棍楚克。

〔註1422〕指大昭寺。

之內，達賴喇嘛之父索諾木達爾扎即派喇嘛四百，並首倡將達賴喇嘛之儀仗排前作樂唪經，我們共隨聚集藏佛前，聖主金龍之位放正，親王羅布藏丹津等並衆噶隆第巴等，令我們隨同行禮。散後，十二月二十八日達賴喇嘛差伊多尼爾拉木扎木巴洛布藏棍楚克來告稱，大臣等設滿洲聖主金龍之位，在衆前曉諭，指示倫常道理，我聞甚喜，我年幼小，未通經道，聖主令我自小在庫木布木廟養育，又使坐牀，襲受土伯特達賴喇嘛之缺，聖主無窮重恩，我出家人如何報答，聖主推廣黃教，以應至靈之意，親往大招率領喇嘛等，祝滿洲聖主萬萬歲，永久健康，在大小藏佛前乞禱，對閤藏喇嘛等賑給佈施、唪經、放伊魯爾，再明年聖主大壽之年，各處寺廟唪經，我差弟子等，令多尼爾拉木扎木巴告知達賴喇嘛，達賴喇嘛仰聖主慈養，復推廣黃教，令得安逸，專思恩親來大小藏〔註 1423〕爲聖主乞福唪經，放伊魯爾，至好事，我們世代蒙聖主重恩，如何能報，達賴喇嘛親自來藏唪經，我們亦得出銀以報答聖主重恩唪經，達賴喇嘛正月初六日由布達拉來藏之日，奴才等酌派官兵管理街道，令達賴喇嘛入藏，各處寺廟喇嘛等，再衆喇嘛等聞達賴喇嘛親在大藏放伊魯爾，各自來至，查閱數目，共一萬二千二百餘人，問噶隆格布奎等由拉藏時、準噶爾車凌端多布在時，每年放大伊魯爾時，喇嘛等數目如何，他們告稱，拉藏汗在時每年放伊魯爾時所聚喇嘛不過七八千，車凌端多布等在時僅有四千，本年聖主咸舉達賴喇嘛恩施，聞各處喇嘛等來聚者極多，皆滿洲聖主推廣黃教所致，共聚喇嘛等由達賴喇嘛商上每日食莽扎茶餑餑炒麵十次，賑給佈施唪經，以報聖主養育至厚重恩，大臣台吉等並至官兵情願出銀共三千四百兩，此銀給噶勒丹、色拉、布賴蚌三大廟八百兩，年前唪經給大藏一千兩銀，各喇嘛等煮莽扎，賑給佈施唪經，再土觀呼圖克圖一千九百七十兩，達喇嘛嘎布楚洛布臧粗拉齊木〔註 1424〕二千二百五十兩，台吉塔旺扎木蘇五百兩，聖主萬歲各寺廟唪經。青海台吉吹拉克諾木齊感聖主之恩，情願在大藏聚喇嘛等賑給佈施，聖主萬歲唪經，並來告知達賴喇嘛領衆多喇嘛等

〔註 1423〕指大昭寺和小昭寺。

〔註 1424〕原文作達賴喇嘛嘎布楚洛布藏粗拉齊木，今改爲達喇嘛嘎布楚洛布臧粗拉齊木。第一五五號文檔作達喇嘛洛普藏札勒車木噶木楚、洛普藏札勒車木噶普楚。第一九六號文檔作嘎布楚洛布藏祖拉齊木。第二七三號文檔作洛布臧祖拉齊木格布楚。據《安多政教史》頁四十八註釋文載此人藏名全稱爲賽科巴達喇嘛噶居瓦羅桑程勒，賽科巴爲青海廣惠寺僧，達喇嘛爲喇嘛職銜之一，噶居巴係學位名。

由正月初八日起至本月二十二日唪經畢，轉麥達哩，人馬賽力人，勝則達賴喇嘛施恩筵宴，我們衆我等無數，二十二日筵宴畢，達賴喇嘛差多尼爾拉木扎木巴洛布臧棍楚克〔註1425〕來告，我僅能報聖主之恩唪經，大將軍王並此次來藏將軍等以下至官兵，均極辛勞，我亦另唪經伊魯爾，我唪經畢，告知大臣等。明日往布達拉去，達賴喇嘛唪經畢，亦告知往布達拉去，次日仍派官兵，我等親往布達拉去，以前藏雖未行，員外郎巴特木〔註1426〕三次行，我們先行時並無此次熱鬧，此次來看者，比前加倍，極爲興盛，我們設立聖主金龍之位，六十年大慶載歌載舞，民衆編成幾樣作樂，曉示大衆。衆唐古忒告訴稱，從未見聞此戲，群衆讚歎不已，聖主扶持黃教，令復安生重恩，老幼咸感喜悅。再班禪遵旨來布達拉與達賴喇嘛學經，住正月二十八日起身，俟秋日再來，班禪與達賴喇嘛言往後藏去，班禪去時，我們聖主推廣黃教，恩待班禪，以應奇意，領衆官等在十里外送行等語，爲此恭摺謹具奏聞。

[300] 請旨進駐甘州肅州摺（康熙六十年四月二十日）[2]-《卷十七》

奏爲請旨事。

臣恭維上年我們好幾路進軍征討策旺阿拉布坦，搶其牲口，車凌端多布兵又被擊敗回去，現我巴里坤兵取土魯番〔註1427〕，進佔烏蘭烏蘇〔註1428〕，因此振動，策旺阿拉布坦人等人心離散，內亂出事，或下人等屢請我們進不可測，然現甘州肅州等處住滿洲綠旗兵，皆遣派過巴里坤，此兵去則甘州肅州等處無預備住兵，現西寧無事，臣領兵進駐甘州肅州，以資威懾等語，爲此恭摺謹請旨。

[301] 遵旨分調兵馬前往土魯番摺（康熙六十年四月二十日）[2]-《卷十七》

奏爲遵旨分調兵馬進取土魯番事。

四月初九日准兵部咨稱，滿漢文武大臣官員等公同會議，調富寧阿率兵往烏蘭烏蘇地方駐防，由富寧阿所帶兵內派七千交散秩大臣阿爾恩〔註1429〕、

〔註1425〕第一二〇號文檔作藍占巴洛布藏棍楚克，第二九八號文檔作拉木扎木巴洛布臧棍楚克。

〔註1426〕《平定準噶爾方略》卷十頁二十作員外郎巴特瑪。

〔註1427〕今名吐魯番。

〔註1428〕新疆瑪納斯縣烏蘭烏蘇鎮。

〔註1429〕《平定準噶爾方略》卷七頁二十三作散秩大臣阿喇衲。此書因翻譯之誤，易

提督陸振聲〔註1430〕，即由烏蘭烏蘇之路進取土魯番，取後令富寧阿駐守土魯番，由阿爾恩所帶之兵內留夠守兵和炮位，保持征討之力，富寧阿有行之機即行，此路之兵取土魯番征進烏蘭烏蘇地方，兵力稍少，由將軍富爾丹處選三千兵，過富寧阿路，若無行機則乘秋涼撤或駐守之處，令富寧阿議奏。將軍富爾丹、奇哩德等兵，各處預備妥協居住，由奇哩德處兵派三千，策旺阿拉布坦遺留費發喀烏里洋，該處咨收無人，則即辭回會兵來，若有應行之機，會同二將軍即行，或此間內亂出事，或隨來之人得策旺阿拉布坦處實信，乘機令三處將軍等即互相計進大兵，擊毀策旺阿拉布坦之弱點，關係至大，皇帝奇謀，無不悉合，阻截之謀，伏乞聖主訓飭，具奏。奉旨議政大臣議，我意亦是如此，計咨行四處將軍，盡請議，各自鈐印具奏，軍事乘機變行，今日如此議，明日有變亦可另議，此間看策旺阿拉布坦處信若有應行改議，當即改議，欽此欽遵，咨行到後。臣即諭將軍富寧阿、富爾丹、奇哩德等，你們謹遵旨詳〔註1431〕議，各自鈐印具奏，行文，咨過巴里坤，住甘州都統穆森隊兵，住肅州副都統莊圖隊兵，皆令四月二十二日起身行文。再將軍富寧阿調固原兵三月十七日起身，寧夏兵三月二十八日起身，甘州兵四月初三日起身，涼州兵三月初十日起身，肅州兵三月二十四日起身，住肅州延綏總兵官李耀〔註1432〕兵四月初三日起身，陸續報呈，爲此恭摺謹具奏聞。

[302] 貝子巴拉珠爾拉布坦擅自率兵回青請旨定奪摺（康熙六十年五月初四日）[2]-《卷十七》

奏爲請旨事。

五月初一日駐藏公策旺諾爾布等稟稱，康熙六十年二月十三日青海貝子巴拉珠爾拉布坦向我告稱，我來此日久，所屬人等不服水土，腫病者多，行走艱難，須得回去。我們公同與貝子巴拉珠爾拉布坦先與將軍青海王議，親王羅布藏丹津，郡王查罕丹津，你們三處共領一千兵，我們一齊派駐，你何能擅自藉端去麼，你下人等雖有病，此間暫住，應候聖旨。王查罕丹津前有

將都統阿爾納（《欽定八旗通志》卷三百二十一作滿洲鑲黃旗都統阿勒納）、副都統阿拉納（《欽定八旗通志》卷三百二十四作蒙古正紅旗副都統阿拉納），散秩大臣阿喇衲三者混淆。

〔註1430〕《平定準噶爾方略》卷一頁十三作肅州總兵官路振聲。

〔註1431〕原文作請，今改爲詳。

〔註1432〕《平定準噶爾方略》卷三頁二十八作總兵官李耀。《陝西通志》卷二十三頁五十八作延綏鎮總兵李耀。

旨，命你帶正兵在此，你今又帶回，你們青海兵無數，事關重大，嚴行阻議，斷不可去，貝子巴拉珠爾拉布坦竟領伊下兵於二月十六日起身，現此處惟親王羅布藏丹津三百兵有餘，我們即要留貝子巴拉珠爾拉布坦，又聖主恩施，你們祖父固什汗令你們各襲爵，尊榮至極，多年養育，思恐不合聖意等語。臣查貝子巴拉珠爾拉布坦兵，皆具奏留西藏數內之兵，妄藉領兵回去，理宜嚴令咨行回藏。惟前諭旨青海兵在藏無用之處，特對王查罕丹津恩施，停止伊兵從新調藏降旨，貝子巴拉珠爾拉布坦領來兵至青海，復咨回藏，抑停止之處，請皇父指示，爲此恭摺謹奏。

[303] 請將遊擊等缺遞補據稟轉奏摺（康熙六十年五月初四日）[2]-《卷十七》

奏爲選補遊擊等缺事。

五月初一日駐藏公策旺諾爾布等稟稱，總兵官趙昆〔註1433〕稟呈，本隊雲南左營遊擊夏蔭棠，於康熙六十年二月十二日病故，現駐防西藏遊擊官止一員，遊擊有管兵辦餉之責，缺不可久懸，查得建川〔註1434〕協中軍守備李俊賢，軍務熟悉，具有才能，請將李俊賢補夏蔭棠之缺，守備李俊賢之缺，查得中營左千總張有儀，年久軍務熟悉，張有儀請補守備李俊賢之缺，千總張有儀之缺，查得中營把總石山源馬步射好，軍務勤奮，石山源請補千總張有儀之缺，把總石山源之缺，查得左營馬兵陳尚義馬步射好，人亦妥當，定藏將軍噶爾弼以陳尚義妥，給千總劄符，把總石山源之缺，請補陳尚義，趙昆蒙聖主高厚之恩甚重，何能報答，今軍務地方正用人之際，我特取行走之人，揀選守備李俊賢等四人咨送，皆勤愼有才能之人，則各缺不空，與事有益，伏乞考驗轉奏補放等語。令策旺諾爾布會同驗看得守備李俊賢、千總張有儀、把總石山源、馬兵陳尚義馬步射好，人皆妥，是以照該總兵官保請稟呈，伏乞大將軍王轉奏請補等語，爲此恭摺謹具奏聞。

[304] 郡王查罕丹津來謁請止調兵摺（康熙六十年五月初四日）[2]-《卷十七》

奏爲郡王查罕丹津晉謁事。

四月二十日准理藩院咨稱，爲王查罕丹津兵調送西藏事，由河北議奏，

〔註1433〕《平定準噶爾方略》卷五頁二十八作總兵趙坤，爲雲南鶴麗鎮總兵官。
〔註1434〕應爲劍川，今雲南省劍川縣。

奉旨王查罕丹津之子台吉端多布旺扎爾領伊部兵丁將及起身，則令停止，欽此欽遵，咨行等因到臣。我即咨行王查罕丹津，本月二十五日王查罕丹津來西寧向臣問好，臣令查罕丹津進見，向伊問，王你身病由藏回來，差子端多布旺扎爾來告，我身不服西藏水土，食物不能化，面目腫病，我告知額駙阿保、公策旺諾爾布、親王羅布藏丹津等回來，至營以前差我子端多布旺扎爾來告，大將軍王仁慈，差侍衛官給我帶來額木齊喇嘛〔註 1435〕飲藥，以前略好，腫症稍減，肉飯仍不可食，今身稍強，來請見大將軍王，前日我親至固木布木廟居住，差領我京城俸祿楚木布木色布特恩人回來，蒙滿洲大君主仁慈，賞我白銀鼠蟒緞皮襖補褂，我感激上聖主之恩，不勝喜悅，肉多雖可食，而食飯增多，身亦強壯，今日見大將軍王，特穿上聖主之恩賜。臣又與王查罕丹津云，先前不知你親領正兵由藏回來，後公策旺諾爾布等呈報始知，是以你兵調行回藏，此等情由，我亦聲請具奏，今增我們內兵調藏，皇父降旨，如你兵尚未起身，則停止調兵。查罕丹津告稱，上年十二月間我由藏起身來時思路上賊盜多，我人少，我領兵來交大將軍王，我即領兵預備妥協，青草出，五月間交我子端多布旺扎爾預備調藏，滿洲聖主仁慈，降旨令止調兵，欽遵停止我正兵調藏，惟我親由藏來時王羅布藏丹津，我子端多布旺扎爾有咨告之處，青草出時隨從人少咨送藏臣，又與王查罕丹津停止調兵，皇父降旨，你子亦應止調。王查罕丹津告稱，大將軍王之訓亦是，我子端多布旺扎爾止咨聲請情由，王羅布藏丹津差使臣接連王查罕丹津差呈貢臣拉郭爾升一個、紅香四束、氆氇四疋，臣領取拉郭爾升、香，答給哈達綢各一件，小荷包鼻烟壺氆氇退回，王查罕丹津咨回，臣查看王查罕丹津顏形，病勢痊癒，面仍稍腫，食糧還好，爲此恭摺謹具奏聞。

[305] 請派員駐守西寧摺（康熙六十年五月十三日）[2]-《卷十七》

奏爲請旨事。

准兵部咨稱，由河北議奏，肅州地方狹小，甘州地方大，大將軍王現領西寧兵往甘州辦理一切調轉事宜，若策旺阿拉布坦地方零亂，大軍遂進，則大將軍王近住肅州，西寧地方要緊，不可無辦事大臣，咨行大將軍王，由在此王前大臣內酌派一員住西寧辦事等因具奏，奉旨著照所議，西寧地方至關緊要，大將軍王請派一要臣駐守甚妥，欽此欽遵，咨行等因。上年往烏魯木蘇去，今西

〔註 1435〕業醫喇嘛曰額木齊喇嘛。

安將軍宗扎布住西寧辦事，臣到西寧，遵旨令宗札布調回西安，今派一要臣辦事等語。令都統楚宗駐西寧，或仍令將軍宗扎布住之處，請皇父指示。再侍讀學士長壽坐辦青海事宜年久，長壽亦應兼住，降旨，臣領兵在口外牧養馬匹牲口，緩往甘州去，至甘州後另行奏聞外，爲此恭摺謹奏請旨。

[306] 濟克濟札布承襲鎮國公代為謝恩摺（康熙六十年五月十三日）[2]-《卷十七》

奏爲襲爵謝恩事。

四月二十日准理藩院咨稱，青海貝子洛布臧達爾扎病故，伊子濟克濟扎布承襲貝子或襲輔國公之處，奏請指示，奉旨濟克濟扎布接封輔國公，餘依議，欽此欽遵，咨行等因，咨行臣，公濟克濟扎布知道。五月初十日原任貝子洛布臧達爾扎之子濟克濟扎布來告稱，我父貝子洛布臧達爾扎病故，我極幼小，毫無建樹，而聖君思我祖父，令我接襲公爵，我父子不勝喜悅，感激之至，我母亦一同叩謝聖主之恩，因身病未來，我母子惟聖君明鑒，永久團結，如何報答，合無叩謝聖君之恩。是以臣令公濟克濟扎布向闕叩謝天恩，再濟克濟扎布呈貢臣哈達香、伯特珠子、拉郭爾升、氆氌、布拉嘎濟爾皮、鳥槍腰刀小刀子馬匹，臣領受拉郭爾升、伯特珠子、鳥槍，餘物皆退回，令濟克濟扎布飲茶，給綢二疋咨回外，謹此恭摺謹具奏聞。

[307] 台吉臧布扎布請求面聖准否請旨摺（康熙六十年五月十三日）[2]-《卷十七》

奏爲請旨事。

五月初六日青海額爾德尼台吉臧布扎布親來告稱，我上年十一月二十三日由西藏地方起身，繞喀木路，順濟魯肯他來，馬牲極瘦，本年四月初三日始至我營，來問大將軍好，再我早已思往京城去請聖君安，仰瞻天顏，不幸病魔纏身，未能前去，上年我青海兄弟們欽遵聖主旨意，各領正兵同內大兵將達賴喇嘛送往藏地，恃聖主天威，準噶爾逆賊無數敗去，達賴喇嘛坐牀，復推廣所毀黃教，土伯特衆生仍舊安生，今定西藏大事，本年九月間以己力往京城去請皇父安，仰瞻天顏。今額爾德尼臧布扎布篤請皇父安，以己力請往京城，是否允台吉臧布扎布所請，抑停其進京，請皇父指示，再額爾德尼台吉臧布扎布呈貢臣香、拉郭爾升、氆氌，臣領受香、拉郭爾升，氆氌退回，答給綢二疋，領茶遣回外，爲此恭摺謹具奏聞。

[308] 請將各處兵馬分別駐守摺（康熙六十年五月二十六日）
[2]-《卷十七》

奏爲將兵馬分駐事。

前准兵部咨稱，四川總督年羹堯由藏回來，分兵遣送各處具奏事〔註1436〕，由河北議，有西寧進藏滿洲餵養馬匹，令往蘭州去住，有用處則令大將軍王調用復奏，奉旨依議，欽此欽遵，咨行到臣。爲住兵咨行巡撫華善〔註1437〕等，華善稟稱蘭州地方這幾年屢未收穫，而本年春又未得雨，糧草之價極貴，不可住兵，莊浪河州鞏昌〔註1438〕等處，稟請暫行分住，臣令鳥槍護軍至〔註1439〕莊浪，令頭隊護軍並蘭州隊護軍馬甲等至〔註1440〕河州，令鳥槍馬甲至〔註1441〕鞏昌暫住，令前鋒營炮營兵帶往西寧住，署巡撫華善〔註1442〕領兵來，各咨行大臣等，今副都統保色領鳥槍馬甲四月二十五日至鞏昌，副都統伊立布領蘭州隊護軍馬甲五月初一日至河州，頭隊大護軍等五月十四日至河州，副都統烏立布領鳥槍護軍五月十六日至莊浪，呈報後，臣傳各處，本年巴里坤進兵，我們親自進駐甘州，若有行處，即調你們由藏回來官兵馬牲口盔甲軍械，嚴傳皆令照數排立，斷不可缺。再前鋒營炮營兵來西寧，並向甘州去繞路，前鋒營炮營兵停止來西寧，馬牲口餵養緩進，令由莊浪向甘州去，交副都統許國貴、委前鋒參領宗室西楞圖〔註1443〕等，今臣往甘州去時，去西寧護軍、再莫拉托什由宣化府來綠旗兵皆帶去，西寧地方至爲要緊，近住青海人等，西藏柴達木現住我們兵，西寧地方不可無兵，西寧地方雖小，這二年收糧，兵雖久住，所集糧草仍有，此處住兵，調往巴里坤行走亦近，是以暫住鞏昌，鳥槍馬甲等來西寧，今來後與留西藏辦事大臣令共管理，交副都統保色咨行，爲此恭摺謹具奏聞。

〔註1436〕此句翻譯不確，應爲年羹堯具奏將自藏返回各兵分遣返回駐地事，清聖祖統一西藏年羹堯未進藏。

〔註1437〕《清代職官年表》巡撫年表作甘肅巡撫花鄯。

〔註1438〕原文作龔昌，應爲鞏昌，本文檔皆改，即今甘肅省隴西縣。

〔註1439〕此處補至字。

〔註1440〕此處補至字。

〔註1441〕此處補至字。

〔註1442〕《清代職官年表》巡撫年表作甘肅巡撫花鄯。

〔註1443〕《欽定八旗通志》卷三百二十一有滿洲鑲紅旗副都統西倫圖，康熙六十年十一月任，康熙六十一年十二月名西倫圖者任漢軍正紅旗都統，於雍正二年正月解任。又《皇朝文獻通考》載清太祖努爾哈赤次子代善曾孫有都統奉恩將軍席倫圖者，即此人。

[309] 郡王察罕丹津稟因妻病故請赴藏唪經代奏摺（康熙六十年六月初七日）[2]-《卷十七》

奏為據稟轉奏事。

五月二十六日青海郡王查罕丹津差伊莫德齋桑珠濟稟呈，我妻子並祀阿旺喇嘛〔註1444〕皆病故，按例大人等病故，必差人赴藏班禪達賴喇嘛處〔註1445〕領伊魯爾，在寺廟煮莽扎唪經，得我子端多布旺扎爾，四十人為陪咨藏，班禪達賴喇嘛領伊魯爾，令各寺廟喇嘛等唪經，本年內回來等語。郡王查罕丹津伊子端多布旺扎爾他們家私事，臣照伊所請，令台吉端多布旺扎爾咨藏，本年內至後來告此處辦理青海事務人等，伊差使臣莫德齊齋桑珠濟咨外，為此恭摺謹具奏聞。

[310] 準噶爾屬人來歸查詢情由予以安置摺（康熙六十年六月初七日）[2]-《卷十七》

奏為安置準噶爾屬人事。

五月三十日厄魯特台吉車凌扎布，多呢爾拉木扎木巴賁蘇克並由準噶爾隨來嘎爾瑪、額拉追、綽晉晉三人領額拉追之妻、奴僕二、綽晉晉唐古忒奴僕一來到，告稱，車凌扎布我二月十三日由藏起身，五月初三日至木魯烏蘇那木齊圖地方，馱牛至瘦，又有瘟病，行走緩延，我親帶嘎爾瑪等男女奴僕先來，留落落爾咱簡參他爾等二十七口，他們大約六月底到，由準噶爾隨來人等內固魯人在西藏地方病故，達什則巴人至木魯烏蘇病故等語。多呢爾拉木扎木巴達克巴賁蘇克，你是何裔，在藏住多少年，被準噶爾賊拏獲，如何逃出，告公策旺諾爾布等言外，若另有所知皆令聲告查問。告稱我土爾扈特之裔，十五歲時來藏在布賚蚌廟為喇嘛學經住，現帶京城扎克布哩呼畢勒罕〔註1446〕傳事之多呢爾拉木扎木巴行近，準噶爾賊佔藏後，令我先由準噶爾迎噶勒丹丹津〔註1447〕，差使臣，向查罕丹津人等爭鬪為讐，我拉藏汗仁慈人，毀我喇嘛薩欽為白人，隨車凌端多布行，上年準噶爾賊被大兵擊敗去時，將我一併帶去，逃出竟不得空，從賊行走二月，十月初三日至克哩業相近戈壁地，得空我與準噶爾綽晉晉人領五奴僕逃出來，從上聖主，十二月初五日至

〔註1444〕甘肅拉卜楞寺第一世嘉木樣活佛阿旺宗哲。

〔註1445〕此處補處字。

〔註1446〕指為拉藏汗所立且為清廷冊封之六世達賴喇嘛阿旺伊西佳木磋。

〔註1447〕拉藏汗長子，《蒙古世系》表三十八作噶爾丹丹忠。

藏，告公策旺諾爾布。我又由班禪額爾德尼領格楚爾薩欽為喇嘛，其餘皆照公策旺諾爾布等報。又詢噶爾瑪你何裔，策旺阿拉布坦下衛屬人，你上年由準噶爾地方幫車凌端多布軍內人，久住克哩業地方，策旺阿拉布坦一切之事皆知，聞得洛布臧舒努、舒努達瓦，他們大兄嘎拉丹車凌〔註1448〕不和反目，向阿拉台去，此說實否，你願從大國仁化來之人，告公策旺諾爾布等言外，你聞知之事令須全告。告稱我土爾扈特之裔，策旺阿拉布坦下固木布扎布齋桑屬人，策旺阿拉布坦在克哩業增兵時，派齋桑固木布扎布、騷哩圖哈什哈二人率二千五百兵，五十七年十一月間起身，次年四月間至克哩業，此兵到時小車凌端多布親來伊營，我們一齊到後伊未親來，上年在藏我們大車凌端多布調在克哩業兵時，齋桑桑固木布扎布、騷哩圖哈什哈等揀足二千兵來，不服地方水土，得腫病二百餘人，遣回至特布克托洛海地方，遇大車凌端多布下逃出之人，聞得他們言大車凌端多布等被滿洲聖主大兵擊敗回來，固木布扎布、騷哩圖哈什哈並達什阿木呼朗等言，大車凌端多布等許多兵皆被擊敗，我們之兵又可去麼，商議不如回去，領逃出之人尋大車凌端多布等歸路之跡回去時，我夜逃出來尋滿洲聖主大兵，我在克哩業時，大車凌端多布來藏看守伊重馱瘦馬牲口，留落棍楚克人患病，上年七月間由棍楚克家迎伊來薩木坦人來至告言，先洛布臧舒努與伊兄噶拉丹車凌之妻拉濟特有姦，噶拉丹車凌仍與洛布臧舒努、舒努達瓦乘空竊取，於是反目成讐，洛布臧舒努、舒努達瓦二人他們父兄恐被殺，本年六月間與蘇爾咱領阿必嘎斯三魯布齋桑向阿拉台去，不知兵數，噶拉丹車凌領兵追去，彼此攻伐，繼而小車凌端多布亦領兵追去，噶拉丹車凌帶回至營。策旺阿拉布坦之言，小車凌端多布你領兵去追洛布臧舒努等，並未用力攻殺，反帶噶拉丹車凌回來，你與洛布臧舒努可無商議麼。告稱小車凌端多布我一下等小人，準噶爾不可活情由，我父我妻棄四子專尋進滿洲聖主安生隨來，其餘皆照公策旺諾爾布等所言。查問額拉追、綽晉晉你們皆何裔，策旺諾爾布等告言外，又有別言，令須告明。額拉追告稱我土爾扈特之裔，策旺阿拉布坦托布齊齋桑屬人，我上年九月間敗出，隨車凌端多布至西綸沙爾地方，尋滿洲聖主大兵來藏，其餘皆照公策旺諾爾布等所告。由準噶爾隨來嘎爾瑪、額拉追等皆欲從皇父之仁化歸來之人，臣賞衣服，多呢爾拉木扎木巴達克巴賁蘇克原扎克布〔註1449〕哩呼畢勒

〔註1448〕策妄阿喇布坦長子，《蒙古世系》表四十三作噶爾丹策凌。
〔註1449〕此處補布字。

罕近行多呢爾喇嘛，公策旺諾爾布等遣送，亦賞衣服，交侍衛扎什、台吉車凌扎布，六月初七日遣送。先護軍參領明泰等解送帶來準噶爾人等，臣未致意，咨行沿口馳驛，遵旨凡咨送蒙古等，由京城出口，俄爾多斯外遣行，降旨極是，是以解送蒙古等解送口外，並台吉車凌扎布帶來蘇爾咱屬簡參他爾等二十七口至後，交侍讀學士華色辦理，他們應合存留外，爲此恭摺謹具奏聞。

[311] 遵旨調各兵丁回京摺（康熙六十年六月初七日）[2]-《卷十七》

奏爲調兵回京事。

准兵部咨稱，康熙六十年五月二十六日奉諭旨，由西寧隨平逆將軍延信進藏，經四川歸來滿洲官兵皆令來京，欽此欽遵，咨行到臣。即令莊浪暫住鳥槍護軍前鋒，由口外順俄爾多斯路回京去，交副都統烏立布，前鋒參領西楞圖〔註1450〕行文，令正青草出時，河州暫住蘭州隊護軍馬甲大護軍，鞏昌〔註1451〕暫住鳥槍馬甲亦應順俄爾多斯路遣回，惟河州鞏昌地方離口較遠，西安近，河州兵令副都統伊立布領，鞏昌兵令副都統保色領，順西安路回京，亦交行文，再西寧地方至關緊要，臣我往甘州去，鞏昌暫住兵令住西寧具奏，今鞏昌暫住鳥槍馬甲咨行京城，住涼州每佐領帶一馬甲住西寧，令都統旺固哩〔註1452〕領兵來交，今已行文，爲此恭摺謹具奏聞。

[312] 遵旨命長壽為西寧辦事大臣即往甘州摺（康熙六十年六月初七日）[2]-《卷十七》

奏爲事。

准兵部咨稱，派西寧辦事大臣，由河北議奏，奉旨侍讀學士長壽，漢仗頗爲勤勞，著補授理藩院額外侍郎，令往西寧辦事，將軍宗扎布往大將軍王前去，欽此欽遵，咨行等語。西寧地方至爲要緊，侍郎長壽來到前，臣令都統楚宗暫行辦事，員外郎喀拉喀辦事好，亦留幫辦，長壽到後，並令追往甘州，楚宗等並班禪咨送旨文，差喇嘛西喇布達爾扎嘎布楚、員外郎扎木蘇爲

〔註1450〕《欽定八旗通志》卷三百二十一有滿洲鑲紅旗副都統西倫圖，康熙六十年十一月任，康熙六十一年十二月名西倫圖者任漢軍正紅旗都統，於雍正二年正月解任。又《皇朝文獻通考》載清太祖努爾哈赤次子代善曾孫有都統奉恩將軍席倫圖者，即此人。

〔註1451〕應爲鞏昌，即今甘肅省隴西縣，此一文檔內皆同。

〔註1452〕此處補哩字，《欽定八旗通志》卷三百二十七作漢軍正黃旗都統汪悟禮。《平定準噶爾方略》卷六頁十三作都統汪悟禮。

陪，六月初七日由西寧起身，初九日吉日到，臣照前奏，領兵由口外往甘州去，至甘州後另行具奏外，爲此恭摺謹具奏聞。

[313] 領兵進駐甘州摺（康熙六十年六月二十七日）[2]-《卷十七》

奏爲領兵進駐甘州事。

臣領兵由西寧順口外往甘州去，已經具奏，六月初九日起身，是月十三日至霍濟爾托洛海安營之日，奉旨該巡撫等具奏，言無草料，多辦錢糧，簡省何如，欽此。臣領兵將及出口，而巡撫綽奇迎來告稱，甘州此前未預備，聞大將軍領兵來住甘州，交地方官員等預備米糧數目，臣思今正青草出時馬匹牧放，官兵惟給口米，野餉米餉無誤，是以臣領四百餘滿洲兵、三百俄爾多斯兵、一千綠旗兵來，是月二十六日至甘州，看秋收，計簡錢糧，應何分晰扣留之處，再行具奏外，爲此恭摺謹具奏聞。

[314] 侍郎色爾圖署理四川巡撫謝恩代奏摺（康熙六十年六月二十七日）[2]-《卷十七》

奏爲代爲謝恩事。

侍郎色爾圖稟稱，奴才原以末等小人，蒙聖主屢畀顯爵，又特選辦理大兵糧餉事宜，奴才不能稱職，得有重罪，聖主寬宥，施恩軍營効力，奴才未能盡力報効贖罪，聖主又令奴才署理四川巡撫事，君主之恩，天高地厚，奴才尤不能報，感激涕零之意並增，伏維奴才屢蒙聖主高厚之恩，報稱毫無，又由重罪，從寬發落，舉用恩施，奴才年老才劣，不稱邊疆重任，思君鴻恩及身，不計家報國之意，不能專立，是以不敢爲己能之處，尚未聲奏，謹叩天恩，伏乞大將軍王轉奏等語，爲此恭摺謹具奏聞。

[315] 貝子車臣代清洛布臧達爾札病故派員致祭其妻子謝恩代奏摺（康熙六十年六月二十七日）[2]-《卷十七》

奏爲青海貝子病故事。

五月二十九日准理藩院咨稱，本部具奏，青海貝子代清洛布臧達爾扎〔註1453〕病故，照例派蒙古侍郎一員，理藩院章京一員，祭文一件、羊四隻酒六罈，折價代祭，咨行大將軍王，由王處咨派侍衛章京等因具奏，奉旨依議，

〔註1453〕《蒙古世系》表三十六作羅卜藏達爾札，顧實汗圖魯拜琥第二子鄂木布之孫，其父卓哩克圖岱青。

欽此欽遵，咨行到臣。即派侍衛西達色〔註 1454〕、員外郎柰曼代致祭。臣領兵六月十二日至貝子巴拉珠爾拉布坦屬川濟圖地方安營，侍衛西達色、員外郎柰曼代來告稱，貝子洛布臧達爾扎營相近，伊子公濟克濟扎布領台吉齋桑等來迎，在路旁跪接祭文，福晉莫呢〔註 1455〕亦來跪迎，照例祭畢。福晉莫呢、公濟克濟扎布，他們領該台吉齋桑等跪稱，我們貝子乃青海一小台吉，滿洲聖主念其係固什汗之孫，從優封爲貝子，放爲盟長，我們貝子在時惟思滿洲聖主所施重恩，稍報萬一，身雖有病，支持往軍營去後，我們貝子病漸增加，大將軍王聞知，令在郭莽廟〔註 1456〕養病，久治未愈，不幸病故，滿洲聖主惻隱仁慈，令我孤子襲公，我們寡婦孤子，實蒙重恩，滿洲聖主又專差侍衛扎爾固齊抬文致祭，我們有生之寡婦孤子至以爲榮，不勝感恩，即已故貝子之魂，亦至感慰，我們感恩未得奏言，他們領下台吉齋桑等向闕叩謝天恩，爲此恭摺謹具奏聞。

[316] 審詢準噶爾部情形並佈置進軍事宜摺（康熙六十年閏六月初九日）[2]-《卷十八》

奏爲審詢準噶爾事。

據康熙六十年閏六月初八日討逆將軍福寧阿〔註 1457〕稟稱，康熙六十年六月二十八日哈密扎薩克達拉哈伯克阿閔〔註 1458〕稟稱，魯克齊木托克托厤穆特伯克〔註 1459〕差瑪爾咱伯晉，他們住他木楚克哨，倭克楚帶特，是月二十六日至哈密，向瑪爾咱伯晉問來情由如何。據稱我托克托厤穆特伯克差我們送文，我們攜帶一厄魯特至他木楚克哨，同我們來五回子，由他木楚克與你們佐領瑪米迪等遣送巴里坤，我們親帶文書，是以瑪爾咱伯晉帶來托克托厤穆特伯克咨文，譯蒙古文交我佐領嘎代，遣送瑪爾咱伯晉，倡首來人亦交嘎代，一併遣送，爲此稟呈等語。魯克齊木回子咨行托克托厤穆特伯克阿閔，霍拉博斯額木齊齋桑領五百厄魯特兵，圍我們七日，攻打我們，殺十五厄魯特，我

〔註 1454〕第一九二號文檔作西達色，第二五〇號文檔作西達子。

〔註 1455〕第二五〇號文檔作福晉穆呢。

〔註 1456〕今名廣惠寺，爲羅卜藏丹津之亂被毀重建後清世宗御賜名，位於青海省大通縣東峽鎮。

〔註 1457〕《平定準噶爾方略》卷七頁二十二作靖逆將軍富寧安。

〔註 1458〕《平定準噶爾方略》卷一頁十二作哈密扎薩克達爾汗伯克額敏。

〔註 1459〕《平定準噶爾方略》卷九頁十二作托克托瑪木特。魯克齊木即今新疆鄯善縣魯克沁鎮。

們回子廟並房屋皆放火燒，我們離散，再由查里斯逃回來回子等皆拏獲，攻戰時我們死六人，我寡婦孤子共求請我們急救，厄魯特等又不收我們，餘由情形爲此咨行等語。又問回子瑪爾咱伯晉等，與你們厄魯特兵數次攻伐，此厄魯特如何拏獲，厄魯特兵仍有無否，你們魯克齊木現人口數目有多少，皆何食，你們同來幾人。據稱六月初十日準噶爾額木齊人領兵五百，我們住魯克齊木相近我們衆回子等有槍拏槍，無槍之人皆拏木棍，攻打一日，我們六回子被傷，厄魯特兵死十五，此厄魯特肯濟業近來〔註 1460〕我們魯克齊木城，我們回子等拏生，厄魯特兵圍我們魯克齊木城，田地樹木放火燒著數日，十九日回歸。我們被獲回子逃回來告稱，厄魯特等見吉木色〔註 1461〕地方火光煙灰塵，想說聖主大兵去，畏懼回去，二十一日我們托克托庥穆特派我們六回子咨送此厄魯特肯濟業，我們至闢展〔註 1462〕之日，我們托克托庥穆特差人追去，告稱今準噶爾兵復來，看回子比先多，先濟木色火光，想是厄魯特兵，他們會同復來，你們此厄魯特敢急解送巴里坤將軍，交令別離開，我們即急來。現我們魯克齊木有萬餘口，食尼瑪拉菓子等物。

問厄魯特肯濟業你屬何人，如何被獲，魯克濟木〔註 1463〕共來多少兵，爲首來之人何名，後來魯克濟木又有無遣兵否，你們伊拉布爾霍紹哨現放何處。據稱我車凌多爾濟屬一小人，小車凌端多布遷哈拉沙爾〔註 1464〕回子等，漸漸回向土魯番，逃去伊瑪尼達爾扎人，策旺阿拉布坦伊令霍拉博斯齋桑額木齊爲首領，共給兵五百，令毀土魯番房田，差令搶取回子等，我們兵與魯克齊木回子攻打時，我近恃魯克齊木，令搶取行走，忽出四五回子，將我們生擒，我們來時相繼遣兵之處，我並未聞。又詢現魯克齊木若不能取，則額木齊齋桑又請兵不可測，現伊拉布爾霍紹地方有無放哨，聞濟木色等處放哨，問〔註 1465〕厄魯特肯濟業，珠拉圖斯地方誰住，達什博達穆爾、阿比嘎斯等現遷何處，上年我們由數路進兵，策旺阿拉布坦並下人等皆如何。據稱珠拉圖斯地方小車凌端多布、車凌多爾濟、西勒圖徒弟等住，烏魯特霍拉博斯倭托克人等，本年春達什博達穆爾人等遷烏蘭烏蘇地方，阿比嘎斯仍住額楞

〔註 1460〕原文作賴，今改爲來。
〔註 1461〕清代文檔常寫作濟木薩，今新疆吉木薩爾縣。
〔註 1462〕今新疆鄯善縣。
〔註 1463〕此處補克字，即本文檔前文之魯克齊木，今新疆鄯善縣魯克沁鎮。
〔註 1464〕今新疆焉耆縣。
〔註 1465〕此處補問字。

哈比拉罕，你兵來時我們被獲，台吉車木伯爾屬人等，我們台吉策旺阿拉布坦疑惑，向珠拉圖斯遷時，我遇車木伯爾人，聞伊告稱上年你們由數路進兵，我策旺阿拉布坦怎說我並未聞，你們順阿拉坦〔註 1466〕路進兵時，策旺阿拉布坦伊長子嘎拉丹車凌〔註 1467〕給一萬兵相迎，後策旺阿拉布坦向你們攻打，膀膊不好，令伊子查罕霍濟爾帶回。達木巴哈什哈給兵五百，聞被你們兵拏，嘎拉丹車凌回來時，路上稍勞，達木巴哈什哈來時路上甚勞，來至下人等言〔註 1468〕大君主之兵由數路來，甚爲驚惶，現生者極不安，衆皆齊說。厄魯特肯濟業，又問，我們巴里坤並阿拉台有無遣西藏兵，你們兵共有多少。據稱本年我們聞策旺阿拉布坦伊長子嘎拉丹車凌給兵一萬，令你們遣截由阿拉台來兵，次子洛布藏舒努給兵一萬，咨令征哈薩克，三子舒努達瓦給兵一萬，遣截巴里坤路。嘎拉丹車凌、洛布臧舒努領兵去，舒努達瓦兵一萬皆傳令集哈什河，五月初頭我們由倭托克五十人領二月口糧，見往哈什〔註 1469〕去兵，至哈什是實，抑向你們來迎，抑同住地方形像，竊你們兵馬羣，我明明不知，聞本年春策旺阿拉布坦伊差多爾濟齋桑查男丁十三歲以上，七十歲以下，男子共有九萬四千二百，我們寡婦女子同回子爲一戶，十三歲女子合七托男子亦爲一戶，算計蓋九萬四千二百，我們厄魯特等原狂妄，過餘之言不可信。又問厄魯特肯濟業，嘎拉丹丹津、蘇爾咱現皆有無，大車凌端多布由藏何日至策旺阿拉布坦。據稱策旺阿拉布坦、霍濟歡嘎拉丹丹津隨來額木齊，上年我們地方下雪牲口死，人有災病，聞我們台吉行壓害人，殺額木齊，拏嘎拉丹丹津是實，本年春聞將嘎拉丹丹津圈在牢獄，伊妻子並不給人，蘇爾咱伊母一併交杜喀爾之子查渾看守。大車凌端多布本年春由藏來至，原去時去兵五千。又問你們兵將近藏，我們準噶爾人們大半入你們，現惟回來兵五百。厄魯特肯濟業，俄羅斯有魯特霍卓、阿三霍卓、托爾固特〔註 1470〕這些人與你們仍戰爭否。據稱先俄羅斯來鹽湖邊〔註 1471〕造房住，與我們仍征戰行，後俄羅斯言說以鹽取金來，今去聞在鹽湖邊〔註 1472〕房皆毀去，現鹽不知無

〔註 1466〕今常寫作阿爾泰，即阿爾泰山脈。

〔註 1467〕策妄阿喇布坦長子，《蒙古世系》表四十三作噶爾丹策凌。

〔註 1468〕此處補言字。

〔註 1469〕疑即今新疆喀什市。

〔註 1470〕常寫作土爾扈特，厄魯特蒙古四部之一。

〔註 1471〕此處補湖邊二字。

〔註 1472〕此處補湖邊二字。

佳，俄羅斯本年正月間哈薩克德爾莫山人領兵住我們垂〔註 1473〕地方，倭比特倭拉台由二倭托克搶二百戶人，二月間復來，又搶二百戶人。布魯特仍征，他們住處遠，此數年向我們並無征戰之處。前霍卓阿三霍卓木兵來，領業爾克木〔註 1474〕、哈什哈爾〔註 1475〕入我們千戶，布魯特叛與霍卓阿三霍卓木進，策旺阿拉布坦給車凌多爾濟兵八千，派遣征戰霍卓阿三霍卓木，伊領兵敗去，叛千戶，令布魯特等車凌多爾濟復收來。托爾固特皆進俄羅斯，俄羅斯與我們征戰，托爾固特兵亦來，本年二月間由托爾固特來一班第，聞伊告稱我由托爾固特地方來時，至托博爾、圖拉身病，養病痊愈後來，看伊騎來馬甚瘦，或人言托爾固特必與我們用兵來，或人言托爾固特阿禹奇王，伊子媳婦言親戚說差使臣，不知虛實。又問厄魯特肯濟業，由你們地方差使臣等拿旨文，由我們地方遣放人等皆來，至策旺阿拉布坦見旨文又如何說，再你們下人等生者比先如何。據稱我們策旺阿拉布坦早已差二隊使臣等皆帶來旨文，不知旨文如何繕外，衆人等言大君主之旨，策旺阿拉布坦隨我進，我們台吉之言，我原爲人世僕，無爲奴之處，我怎隨我們下人等妄如此言說，不知虛實，此數年來與你們戰爭以來，我們下人等生者與先不同，皆甚勞苦。又問厄魯特肯濟業，策旺阿拉布坦之妾色特爾扎布領伊子洛布臧舒努，聞與托爾固特背叛否，再策旺阿拉布坦病殘疾如何，拏獲帶來土魯番衆回子等皆住何處，二蘇拉坦現皆在何處。據稱色特爾扎布領伊子與托爾固特背叛，無影虛假，先洛布臧舒努、舒努達瓦隨伊妹女有姦，兄弟毆打，看守，今甚好。先策旺阿拉布坦舊病殘疾仍發，每發割開命縫，此數年並未聞再發，拏獲帶來土魯番衆大回子等，你們兵去時給好槍肥馬，殺的殺圍的圍，二蘇拉坦皆在喀喇沙爾，大蘇拉坦之大男子咨送策旺阿拉布坦。又問厄魯特肯濟業，你在我們已被拏獲之人，你有聞知之處皆實告，勿絲毫隱諱。據稱上年冬策旺阿拉布坦集合各台吉等商議，每人各領馬四匹，二人合領一駝，共派萬兵在烏蘭固木〔註 1476〕向你們兵搶竊馬牲口，本年春向車凌多爾濟家來時聞隨伊去之人言說，不知虛實，未聞此兵何日起身去，我前幾年時我並與洛布臧人趕四百匹馬，你們隨進至額米爾、哈拉阿濟拉罕地方，由後追來人們被獲拏回，車凌

〔註 1473〕與河流同名之地名，清代文書常作吹河，今名楚河，位於吉爾吉斯斯坦及哈薩克斯坦境內。

〔註 1474〕清代文檔常寫作葉爾羌，今新疆莎車縣。

〔註 1475〕清代文檔常寫作喀什喀爾，今新疆喀什市。

〔註 1476〕今亦名烏蘭固木，喀爾喀蒙古烏布蘇省首府。

多爾濟令我妻離我，與別人，合治我罪，差拾糞，現我無妻，惟我母，一弟一喇嘛額木齊克外，再無別人，我伯父車臣齋桑、默呢諾彥哈什哈，皆在丹津阿拉布坦前，我聞知之處皆聲告，果有令聞知之處，我不敢不告，能隱瞞麼。厄魯特肯濟業告言令按段宣讀。

問米爾咱博津〔註 1477〕等肯濟業告言外，你另有聞知之處，據實告知，勿稍隱諱，再你們大賈人等顛齊喇嘛持文差向哈密至土魯番將文搜出實否。米爾咱博津、莫洛布木庫楚克克據稱，我們二人上年策旺阿拉布坦隨我們蘇拉坦相近，上年你們順幾路進兵，策旺阿拉布坦甚畏懼，在克特門嶺久住，準噶爾人等皆大驚惶，一層他們無不畏懼俄羅斯，土爾扈特、哈薩克、厄魯特皆向策旺阿拉布坦戰，上年由俄羅斯地方差使臣久留，本年春始遣送回，本年春哈薩克二次來住策旺阿拉布坦邊界，人等聞共擄四五百戶人。霍卓阿三霍卓木並無與策旺阿拉布坦征戰，我們二人本年春我們大蘇拉坦之子瑪木特，隨蘇拉坦向土魯番來，達什博迪穆爾、阿比嘎斯皆令遷入，博迪穆爾、阿比嘎斯皆令遷入，博迪穆爾、阿比嘎斯人等在烏蘭烏蘇地方遇達什人等，我們大賈回子等，我們顛齊喇嘛持文差往哈密，聖主兵臨，我們各領人等從中幫助，皆無踪影，並無住人，我們來時見哈拉巴拉嘎遜有七八人，大蓋爲巡哨之人，此外並無所聞。是以我們哨嚴而又嚴外，阿拉台路二將軍咨文亦令知之。查先由土魯番隨來阿哩木霍卓等三回子遣回土魯番之處具奏等因，部文未到，由土魯番送來厄魯特六回子未送外，拏送厄魯特肯濟業，交翰林院筆帖式西通額、理藩院領催伊特格爾派兵看守，康熙六十年六月二十九日由巴里坤馳驛解送大將軍王前，由土魯番厄魯特肯濟業送來六回子，仍交哈密扎薩克額閔〔註 1478〕。前大將軍王親住西寧時，我們軍務處一切之事，皆福寧阿由我處即行具奏，今大將軍王來住甘州，福寧阿不可越奏，是以由我處未行具奏，回子米爾咱博津等，將厄魯特肯濟業問言繕摺稟呈等語。

又稟呈一文，今回子托克托痲穆特額閔咨行，五百厄魯特兵來將我們回子廟並造房皆放火燒毀，我離散，再由查哩斯逃回來之回子等，皆拏獲，攻打時我們大人死，我們寡婦女子孤子，共求將我們急救，厄魯特等有我們餘田不收之情形等語，即應遣兵，惟兵去則厄魯特蒙古見我們兵必敗去，深追則又不可，土魯番回子等必留兵，令他們請守，留少兵則可慮，兵多留則口

〔註 1477〕本文檔前文作瑪爾咱伯晉。

〔註 1478〕《平定準噶爾方略》卷一頁十二作哈密扎薩克達爾汗伯克額敏。

糧難給，問得隨來回子等魯克齊木有萬餘口，現食呢瑪拉菓子等物，回子等令他們看守，知不住兵必全隨來，不收隨來之人，則我們兵來後，厄魯特等又來侵犯，收來留兵，則無食糧，住哈密則哈密地方狹小，扎薩克額閔亦許多人，不能養，若布隆格爾〔註 1479〕、達哩圖等處遷來住，則渡戈壁行，回子極花費，而食米口糧亦多，然由哈密遷布隆格爾等處回子倉口糧，何處存留等一切之處，皆不預行辦理，則即不可收來，是以令福寧阿同商，不派兵，則土魯番回子等應收不應收之處極大，請大將軍王指示等語。

臣即令將軍福寧阿，皇父此等之處，早已明察，降旨盡謀，派土魯番兵二千，收隨進回子看守，此旨到後你速即派兵起身，大臣等你們至土魯番，凡要緊關口形勢地方，皆須住哨，防守必堅而又堅，乘機進行，嚴飭遵行。再此二千兵如何運送口糧，如何住驛之處，令你盡言，由部咨行，惟回子等令他們速即解救等語，我們兵應即速派，不可緩，你言具奏候旨再行辦理，先進大兵，我由各處調兵，應再致米糧，馱米之駝，住驛之馬皆四月內各派交該大臣官員等，繼而本年進兵暫行停止，文到我又仍預備一切之物，若有行之處不可測，咨行公文，適巡撫綽奇告稱，巴里坤現馱米駝一千八百餘，住驛馬八百起身解送，其餘駝馬陸續解送等語，你將現到駝馬並彼處現有米糧馱運備用，一面令此兵起身，一面奏聞。現在親兵及隨來人等住甘州，住甘州地方比你們巴里坤相離遠，你們彼處兵確實不知地方形勢，凡事報我轉奏，日久軍機之事，早晚變化不定，看來即應變辦定，始於事有益，如此嗣後凡事仍照先議定，一面具奏一面報我。拏獲厄魯特肯濟業，咨文送到後，即解送京城外，爲此恭摺謹具奏聞。

[317] 守備傅孝病故以郭永寧補授摺（康熙六十年閏六月初九日）

[2]-《卷十八》

奏爲補授守備事。

康熙五十九年正月十六日准兵部咨稱，總管盧旺闊多〔註 1480〕等稟稱，奉旨此次莫拉托士遣派宣化府兵交你們三營，於年滿千總內查看精壯年輕選派八人，每處各分給四人遣派，欽此欽遵。年滿千總楊音衣、閔俊、郭永寧、張忠派往莫拉托士，焦敬鴻、倪俊、李志東、楊通咨送宣化府，皆奉旨咨送之人，照現任千總管兵行之處，咨行兵部傳知該總兵官領兵副將

〔註 1479〕常寫作布隆吉爾，今甘肅省瓜州縣布隆吉鄉。
〔註 1480〕應爲隆科多，《清史稿》卷三○一、《清史列傳》卷十三有傳。

韓良福〔註 1481〕、陳通〔註 1482〕等行文具奏，奉旨皆選即用，守備人等仍准千總原任〔註 1483〕，准守備銜，並交領兵去副將等至大將軍王前，今告大將軍王有用缺則用，餘依議，欽此欽遵，咨行在案。查莫拉托士並咨宣化府，年滿千總內楊音袭、閔俊、張忠、焦敬鴻、楊通、倪俊，此六人由總督烏海〔註 1484〕處陸續具奏，皆補守備，惟郭永寧、李志東仍尚未用，上年副將韓良福領來莫拉托士門兵去駐防德布特爾，昌平營守備傅孝路上病故，現正軍機之際，該營事務至要，守備之缺不可久懸，臣於年滿千總並現任千總等驗看步射，年滿千總郭永寧步射可，副將韓良福又稟〔註 1485〕郭永寧營務勤勉，能管兵丁，是以昌平營守備之缺，遵〔註 1486〕旨咨年滿千總郭永寧補授守備，爲此恭摺謹奏請旨。

[318] 調解駱駝牧放摺（康熙六十年閏六月初九日）[2]-《卷十八》

奏爲調餵駱駝事。

臣由西寧向甘州來時，巡撫綽奇迎接，向我稟稱巴里坤進兵馱米原派二千五百駝，現一千八百七十六駝駐驛，八百馬起身解送，並牧放駝副都統托保咨送駝內仍有欠膘，少有膘後即陸續解送，駁回欠膘馬遣送後，亦預備陸續解送，今本年進兵暫停，解送駝馬帶回，用時再行解送。臣意軍機之事，不可預定，本年征進之事雖暫停止，若有機會巴里坤兵即行，已起身之駝馬帶回膘瘦，有用之處從新解送不及，已解送駝馬仍令解送巴里坤，尚未解送駝馬亦照數解送，交巡撫綽奇。臣又命趕解駝馬官員等，你們各自趕帶駝馬敬謹解交巴里坤，今將軍富寧阿稟呈，我先奏摺內我們巴里坤征進官兵隨駝半月米需用二千五百駝，此駝交甘肅巡撫綽奇預備具奏，今本年六月二十日准兵部咨稱，滿漢文武大臣等覆議具奏，康熙六十年五月十八日奉旨，本年暫停進兵，軍械馬牲口口糧一切皆足，來年進兵，此間策旺阿拉布坦地方有出債事之機，福寧阿地方相近，即行，欽此欽遵。大兵來年進征，降旨極是，如此本年進大兵暫停，甘肅巡撫綽奇速咨行文，查核口糧米實數，到來年大

〔註 1481〕《陝西通志》卷二十三頁六十一載陝西神木營副將爲韓良輔，陝西甘州人，康熙四十二年任，康熙四十九年爲許仕隆接任。

〔註 1482〕第一五五號、第一七九號文檔作副將陳棟。

〔註 1483〕原文作寃枉，今改爲原任。

〔註 1484〕《清代職官年表》總督年表作陝西總督鄂海。

〔註 1485〕此處補稟字。

〔註 1486〕此處補遵字。

兵征進處，再行查核等語。又咨阿拉台路副都統穆克登恩〔註 1487〕，由黑龍江吉林新滿洲索倫達呼爾官兵內五百，霍托郭濟特公傅爾貝〔註 1488〕之弟台吉圖巴〔註 1489〕，喀拉凱貝勒丹津多爾濟〔註 1490〕，烏郎罕扎薩克台吉土旺莫克〔註 1491〕，他們該兵酌馱領去往巴里坤等語。是以福寧阿我們公同會議，本年雖不進征，若有好機則遵旨即行，隨馱米駝至爲要緊，先調駝二千五百，今阿拉台又過彀千兵來，僅此不敷，請又增五百駝爲三千駝，本年駝令於四月內來到，由上年預備駝，今至六月尚未來到，若有機會斷然不及，然咨時或數不敷，或瘦有殘疾，即餵駝送駝官員等參奏，治以重罪亦於事無益，此皆簡領米，若耽延，則關係甚大，是以令福寧阿呈請大將軍王，交甘肅巡撫綽奇，現甘凉肅地方所餵肥駝，選派三千，屜繩等所用之物一併由道員老福等派大官六員，每人分給駝五百，此七月內請解送軍務地方，此皆辦錢糧餵駝，膘必皆好，若不肖官員等苟且不力，將瘦殘不可用之駝湊數遣送，我們查看駁回，可用之駝留軍務地方，即令送駝大官員等牧放，牧放牲口時蒙古等極爲熟悉，對駝馬有益，惟現此處察哈爾、厄魯特兵連連行哨，用時尚不敷，所請由蒙古等，有則酌請解趕駝，不敷者我們此處羊群由倭爾多斯通融出駝牧放，駝死不可保，死駝官員等賠償，官員有賠償之名，與事實無益，動正項錢糧買補，在內餵養駝，每駝不知一日需用銀多少，每駝一日需用草料銀一錢五分，粗計每駝四兩五錢，三千駝即由本年九月初一日起至來年三月三十日，計餵養七月，餵養需草料銀並僱工等項連費用共用十萬兩有餘，此駝解行我們此處，七月間即死彀一千駝，買補時不過五六萬兩，計此錢糧所餘無買草料之項，如是此買補銀不需用另項錢糧，即由巡撫綽奇餵養駝銀內咨備現駝五萬兩，駝死動用此項錢糧買補外，駝不死則此銀收存，爲彼處兵丁每月發給錢糧用，若該管官員等懈怠牧放，不愼棄駝則限日照數賠補，牧駝蒙古等治以重罪，若限內不賠補，官員等即指名參奏，治以重罪，如此辦理則錢糧還可有餘，此間若有機有行之處，則久歇之駝馱糧口糧往營分給領去，不致耽悞，思甚有益，是以我們會同請大將軍王訓飭等語。臣思駝在口內餵養來年用時並趕解送，則由原處至又疲瘦，用時不能不悞，今將軍福

〔註 1487〕《平定準噶爾方略》卷九頁七作穆克登。
〔註 1488〕《平定準噶爾方略》卷九頁七作和托輝特公博貝。
〔註 1489〕《平定準噶爾方略》卷九頁七作台吉圖巴。
〔註 1490〕《平定準噶爾方略》卷九頁七作喀爾喀貝勒丹津多爾濟。
〔註 1491〕《平定準噶爾方略》卷九頁七作烏梁海扎薩克台吉托穆克。

寧阿選派馱征進兵米之駝，交道員志福〔註 1492〕等六員，本年七月內請咨巴里坤，由餵駝銀內咨辦五萬兩，預備買補死駝之額，若有餘銀歸入兵丁錢糧用，實爲有益，臣交巡撫綽奇各官員等解送巴里坤一千八百七十六駝外，現在甘肅駝共有多少何項駝，綽奇稟稱侍郎拉都渾〔註 1493〕牧放駝四百另八，交副都統托保，臁平常駝四百十九，現甘肅餵養駝一百二十，並官員等未賠駝六百九十等語，是以照福寧阿等所請咨辦五萬兩令買補死駝之額，有餘銀則歸入兵丁錢糧之用，現起身咨送一千八百七十六駝外，侍郎拉都渾牧放之駝，交副都統托保之駝，由現肅州餵養駝內臁好選派可馱之駝，連屉繩能好交大官员等令解送巴里坤，侍郎拉都渾牧放駝之地近肅州，拉都渾亦往肅州去，與巡撫綽奇同驗看選駝咨交，再不敷駝由未賠駝官員等催補，再咨送，不得久延，事不可測，將軍福寧阿備銀買補死駝之額，一駝合計六十兩，動用錢糧駝一齊解送，此解送銀兩，著未賠駝官員等照數嚴行催取，添補原額，並於不可用各項駝內，不可餵養駝，或調換好駝，或作價另立好駝之處，可酌量辦理奏聞，亦交巡撫綽奇。又將軍福寧阿稟稱，咨來駝內若有殘疾不可用者駁回等語，惟駁瘦殘疾之駝，則駝空苛取，改解時日期耽誤，是以停止駁退瘦殘之駝，亦留在彼處，現成青草牧放，死則亦解送銀買補，何官不可，查駝多少，查明註冊，咨送交巡撫綽奇照數賠銀解送。再將軍福寧阿有蒙古請咨趕駝等語，今看近處調來俄爾多斯兵解送駝亦不追趕，如此巴里坤地方看羊，由俄爾多斯兵內通融看守駝，此等情形今將軍福寧阿知道行文外，爲此恭摺謹具奏聞。

[319] 阿爾恩補授蒙古副都統代為謝恩摺（康熙六十年閏六月二十八日）[2]-《卷十八》

奏爲阿爾恩〔註 1494〕補缺謝恩事。

閏六月二十二日准兵部咨稱，正紅旗蒙古副都統覺羅伊立布調補西安副都統，應陞此缺之大臣官員等名銜排單具奏，奉旨正紅旗蒙古副都統伊立布之缺，著護軍參領阿爾恩補授，欽此欽遵，咨行到臣。臣召阿爾恩傳旨時阿爾恩叩稱，奴才江北下等奴才，聖主將奴才由領催藍翎至三等侍衛，自來軍務地方，並未奮行，聖主又屢次恩施，放二等侍衛、護軍參領，奴才無以圖

〔註 1492〕本文檔前文作老福。

〔註 1493〕《清代職官年表》滿缺侍郎年表作理藩院右侍郎拉都渾。

〔註 1494〕《欽定八旗通志》卷三百二十四作蒙古正紅旗副都統阿拉納。

報，凡有勉力時聖主又從優放副都統，奴才聞旨喜悅叩謝外，驚惶不得奏言，嗣後惟有盡力勤奮，以期仰答君主優用無窮之恩，伏乞大將軍王轉奏等語，是以副都統阿爾恩望闕叩謝天恩外，爲此恭摺謹具奏聞。

[320] 達賴喇嘛批准商隊赴西寧貿易派員照管並詢問藏情摺（康熙六十年閏六月二十八日）[2]-《卷十八》

奏爲藏內商隊來西寧貿易事。

閏六月二十二日暫住西寧辦理青海事宜都統楚宗、員外郎喀拉喀稟稱，鎮海營參將張家翰報稱，閏六月十四日由西藏爲商達賴喇嘛屬唐古忒固爾濟業囊蘇等至鎮海浦口告稱，我們同夥共七十人，爲商之物，並帳房鍋口糧等物，共九百餘牛馱，來住都旺闊爾廟〔註 1495〕。報後我們即令固爾濟業囊蘇等來西寧，問你們皆何人，誰屬，何日由藏起身，順何路來，有無達賴喇嘛文，所帶何物，你們來時班禪額爾德尼仍住布達拉否，抑往扎什倫布。據稱我們乃達賴喇嘛屬爲商之唐古忒人，皆住藏，準噶爾賊車凌端多布等佔藏毀壞黃教，使土伯特人民愁苦至深，滿洲大君主惻隱仁慈，推廣黃教，拯救土伯特民，賞呼畢勒罕冊印，封爲達賴喇嘛，由好幾路將軍大臣等遣無數大兵將準噶爾賊擊敗，令達賴喇嘛坐牀，復推廣所毀黃教，救我們闔土伯特民倒懸之苦，此如天無窮厚恩，我們闔藏人民無不喜悅，今藏地極太平，此數年未得貿易，藏地買取所用哈達布茶烟等物，我們共人稟告噶倫康濟鼐、隆布柰等，由達賴喇嘛發給我們証文，共七十人，貿易之物九百三十一牛馱來此，內達賴喇嘛商上人賣錢漕〔註 1496〕氆氇特爾莫羊皮用五百三十一牛馱，準噶爾賊此數年佔藏，好物皮張皆被拏去，此等物外無他物，再我們衣服帳房鍋口糧等物，用七十牛馱，趕空牛三十，賣此等物再買回哈達布絨纓線茶烟等物，我們本年二月十三日由藏起身，走達木、喀喇烏蘇路，順多倫倭洛木〔註 1497〕渡口渡木魯烏蘇河，順索洛木、沙拉圖綏來，走五月始到。我們起身前二月初七日班禪額爾德尼由布達拉宮起身，送至扎什倫布，領兵駐藏大臣官員等亦送，索諾木達爾扎、噶倫康濟鼐、隆布柰領衆喇嘛等送至站宿之處。又問固爾濟業囊蘇等，我們駐藏大臣官員兵丁等皆好否，官兵食糧如何，馬牲口如

〔註 1495〕即東科爾寺，原位於湟源縣城東，今位於青海省湟源縣日月鄉寺灘村，清代爲祭青海湖後西寧辦事大臣與蒙藏二族王公千百户會盟之所。

〔註 1496〕錢漕可寫作鉛草，一種植物。

〔註 1497〕即七渡口。

何，米麪馬牛之價如何。據稱先準噶爾在藏時，由各處貿易來人等竟無，惟住藏相近人等勒行貿易，一切物少，準噶爾賊又不照時價給，強取者多，一切物貿易甚難，今滿洲大君主派大兵去往藏地，處處貿易來人等多，價極減，大兵撤後價尤賤，即準噶爾賊未來以前，如先前太平之時，今貿易地方由早至晚，人皆圍繞喜樂貿易。內兵等自奴僕凡買物皆照我們定價買，毫無強爭，我們唐古忒土伯特衆民皆感禱滿洲大君主清天，我們藏地復行見日。再官兵口糧馬草料聞每月我們噶倫等辦給，我們皆貿易小人，不知噶倫等辦事清明，看街道上行走兵丁騎馬牲口皆肥，好食口糧豐富。又問固爾濟囊蘇等，你們由藏貿易來，我們駐藏大臣等知否，再親王羅布藏丹津以下兵皆好否，偵察準噶爾賊由何處放哨，準噶爾之信你們如何聞知之處，令全告知。據稱我們此次貿易來緣由，達賴喇嘛差伊索克賁洛布臧棍楚克〔註 1498〕告大臣等知，大臣之言，此貿易去人等達賴喇嘛照先給文咨行好。再王羅布藏丹津以下兵皆好，上年大臣等王羅布藏丹津之兵並達賴喇嘛、拉藏汗以下蒙古唐古忒等，並派出住折巴那克產等處，截準噶爾去兵情形，高望放哨，我們皆小人不知一哨住多少兵，放哨地方之名，年前派人追踪準噶爾賊之跡，至折巴那克產，無賊跡皆回來，青草出後又派少兵在折巴那克產等處查探賊信，我們來後不知咨行不咨行，此外並未聞其他信息。又問固爾濟業囊蘇等隨告之處，我們照先進口，告請在多巴貿易，皆帶有達賴喇嘛商上之憑文貿易，來人是實，照他們所請，交西寧總兵官王益謙查明人牲口馱，進鎮海浦口，住多巴等語。臣查先班禪額爾德尼、達賴喇嘛貿易人等來西寧皆令進口，住多巴貿易畢遣回，是以此貿易來唐古忒固爾濟業囊蘇等，仍照先交地方官，不致令其憂困，以時價貿易畢，交在口官員等查明人牲口馱，咨派交都統楚宗行文，爲此恭摺謹具奏聞。

[321] 台吉踹拉克諾木齊因病不能遵旨至穆綸阿巴德摺（康熙六十年閏六月二十八日）[2]-《卷十八》

奏爲台吉踹拉克諾木齊因病住禹舒事。

四月初二日准理藩院咨稱，由河北議奏，青海盟長踹拉克諾木齊專請叩謁君主，踹拉克諾木齊由藏回至伊營來穆綸阿巴德具奏，奉旨依議，欽此欽

〔註 1498〕索克賁今常譯作索本，管達賴喇嘛飲食之僧官，第一二〇號文檔有藍占巴洛布藏棍楚克，第二九八號、第二九九號文檔有多尼爾拉木扎木巴洛布臧棍楚克，疑爲同一人改任此職。

遵，咨行到臣。即咨文台吉踹拉克諾木齊，六月初一日台吉踹拉克諾木齊差伊達爾罕齋桑色布特恩告稱，我們台吉四月二十八日至木魯烏蘇，身病不可動，現宿禹舒盟珠克都旺爾。臣問達爾罕齋桑色布特恩，你們台吉病愈至營，即令告知起身日期，閏六月二十五日暫住西寧辦理青海事宜都統楚宗、員外郎喀拉喀稟稱，台吉踹拉克諾木齊住營，達爾罕齋桑色布特恩本月十九日來西寧告稱，我們台吉因病在木魯烏蘇，令喇嘛額木齊調治，不能往穆綸阿巴德，我們台吉稟文繕就交齋桑微徵、根敦，咨送來營，齋桑微徵因病未來，差根敦帶來等語。

台吉踹拉克諾木齊所稟蒙文，譯閱文開，盟長額爾德尼博碩克圖台吉踹拉克諾木齊〔註1499〕稟呈大將軍王，滿洲君主慈憐，降旨准照我奏來穆綸阿巴德等因，大將軍王文四月二十三日至我營，我營留齋桑等，即在西寧差人切實探信，五月二十日來木魯烏蘇，降旨，先我身病情由，大將軍王聞知，差人看病，令喇嘛額木齊等調治，並未痊愈，由木魯烏蘇地方不能回家去，如何能到穆綸阿巴德，仰慕滿洲大君主天顏，欲受厚恩，小人性質福薄，不能往穆綸阿巴德去，現我病情轉〔註1500〕好，額木齊喇嘛等調治若愈，我將親見大將軍王，一切情由，並可面稟等語。

送文來根敦告稱，我們台吉大將軍聞知之言，我身先少中風，舊病牽動，由藏地回來，在禹舒地方養病，痊愈往營去，想往穆綸阿巴德去，治病，愈增，不可食糧，頭暈心跳，看身情形，未必可好，我原一小台吉，滿洲大君主念我爲固什汗之後裔，放爲盟長，我先即思仰瞻天顏具奏，蒙旨現有事之際，停止來，事畢時再來，欽此。是以我謹遵聖旨，送達賴喇嘛去藏，今事畢請奏，聞旨令我來穆綸阿巴德，不勝喜悅，今不幸身得病不能去，極恨，抑或身死禹舒地方，近藏久住，此地身死，達賴喇嘛班禪額爾德尼去，又想喇嘛額木齊調治過，幸不可測，六月十八日起身去，是以我急差來稟等語。我們即咨回齋桑色布特恩等外，台吉踹拉克諾木齊稟呈蒙文，一併稟呈等語，爲此恭摺謹具奏聞。

〔註1499〕此人爲右翼盟長，顧實汗圖魯拜琥第七子瑚嚕木什之孫，《蒙古世系》表三十七失載，《如意寶樹史》頁七九〇後表五載其父名旺欽，己名曲扎諾木齊台吉。

〔註1500〕原文作儘，今改爲轉。

[322] 羅布藏丹津唆教準噶爾逃出人員不得歸向官軍現派員遞送京城摺（康熙六十年閏六月二十八日）[2]-《卷十八》

奏爲準噶爾逃出人員遣送京城事。

駐藏公策旺諾爾布稟稱，青海親王羅布藏丹津處由準噶爾逃來厄魯特巴木布拉、巴彥、特固斯、踹札木蘇、達什之奴僕，來跪我們之處云，我們先聞聖主好生，請歸來，王羅布藏丹津從中教唆我們說，你們斷別去往將軍大臣處，我把你們豢養，我們一時無知，忍耐至今，親王羅布藏丹津聲願豢養，並不給我們衣食，君主差侍衛踹木珠爾，我們天地相隔，無由稟見，我們知被羅布藏丹津所欺，執意跪告聖主緣由，大臣等傳令我們領取憑證，送往大將軍王處等語。先將軍延信等在時，由準噶爾逃來巴木布拉、巴彥、特固斯、踹札木蘇、達什等八人，聞親王羅布藏丹津收留，差人查問準噶爾賊車凌端多布之信，問他們逃來緣由，準噶爾賊之信，先告來人等無異，不稟王，令帶巴木布拉等八人，羅布藏丹津不可給，令我請來之人未給，今巴木布拉等見聖主差侍衛踹木珠爾，看至奇，欲跪請我們，王羅布藏丹津，聖主請隨進之人，你從中唆留之處，我們無不知，當時即向你反言，思聖主養育仁慈，你我許多不合奇意，知留你想多怎請聖主來之處，必至出首告，今照所計出，若問你言有否，告稱聖主請來之人我何敢唆留，今我請來之處，向貝子丹鍾前問。令我請來是實，亦有將軍在時欽遵來問之處，今不願在我前，妄生反言，跪大臣等情願告受聖主之恩，留我前不成，此四人聖主拏獲色特爾、洛哩、倭拉多、默爾巴圖等情願留我前，不可給隨，這些未給、再郡王丹鍾霍紹齊查罕丹津在藏時由準噶爾逃來杜爾伯特洛章格格伊、哈薩克阿那爾齊斯達、卓特巴霍濟，又懷特〔註1501〕三人，貝子巴拉珠爾拉布坦處逃來〔註1502〕杜爾伯特二人，皆令他們請來，帶青海，這些雖他們請來之人，現事仍尚未完，準噶爾人等可想留他們，王查罕丹津事並未定，王達知，不可不稟聞帶之處聲稟情由，王羅布藏丹津給巴木布拉等四人，巴彥、特固斯、溫布、踹扎木蘇、奴僕烏爾晉共六人，領取賞銀八十兩，理應咨送此六人，看皆年幼，形庫林查林路上，若起別意不可測，妄逃去，是以我們惟藉端難得肥馬，分給他們力，巴木布拉、達什二人馬四匹，辦給口糧，交綽賁等先帶巴彥、特固斯、踹扎木蘇等後，再行遣送等語。綽賁等至即遣京城外，將巴彥、特固斯、踹扎木蘇等咨到時亦陸續遣送，臣策旺諾爾布等本年由河北議咨之處，

〔註1501〕清代文檔常作輝特，厄魯特蒙古部落之一。

〔註1502〕此處補處逃來三字。

隨來準噶爾人等，斷不可留藏，皆順驛遞送京城，再青海台吉等請隨來人，他們一個不可留，曉諭青海王等，皆遣送京城，奏咨行文，你們親王羅布藏丹津處〔註 1503〕準噶爾之色特爾、洛哩、倭拉多、默爾巴圖等必隨使領來咨送，此外又隨來遺留準噶爾人等，亦查令咨交行文丹鍾霍紹齊，隨來準噶爾人等照前降旨，必令復領，都統楚宗等亦行文，爲此恭摺謹具奏聞〔註 1504〕。

[323] 分兵駐守要緊地區以防範準噶爾摺（康熙六十年閏六月二十八日）[2]-《卷十八》

奏爲分兵駐守事。

駐藏公策旺諾爾布稟稱，我們會同噶倫康濟鼐商議，本年聖主遣派大兵順巴里坤、阿拉台等三路攻擊賊策旺阿拉布坦，策旺阿拉布坦被逼，藏不可測，軍事關係甚重要，不可不預備堵截，集唐古忒兵，預備住藏週圍，則地方無益，而耕種之時又誤，如此交管理唐古忒兵噶倫第巴等，各該管兵預備妥協，我量調隨行，若少違禁，則即照法嚴處，斷不寬免。再康濟鼐帶來三百兵，令伊親帶住大那克產、小那克產，由達賴喇嘛商〔註 1505〕上人等內選壯漢仗好，康濟鼐親選七百爲一隊，在那克產週圍地方要緊路關口住哨，防守堵截諾們庫隆賊路，康濟鼐現有五百兵，康濟鼐或仍住諾們庫隆，或遷移那克產，應繼住不應之處，令康濟鼐酌量辦理。派副都統長齡領察哈爾兵五百、綠旗兵五百，令副都統長齡、署總兵官事副將楊晉新管理，順喀拉詹胡查〔註 1506〕路直尋達木路來一路，由大小那克產順騰格爾諾爾〔註 1507〕過拉爾錦嶺終達木一路防堵，此二路交副都統長齡、副將楊晉新住守。派額駙阿保領五百兵，公策旺諾爾布領行旺牛特〔註 1508〕、喀爾沁、土默特兵五百，順阿哩路來一路，由那克產分尋楊布澗〔註 1509〕來藏一路，此二路防堵。楊布澗令

〔註 1503〕此處補處字。

〔註 1504〕豐培按，此件亦較重要，具體暴露羅布藏丹津的野心，故此時已收留準噶爾逃出人員，並唆使他們不得投向官軍，爲來年叛變投奔準噶爾之張本。

〔註 1505〕此處補商字。

〔註 1506〕常見之地名，第六十八號、第一八三號、第一八九號、第二〇二號、第二〇四號、第二一五號文檔作哈拉詹胡查，第六十八號文檔又作哈拉扎胡查，第一四三號文檔作哈拉瞻胡察、哈拉占胡察。

〔註 1507〕《大清一統志》（嘉慶）卷五百四十七載名騰格里池，蒙古語騰格里諾爾，騰格里蒙語天之意，水色如天青也，諾爾即湖之意，今西藏納木錯。

〔註 1508〕清代文檔常寫作翁牛特，內扎薩克蒙古二十四部四十九旗之一部。

〔註 1509〕《欽定理藩院則例》（道光）卷六十二作羊八井，爲達賴喇嘛所屬中等宗之一，今西藏當雄縣羊八井鎮。

額駙阿保兵幫助，交台吉公額拉布坦〔註 1510〕、都統達爾濟等管理。旺牛特、喀爾沁、土默特兵交議政大臣他布囊噶爾瑪色楞〔註 1511〕等管理，各住要緊關口，令妥住保守哨地。其餘一千綠旗兵留藏地，令公策旺諾爾布、額駙阿保、總兵官趙昆共同辦事，住候，兩邊駐兵暫息，那邊有信，則即領此一千兵行，達木唐古忒兵酌近調用，則於事甚有益，預備之兵嚴交噶倫第巴達他等行文。今康濟鼐病二月餘，仍尚未愈，愈後即照此言，餵集馬匹，令康濟鼐伊帶兵三百遣在那克產週圍防住，無準噶爾賊信，則至應撤兵後哨地仍住保守，要撤兵所撤之處，再行另報等語，爲此恭摺謹具奏聞。

[324] 公策旺諾爾布恭接聖旨謝恩代奏摺（康熙六十年閏六月二十八日）[2]-《卷十八》

奏爲代爲謝恩事。

駐藏公策旺諾爾布稟稱，員外郎常明珠等請聖主安摺，康熙六十年五月十三日，我們謹跪讀聖主硃批，我身安，聞知你們已成大事，朕心歡悅，你們及軍人皆好否，地甚遠，信難立至，再請安各摺，若有所聞，一併具奏，並無言信，則似此摺列名，由四川遞進，大臣等亦照此，欽此欽遵。奴才查思此一事，自始至終，聖主宸斷一切，調轉錢糧之事交大將軍王，全出聖主之謀，大事已成，皆聖主指教所成，並非奴才等所能成，奴才等微末之人，蒙聖主仁慈，特親降諭旨，奴才等實不敢當，推及兵等無不感激淋涕，我們似犬奴才等，存聖意問我們好，降旨實非敢當，向上叩謝天恩，奴才此次見聖主親繕諭旨，竟似得瞻天顏，不勝喜悅，謝恩之處，請大將軍王轉奏等語，爲此恭摺謹具奏聞。

[325] 遵旨以策旺諾爾布率領蒙古等兵駐守分哨嚴防要地其餘兵將撤回並聞準噶爾內部不靖時有外敵尋釁摺（康熙六十年閏六月二十八日）[2]-《卷十八》

奏爲遵旨辦理藏地善後事宜事。

駐藏公策旺諾爾布等稟稱，康熙六十年三月初十日聖主差護軍校綽賁、台吉踹木珠爾來到，聖主以軍事爲重，又安養闔土伯特，轉來降旨，專差綽賁等，令奴才等率領各官員等在十里外迎去，向上跪請聖安。護軍

〔註 1510〕《年羹堯滿漢奏摺譯編》第六十七頁先作額駙阿寶旗之台吉恭額拉布坦，後作阿寶之弟，此處譯作公額拉布坦，公字易誤解爲爵位。

〔註 1511〕第二三〇號文檔作塔布囊噶爾瑪色楞。

校綽賁告稱，奉面諭，你速去至藏，我親執二白哈達，博克達班禪、達賴喇嘛問我好，再博克達班禪老人，你此數年心意憂愁，我聞知惟你請安文，使臣急到，今擴教安民，老人閑生，達賴喇嘛我封你達賴喇嘛你坐牀，你必使闔藏人等善撫仁慈，降旨，再將軍大臣等官兵協力，大功已成，然應謹防至要。又大臣等彼此不和，爭功不可測，你回藏去，聚集將軍延信、噶爾弼、額駙端多布多爾濟〔註1512〕、阿保、公策旺諾爾布、侍讀學士長壽，又傳旨，延信宗室，爲我之侄，額駙端多布多爾濟、阿保亦爲我之侄，同意商行，各可爲我臣麼，準噶爾四千兵來藏，擾亂四年，我們遣兵去救，今我們數萬兵在彼，可解土伯特人民憂愁否，事關緊要，不可不嚴禁兵丁等，惟你們追賊至藏，探取喜信，急速奏聞。再準噶爾賊似狼，他們雖敗去，勿存安逸懈怠之心。又旨聚集彼處唐古忒土伯特人等，車淩端多布等來藏地，使你們憂愁，今我們來大兵擊賊敗去，你們皆守常安平。又旨聞車淩端多布來藏，唐古忒土伯特父子兄弟夫妻離散極多，你們去查明，似此有父子兄弟夫妻離散，則皆令團聚。再聚集青海王台吉，我待你們比親子無異，此次你們同力勤奮行爲，我皆知道，奮力擊賊敗策旺阿拉布坦，茲通知你們青海營，凡要路口我皆令駐防兵，你們惟勤慎從事，勿多憂愁。傳旨事畢後，令你仍回藏，令前立達賴喇嘛〔註1513〕、第巴達克冊起身，若尚未起身，則令一齊來，降旨等語。

再綽賁等帶咨交大將軍王、將軍延信等，由理藩院咨稱，康熙五十九年十月初八日由三路軍兵處來人等進見，奉旨，護軍校綽賁令往將軍延信前去，綽賁去時令拉藏汗屬台吉踹木珠爾爲友，去至藏後，由彼去見班禪額爾德尼，由軍務處派隨來唐古忒達什車淩，藏地有婦孺，亦交綽賁等，令伊婦孺相會。由土魯番處得厄魯特達什原拉藏人，亦交給蘇爾咱之妻，踹木珠爾在此處皆知準噶爾各處信息，令踹木珠爾告，有問處令問，欽此欽遵，咨交等語。

奴才等恭維聖主好生，不分內外，一切生命，惟令安生，永受恩施，無不普受厚恩，奴才等何敢於聖主所交之事，稍存懈怠，護軍校綽賁等帶來唐古忒達什車淩，令伊婦孺聚會，青海王等、唐古忒土伯特等，謹集衆聆旨後，親王羅卜藏丹津答奏之言，我原青海一小台吉，聖主仁慈，思我祖父固什汗、父扎什巴圖爾，使我尊榮至極，我毫無奮行之處，蒙君主洞察，我營令凡路

〔註1512〕《蒙古世系》表二十九作敦多布多爾濟，土謝圖汗察琿多爾濟之孫。
〔註1513〕指爲拉藏汗所立且爲清廷冊封之六世達賴喇嘛阿旺伊西佳木磋。

口皆住防兵，又待我們與親子無異，降旨實非爲子人所敢受，惟君主所交之事勤勉奮行外，亦不得另奏之言。再噶倫康濟鼐、隆布柰等領各第巴達他等叩告，我們皆如蟻小人等，我們唐古忒土伯特受準噶爾禍難，聖主滿洲佛從新救我們，此厚恩不能報，又使我們唐古忒土伯特憂愁有離散之苦，父子兄弟夫妻則一個不遺，查明令團聚等聖旨，我們如蟻小人等如何能受，車凌端多布等在彼處自取敗亡，回去時離散者多，現有唐古忒土伯特內離散者，先交將軍等照看，皆查令團聚，今聖主普施仁慈，疊降恩旨，又復嚴查，宣告後，我們噶倫等仰體君主推廣黃教仁慈，闔唐古忒土伯特降旨，嚴查一個不可遺落，近者帶來聚合，遠者帶來正悮耕種之時，交明城守尉等嚴查，有則令聚合，所合之名數遣送，若有不肖人等不聲隱藏，則我們查拏或別人探出，則我們噶倫第巴達他等，當照違旨，治以重罪。第巴達克冊等六人正法，再扎什克布哩舊達賴喇嘛〔註 1514〕，將軍延信等辦理之處，前皆稟呈大將軍王，奴才等未另稟呈。又查先將軍延信、噶爾弼等會同言留藏之兵，住蒙古兵一千五百，綠旗兵一千五百，住青海兵一千，不可無管兵大臣，令公策旺諾爾布爲首領，繼令貝勒額駙阿保、副都統長齡、塔布囊噶爾瑪色楞、總兵官趙昆、副將楊晉新共同商議官兵事宜，其餘兵不可久留，按隊編成，交各管理大臣等由十月二十二日陸續起身，將軍噶爾弼十一月初十日起身，延信十一日領兵起身。問明要緊關口，選察哈爾蒙古、厄魯特男丁等內知地方人等，一併派出守楊嘎拉〔註 1515〕、楊布澗、哩功，扎薩克等處住哨外，阿拉坦諾爾、騰格哩諾爾、里楚、大那克產、小那克產，厄魯特唐古忒一併住哨。奴才世代蒙聖主重恩，並未報答出力奮行，何敢彼此不合，任事爭功，我們皆聖主養育奴才，我們才能聖主斷然不罪，我們惟聖主所交之事爲重，撫慈推廣黃教之唐古忒，以應靈異至仁之意，一意奮行外，奴才等我們毫無私爭。再由部抄咨平逆將軍等三路將軍等兵征進殺賊擊剿之處奏聞恭摺，隨來厄魯特問言，看踹木珠爾所告，大蓋策旺阿拉布坦斷然不久，現西藏聖主大兵住守，巴里坤、阿拉台等處又大兵住守，每年征戰〔註 1516〕俄羅斯、哈薩克、布魯克〔註 1517〕又與伊讐敵，有無人等，皆向伊犁營去，無冬夏一處擁擠，牲口不得

〔註 1514〕指爲拉藏汗所立且爲清廷冊封之六世達賴喇嘛阿旺伊西佳木磋。

〔註 1515〕《欽定大清會典事例》（嘉慶）卷五百六十作陽，當雄縣與林周縣分界一山口，《中國分省系列地圖集 西藏》標註爲央日阿拉。

〔註 1516〕原文作來，今改爲戰。

〔註 1517〕清代文檔常作布魯特，今稱柯爾克孜族。

肥，地不得收，如何過度，奴才等我們愚意，策旺阿拉布坦不過一二年內，聖祖威福必能擊滅，爲此稟呈等語，是以恭摺謹具奏聞。

[326] 派員分赴各地探察準噶爾行踪據稟轉奏摺（康熙六十年閏六月二十八日）[2]-《卷十八》

奏爲派員分探賊踪事。

駐藏公策旺諾爾布等稟稱，我們令康濟鼐地方選派精壯八人，順通克哩業三路探取實信，至小那克產後，唐古忒男丁等善走熟人等，酌量選派，令鍾柰爲首領，康熙五十九年十一月二十六日差，六十年三月十五日鍾柰等來到告稱，我們上年十一月二十六日由藏起身，與我去之烏克爾德伊人有病，至楚舒地方病故，十二月十七日小那克產住哩楚地方，至達魯罕薩木定柰、隆格爾柰，十八日我們騎馬去換馬，十九日由彼三路分散探信，派令阿禹什爲首領，厄魯特巴特瑪扎布、唐古忒烏爾晉諾爾布爲副，車凌端多布敗回去，順闊蒙楚路探信。令瑪查克爲首領、厄魯特索諾木他爾、唐古忒烏爾晉呢滿爲副，由哩楚尋德布克托洛該前探信。令薩拉庫賁爲首領，厄魯特額林臣、唐古忒烏爾晉爲副，尋阿里路探信，皆計令二月初間到。鍾柰身病，住薩木定柰等候，陸續至博拉卓歡，探準噶爾信，並三路有無痕跡，竟無痕跡之信，是以我帶來這些人，問阿禹什等二行跡至何處，由何處有信否。阿禹什告稱，我由哩楚起身，順奇拉嘎蘇諾爾、達克產、楚特布克托洛該尋郭蒙楚走，不知名，無水，戈壁內錫綸沙爾〔註 1518〕、額伯勒肯至不知名一水坑，又走那邊，我身得腫病，不可行，回來中途看車凌端多布等走舊跡，死馬牛羊極多，正月十五日回歸，由去路繞西邊走不知名地方，遇由準噶爾逃出我們西拉棍一男子，問伊告稱，我名諾爾布貝吉蘭西拉棍，我拉藏汗屬蒙奎之養子，我幼時親父母故去，將我令準噶爾棍楚人帶去，我至戈壁內竊一馬騎逃出，不知路，處處走錯，路上食死馬牛肉，所騎馬已死，步行至此處，又準噶爾兵去

〔註 1518〕第一九〇號文檔作西拉固爾，第一九九號文檔作西拉郭爾盟，第二一三號文檔作額爾德尼吉農屬西拉棍盟，第二四六號文檔作西倫沙爾，第二五四號文檔作達賴喇嘛所屬唐古忒西拉棍，第二五六、二九二、二九五、三一〇號文檔作西綸沙爾，第二六五號文檔作達賴喇嘛之西拉郭特，第二七一號文檔作達賴喇嘛屬商上之唐古忒西拉過特，第二七二號文檔作拉藏屬唐古忒西拉郭爾人，第二七五號文檔作拉藏汗所屬唐古忒西拉郭爾、西拉郭特，第二七七號文檔作西拉郭特，第二八〇號、三二六號文檔作阿拉坦諾爾、布喀、莽柰週圍住唐古忒西拉郭爾，第三二七號文檔作西拉棍，第三二六、第三四六號文檔作錫綸沙爾，此一藏人部落待考。

眞假，我僅聞聽，誘問告稱，我地方竟不識日月，亦不能記，至戈壁邊界，他們營人們稱〔註 1519〕托布齊夜忽病死，聞衆言，我並未親見，他們口糧極簡，馬無看處。馬克查〔註 1520〕告稱，我由哩楚起身，順特布克托洛該前路探信，丹鍾過山去那邊，又走五日至一大水坑，看四面竟無草，行跡亦無，原非人走路，問我同去唐古忒等，地名皆不知，我此去路竟無跡。西拉庫賁告稱，我由哩楚順達爾布臧布、德楞那木薩、西楞楚、拉固爾楚尋跡，我康濟鼐屬阿里邊界阿舒地方居住索克洛人，準噶爾信，並我們在諾們庫隆賊來路堵截，住兵有無，索克洛告稱，我們此處竟無信，諾們庫隆住兵，仍候康濟鼐信住，我又至諾們庫隆地方，我得手足腫病，不可行，二月初三日回歸追來，至博拉卓歡地方，阿禹什帶諾爾貝男子，十五歲上下，查問康濟鼐告稱，諾爾貝拉藏汗屬蒙奎人養為子是實，蒙奎台吉、嘎拉丹丹津往準噶爾去，伊族弟鍾柰在我前請，可以應給諾爾貝，諾爾貝養蒙奎為子是實等語。照康濟鼐所請，應給鍾柰外，因此無信之處，一併稟呈等語，爲此恭摺謹具奏聞。

[327] 達賴班禪分別領旨謝恩摺（康熙六十年閏六月二十八日）

[2]-《卷十八》

奏爲達賴班禪領旨謝恩事。

閏六月二十六日察哈爾藍翎委營長杜斯喀爾、駐藏公策旺諾爾布稟稱，護軍校綽賁、台吉踹木珠爾來到之日，達賴喇嘛伊父索羅木達爾扎並多呢爾、各寺廟大喇嘛等、差噶倫第巴等，我們一齊請聖主安，傳達賴喇嘛之言，告稱，達賴喇嘛本年二月初一日報答聖主養育之恩，二月坐禪，告知公大臣等坐禪，聞君主處差大臣來到，理應親自出禪請聖主萬安，惟坐禪之日未滿，口唪雅穆達嘎經、滿洲什哩經，後告奴才等，我們共商達賴喇嘛爲聖主坐禪，我們強言不成，十八日光明吉日親自出禪，請君主安。照達賴喇嘛所言，十八日令奴才等去往布達拉傳達聖旨，送達賴喇嘛哈達問好，達賴喇嘛坐牀跪聆聖旨，聞旨畢，達賴喇嘛請聖主安，答奏言，我一出家小人，蒙聖主仁慈養育，使爲達賴喇嘛坐牀，今又差大臣等問我好，又降旨令我必推廣黃教，使撫綏闔唐古忒土伯特人等，非我敢當，受滿洲聖主慈恩至重，我何以爲報，惟請聖躬永康，衆生安逸，在三寶佛前禱祝，勤唪求福經，謹記聖主降旨，慈撫唐古忒土伯特。

〔註 1519〕此處補稱字。

〔註 1520〕本文檔前文作瑪查克。

奴才等我們筵宴散，綽賫等三月十一日奉諭旨去班禪處，四月十八日綽賫來至告稱，我們至班禪處，呈聖主哈達問好，降旨時班禪合掌，聞旨畢，班禪請聖主安，答奏言，聖主推廣黃教，仁慈我們，遣大兵剿擊，殺敗準噶爾亂賊，我們闔藏生命得享太平安逸，此皆聖主之恩，復得見日，至樂仁慈，我們永感聖意，聖主差問我們好，我實不能當，我喇嘛惟求增聖主萬萬歲之福，使生命長久安逸，在三寶佛前禱祝外，如何報答，今我差使臣，你們一齊筵宴。我們散後，候班禪差派使者，住十日，繼派郭呢爾策丹詹參，約起身之日來等語。

公策旺諾爾布等又稟稱，我們仰聖主威福，擊敗準噶爾以來，已亦差人來請聖主安，今聖主之恩，西藏事定，地方無甚要事，專派藍翎委營長杜斯噶爾請聖主萬安，又我們此處軍營防住放哨地方之名杜斯噶爾知之，預備咨問。再達賴喇嘛伊喀木布年達克、索克賁諾爾布扎木蘇，近康濟鼐派阿旺原瑞請聖主萬安，奏唐古忒奏文，粗譯另繕恭摺送去，唐古忒使臣喀木布年達克等起身等語。臣來問委營長杜斯噶爾，告稱，護軍校綽賁、台吉踹木珠爾等，班禪額爾德尼隨達賴喇嘛四使臣，後來，四十餘人，查先班禪額爾德尼達賴喇嘛使臣等至西寧奏聞旨來後，令將使臣咨送京城，今來使臣來甘州，苦驛繞道，使臣等至後，暫住西寧，旨來後再行起身，咨送京城，交都統楚宗等行文，爲此恭摺謹具奏聞。

[328] 台吉兼散秩大臣車凌札布來謁賞給銀兩使買牲口摺（康熙六十年八月初一日）[2]-《卷十八》

奏爲賞給台吉車凌扎布〔註 1521〕銀兩事。

准理藩院咨稱，七月初四日台吉兼散秩大臣車凌扎布帶領侍衛扎什起身，奏請覲見，覲見時降旨，車凌扎布你至義之人，在大將軍王前有三四年効力，又在藏用兵効力，你今回去，拉藏屬人等常瑪爾，你倡首與齋桑等同心協力，你們此一家，我使永久，噶拉丹丹津、蘇爾咱、濟齊伯〔註 1522〕不來，誰敢動你們，我必使保全如是，台吉你現又爲散秩大臣，皆知君主仁慈，嗣後你們營凡事仍時奏聞，我每年差使臣時常瑪爾之使臣一齊，你亦令差使

〔註 1521〕疑爲《蒙古世系》表三十八所載顧實汗圖魯拜琥長子達延鄂齊爾汗之孫車凌，其父索諾木袞布。

〔註 1522〕根據上下文意，此處所列均爲拉藏汗之子，故濟齊伯似爲拉藏汗之幼子，《蒙古世系》表三十八作色布騰。

臣，欽此。此旨由大將軍王處，蘇爾咱之妻住守咨文，侍讀學士華色〔註 1523〕，無則無証據，車凌扎布難行，乾清門頭等侍衛拉什請旨具奏時，奉〔註 1524〕旨告大將軍王，咨文華色，欽此欽遵咨行，七月十五日到臣，即照降旨繕文，行侍讀學士華色。本月二十七日散秩大臣車凌扎布來到，臣飭車凌扎布，皇父確知你義好奮勉之處，特令爲散秩大臣，拉藏汗屬人等飭同心協力，又使你們久全，降慈旨，你此應奇旨，與齋桑等同意奮行，訓飭養下人等，你們營凡事必令奏聞，得一切信亦令報，每年常瑪爾使臣一齊令你差使臣，再你無業人，今賞你牲口難帶，是以給你銀三百兩，飭你帶買馬牲口，立事業，本月二十九日差領催多賴由口外咨送伊營博羅崇克克地方，爲此恭摺謹具奏聞。

[329] 土爾扈特貝子丹鍾移居額濟納伊固爾柰地方謝恩摺（康熙六十年八月初一日）[2]-《卷十八》

奏爲土爾扈特遷事。

七月二十九日遷移土爾扈特貝子丹鍾等人差員外郎八十四稟稱，四月十九日我准理藩院咨，土爾扈特貝子丹鍾人、郭莽喇嘛弟子等遷移額濟訥伊固爾柰地方居住，由肅州起身，五月間至當呢等處，奉旨貝子丹鍾、郭莽喇嘛之弟子莫爾根綽爾濟等，貝子丹鍾等各喜悅，即來營，閏六月二十一日至洮賴河額濟訥伊河相會地方，貝子喇嘛等告稱，此洮賴額濟訥伊伯拉齊爾地方水草好，我們得宿幾日休養牲口，並往額濟訥伊固爾柰等處去，我即住洮賴額濟訥伊河相會處休養牲口，七月初八日起身，二十日皆至額濟訥伊固爾柰地方，二十一日我起身來時貝子丹鍾等送二十里外，跪稱我父阿拉布珠爾土爾扈特地方人，往叩西藏，回來時策旺阿拉布坦搶我們土爾扈特阿禹奇之子三濟扎布，與我們土爾扈特征戰，我父不能回去，孤身住青海當呢地方，並無倚靠之人，我父阿拉布珠爾往叩天下共主滿洲佛，具奏情由，聖主仁慈，准我父另選地方居住，從優封爲貝子，我父故後滿洲佛君主慈我孤子，封貝子，我近住額濟訥伊固爾柰等處地方請奏，君主似天仁主，差扎爾固齊，准我遷住額濟訥伊固爾柰好地方，小子丹鍾我如何能報此恩，惟叩禱聖主萬萬歲，久享天福外，再無奏言，伊領該齋桑喇嘛等向上叩謝天恩。再郭莽喇嘛弟子莫爾根綽爾濟告稱，似天仁主，差扎尔固齊，准我遷住額濟訥伊固爾柰，

〔註 1523〕此句意爲此旨由大將軍王處咨住守蘇爾咱妻之侍讀學士華色。
〔註 1524〕此處補奉字。

我們何可報答，我們喇嘛人惟俸經禱祝外，不能另有報，伊領弟子等皆合掌向上謝恩，八十四親至肅州，治裝往巴里坤去等語，爲此恭摺謹具奏聞。

[330] 恭賀平定臺灣摺（康熙六十年八月十六日）[2]-《卷十八》

奏爲恭賀平定臺灣事。

先議政大臣咨稱，臺灣府不肖人等結夥起事，佔據地方，提督石士彪〔註 1525〕等領兵往征，擊殺賊匪，取臺灣府，安定人民，惡人退避，提督等現正查拏等語。臣欣閱捷音，至八月初十日准兵部咨提督石士彪具奏，由上降仁旨，咨到之日即拏獲賊首，大顯皇帝之仁，海外清平，朱一貴及續獲吳歪〔註 1526〕等派官兵解送提督審訊外，民皆歡心安生原業等語。臣恭維皇父平時慈養軍民，恩極至厚，地方出事，即各奮勉，將賊匪不久全滅，使地方安逸，皇父降旨到日即拏獲首賊，臣實不勝喜悅，爲此恭摺謹具奏聞。

[331] 領兵至甘州秋收摺（康熙六十年八月十六日）[2]-《卷十八》

奏爲領兵赴甘州事。

臣領兵六月二十六日至甘州秋收，計儉錢糧，兵何應散住之處，並定奏具奏，今官兵放牧馬匹，進九月十五日餵養，現甘州地方米草豆儉，計省運米草豆租賦，臣帶宣化府五百綠旗兵，並先預備住甘州，山西巡撫總兵官以下步兵五百九十派住涼州，爲此恭摺謹具奏聞。

[332] 撫遠大將軍胤禎奏為皇父賞物品謝恩摺（康熙六十年八月三十日）[1]-3569

臣胤禎謹奏，爲謝恩事。

因賞乳餅，臣謝恩奏摺內，奉硃批，今年熱河各色果木枝生長累累，榛子甚豐足，揀其內大者，裝邸報之匣，督視遣之。木蘭圍獵之物，朕親督裝遣之，惟地方遙遠，何以妥善送至，如何抵達之處，務寄信。同此旨與皇父仁賞之熱河之榛子，木蘭之鹿尾舌肉抵達後，臣謹祗領謝恩，食之，鹿尾肉仍味美，毫無變更之處。再觀榛子確較普通榛子大，物甚結實，臣歡悅貯藏，同子共品嘗之。謹思臣於汎地三年，未親隨皇父圍獵，而皇父存於心，每年木蘭之物，聖躬不辭辛勞，均督裝賞送之，對於慈善殊恩臣委實不能隨，奉硃旨不能忍，感激涕零，爲此具摺謹奏。

硃批，知道了。

〔註 1525〕應寫作施世驃，靖海侯施琅第六子。

〔註 1526〕常寫作吳外。

[333] 撫遠大將軍胤禎奏報甘肅巡撫等地方官員獻物摺（康熙六十年八月三十日）[1]-3570

臣胤禎謹奏，為奏聞事。

臣抵達甘州後巡撫綽奇獻臣瓜等食物。署理甘肅巡撫事務侍郎花山〔註1527〕遣人向臣問好，獻豬崽等食物。布政使覺羅折爾金遣人向臣問好，獻小菜等食物。署理甘肅提督事務總兵官范時捷獻臣餑桌子十二張，臣均受之，散給衆官兵。巴里坤提督路振聲遣人向臣問好，獻鵪鶉豬羊等食物。總兵官楊昌泰遣人向臣問好，獻鵪鶉哈密瓜等食物。署理肅州總兵官事務參將郭成功獻臣豬崽等食物。再新補放鎮守固原城參將高金〔註1528〕親來，獻臣哈密瓜時，臣受豬羊鵪鶉哈密瓜，賜給路振聲、楊昌泰、郭成功、高金衣服各一種，他物卻之。涼莊道員江綱〔註1529〕、西寧道員趙希喜〔註1530〕遣人向臣問好，獻果品等食物。涼州同知張眉遣人向臣問好，獻豬果等食物，臣均受之。賜給江綱、趙希喜、張眉衣服各一件。又為慶賀八月十五中秋節，甘肅巡撫綽奇、署理甘肅巡撫事務侍郎花山、署理甘州提督事務總兵官范時捷、涼州總兵官李忠岳、甘肅布政使覺羅折爾金、於西寧辦理糧餉按察使巴襲，署理甘肅按察使事務通政使富山各自遣人向臣問好，獻豬羊月餅果等食物。臣酌情領受，散給官兵，謹此具摺奏聞。

硃批，知道了。

[334] 撫遠大將軍胤禎奏為皇父體安喜悅摺（康熙六十年八月三十日）[1]-3571

臣胤禎等謹請皇父萬安。

臣於閏六月二十八日，八月初一日奏報，於八月二十六日到。請安摺內奉父皇硃批，朕體安，今秋圍獵將竣，獸仍似先年，馱載亦滿，因朕出之日稍遲，哨鹿之日少，照常圍獵，甚屬太平，興安之外霜期稍早，稍征蒙古糧，興安之內糧蕎麥豆類均刈竣，八月初八日方下霜，十分收成。再奏聞侍衛札西前來一事之摺內，奉硃批，知道了。朕較札西前往之時氣色大好，乘馬至

〔註1527〕《清代職官年表》巡撫年表作甘肅巡撫花鄯，滿缺侍郎年表作盛京户部侍郎花鄯署甘撫。

〔註1528〕《甘肅通志》卷二十九頁三十八作高金。

〔註1529〕《甘肅通志》卷二十八頁三十五作蔣泂。

〔註1530〕《甘肅通志》卷二十八頁三十八作趙世錫。

日落，無庸言，惟爲虧歉而怨嗟。所中獲者爲良好，欽此。臣等謹思皇父木蘭圍獵愉悅，故聖顏較前絕好，聖體較前健壯，每日乘馬經久而行，臣等欣然獲聞，爲此具摺謹奏。

臣胤禎、弘曙、弘智、弘曦。

硃批，知道了，朕於九月十五日啓程，抵達喀喇和屯〔註1531〕，乘批此奏之便送之。

[335] 遵旨分賞各路進藏官兵摺(康熙六十年八月三十日)[2]-《卷十八》

奏爲分賞各路兵丁事。

准兵部咨稱，議政大臣議奏，前大將軍王派兵進藏奏聞，奉〔註1532〕旨差臣由四川雲南所進綠旗兵妻子，每家各賞十兩，滿洲官兵可隨時賞給，欽此欽遵。綠旗兵官兵妻子恩賞，今又奉〔註1533〕旨取藏所進四川雲南賞給綠旗兵妻子，差臣賞滿洲兵，尚未賞給，今由西寧取藏所進滿洲蒙古綠旗兵一樣立功，由西寧進滿洲蒙古綠旗兵，由四川進滿洲兵查明賞給，降旨誠自古未有仁慈兵丁至恩，由西寧進藏京城兵丁今撤來，由大將軍王處咨入議敘冊，會同戶兵二部查明賞給，咨送喀爾沁、翁牛特、土默特、察哈爾兵冊，由兵部理藩院各派章京一員，會同該扎薩克總管等，賞他們妻子，由西寧進藏陝西綠旗兵，咨大將軍王，由大將軍王處派一員，陝西〔註1534〕巡撫噶什圖奏，由西寧存八十萬兩銀內領賞具奏，奉旨所議極是，令照妥議，欽此欽遵，咨行到臣。由西寧進藏京城滿洲兵、喀爾沁、翁牛特、土默特、察哈爾兵冊，先咨送兵部外，賞西寧四通事之處，令都統楚宗暫住辦理，西寧事務交都統楚宗行文。再派交賞甘州副都統阿林保，賞固原西安兵護軍統領五十八，賞涼州寧夏額駙阿保兵散秩大臣拉新。此次進藏兵丁等一切之物辦全，又定藏賞給勞苦，此皇父特旨，你們去後一一查明，現自己有人則各自賞給，病故人等則賞給各父母妻子胞兄弟，斷不可替領抵私債，此賞，與該總督提督總兵官看，賞銀十兩爲一家，不令缺欠，必使得皇父實惠。再督標固原進藏兵內，有住木魯烏蘇河驛，此內有在驛耐勞者，則照例賞，不候撤文私來者，則此等人名入敘功冊，不咨部，此等人飭咨勿賞。今都統楚宗稟稱，西寧四通事

〔註1531〕今河北省灤平縣。
〔註1532〕原文作奏，今改爲奉。
〔註1533〕此處補奉字。
〔註1534〕原文作山西，今改正爲陝西。

各賞銀十兩，與總兵官王益謙同看，各賞給等語。副都統阿林保稟稱，進藏甘州兵共七百三十，七百二十五兵會同署提督事總兵官范士傑看各父母妻子胞兄弟，皆各賞給十兩，再病故五兵，無父母妻子胞兄弟，無賞，共賞銀七千二百五十兩，餘銀五十兩等語。護軍統領五十八稟稱，進藏西安督標兵共五百，此內住木魯烏蘇河驛一百兵內未候撤文私自回來八十兵不賞外，進藏四百兵，在驛耐勞二十兵，總督年羹堯會同倭海、巡撫噶什圖看各父母妻子胞兄弟皆各賞十兩，共賞銀四千二百兩，餘銀八百兩。進藏固原兵共一千六百六十，此內住木魯烏蘇河驛一百四十兵內未候撤文私自回來兵，並身故兵內無父母妻子兄弟兵，內共一百七十兵無賞外，進藏一千五百六兵，在驛耐勞三十七兵，會同提督李林〔註 1535〕看各父母妻子胞兄弟皆各賞給十兩，共賞銀一萬五千四百三十兩，餘銀一千一百七十兩等語。散秩大臣拉新稟稱，進寧夏炮兵一百八十，一百七十六兵會同署總兵官副將李山看各父母妻子胞兄弟皆各賞給十兩，此內三兵無父母妻子兄弟，一兵在逃無賞，共賞銀一千七百六十兩，餘銀四十兩。進藏涼州兵六百八十，六百七十二兵會同總兵官李鍾岳〔註 1536〕看各父母妻子胞兄弟皆各賞給十兩，共賞銀六千七百二十兩，再由藏回來時落後未到，無妻子三兵各賞銀十兩，此親至後各賞給，若不來到，則此賞三十兩銀，令咨送西寧交總兵官李鍾岳存，病故兵內無父母妻子兄弟，三兵在逃，二兵無賞，餘銀五十两。令額駙阿保領駐藏五百厄魯特兵各賞十兩，額駙阿保之母福晉與副都統馬賴同看各父母妻子胞兄弟皆賞給，共賞給銀五千兩等語。再額駙阿保之母福晉稟稱，老婦我們母子蒙滿洲聖主之恩至重，上年推廣黃教，以安衆生，達賴喇嘛送藏，派我子領我們五百厄魯特兵去，並無另有奮勉之處，聖主之恩，成功太平，今特降旨我們五百兵父母妻子各賞十兩，我們住阿拉善山，闔蒙古等喜悅叩領聖主之恩，聖主施此重恩，老婦繕文致信我子阿保，領我奴僕叩謝聖恩之處，請轉奏等語。再甘州涼州寧夏固原西安西寧綠旗兵並兵丁家口共稟呈，世代蒙聖主養育之恩，並未報答，此次去定藏，錢糧米一切之物皆足供給，仰仗聖主天威定藏，奴才等並未另有奮勉，聖主以我們爲奮勉，從優議敘，今又降特旨每人各賞銀十兩，實自古未有奇恩，奴才等現在行軍，自此以後凡所遇處皆儘力奮行，閑人婦女們則無日夜專禱增聖主萬萬歲外，並不能報答，各合掌向闕叩謝聖主之恩

〔註 1535〕《平定準噶爾方略》卷七頁十九作總兵官李麟。
〔註 1536〕《甘肅通志》卷二十九頁二十二作涼州總兵官李中月。

等語。查甘州涼州寧夏固原西安西寧綠旗兵、額駙阿保蒙古兵共賞銀四萬四百三十餘兩，二千一百十兩咨送西寧，此賞兵丁詳數冊檔，由各處咨送兵部外，爲此恭摺謹具奏聞。

[336] 撫遠大將軍胤禎奏報厄魯特兵侵犯吐魯番摺（康熙六十年九月十五日）[1]-3574

臣胤禎謹奏。

平逆將軍富寧安〔註 1537〕咨呈之文於九月十五日到來，觀之，九月初二日厄魯特二千賊匪來犯吐魯番城，閒散大臣阿喇納率兵往援，二次擊敗賊匪，斬殺百餘，生擒一賊，追擊敗賊十餘里等情。臣謹思皇父洞鑒萬里之處，深悉策妄喇布坦奸詐，預料敵兵來犯，吐魯番等處務派兵，特降諭令閒散大臣阿喇納率兵速往吐魯番等地，護衛降服之回了等因，故有備而遣之，今果如聖上預料賊匪來犯吐魯番城，令阿喇納率兵殺敗賊匪，甚爲英明，續又增遣四千兵力，更爲英明，今賊已被我等擊敗，因我軍力強盛，軍威大增，吐魯番等處甚爲牢固，臣委實不勝歡忭，爲此具摺謹奏。

硃批，知道了。

[337] 青海派兵百名往羅布藏丹津駐地據稟轉奏摺（康熙六十年九月十五日）[2]-《卷十八》

奏爲青海派兵往羅布藏丹津駐地事。

九月初三日住西寧辦理青海事宜侍郎長壽稟稱，八月二十四日青海親王羅布藏丹津之二母福晉差他們巴圖爾溫布稟稱，我們親王羅布藏丹津由藏地派侍衛達木巴、固木布扎木三呈大將軍王稟文一件哈達一件香四束氆氌四疋，咨交。侍衛達木巴受風至諾木歡烏巴什地方身故，固木布扎木三亦受風患病，見住我們邊界人等，是月十八日咨來我們營，固木布扎木三來病重，不可騎馬，巴圖爾溫布差我咨送文、伯勒克。

親王羅布藏丹津稟蒙文譯閱文內開，撫遠大將軍王，青海親王羅布藏丹津稟稱，與我住青海人等不服水土，各營有事回去，僅我感滿洲君主之慈恩，又我父王此喇嘛之事盡力奮行，我令所屬總奴僕具文呈達賴喇嘛之明，達賴喇嘛之事，思你不惜身命，訓飭奮行，領少人住，現青海內惟額爾德尼台吉之弟之子微徵台吉少人與我同住，其餘青海人一個亦無，惟我

〔註 1537〕《平定準噶爾方略》卷七頁二十二作靖逆將軍富寧安。

非應在此處居住之人，又邊地領少人居住亦難，我又孤營內無主，請教一切之處等語。

又詢巴圖爾溫布，你們王差侍衛達木巴身故、固木布扎木三病重未來差你，你固木布扎木三必問一切信息〔註1538〕，何日差遣，由何路順何處來，在藏大臣官員兵丁等，自你們王以下人等皆好否，自何處放哨防守，有無準噶爾新來之人，信息如何，由四川領兵進至否。據稱我來時固木布札木三問得在藏大臣官兵自我們王以下人等皆好，本年五月間我們王領兵在喀拉烏蘇相近寧固盟唐古忒地方牧馬居住，公策旺諾爾布駐藏辦事，內兵皆出騰格哩諾爾地方牧放馬匹，駐防賊匪，我們王杜拉圖納欽爲首領，兵爲副，遣行遠處放哨，內兵亦各遣遠地放哨，不知所帶兵數，住哨地名。再噶倫康濟鼐第巴等，由藏地去領他們地方兵五千住那克產邊，過克哩業哨探無人由準噶爾新來，未聞準噶爾之信。本年七月初三日我們王侍衛達木巴等持文由寧固盟唐古忒地方起身，是月十八日至我母福晉所住沙拉圖地方，來時由巴爾喀木地方聞傳言將軍領兵往藏去，仍尚未至，再我們二福晉因王僅有四百餘兵，兵力單薄，由此處選派好兵一百餘，台吉多巴隆言定九月十頭起身等語。是以親王羅卜藏丹津稟文、伯勒克、哈達香氆氇咨交領催索住等語。臣思先青海親王羅布藏丹津、郡王查罕丹津、貝子拉珠爾拉布坦各領兵與內兵一齊在藏駐防，後查罕丹津、巴拉珠爾拉布坦皆因地土不服患病，領兵回來，親王羅卜藏丹津仍領兵駐藏，呈文請教伊二母福晉，又選一百兵咨增羅卜藏丹津地方。臣對親王羅卜藏丹津云皇父慈待你們父子，比衆豐隆，你感皇父之重恩，又思你父之教，領兵與內兵一齊駐守西藏極是，你今營無主回來，則違你先行本意，然你二母福晉，又由營選兵派往等語，勸你仍領兵與內兵一齊耐心駐守等好言，繕文咨答。再羅卜藏丹津二母福晉，亦將派兵速咨行文，交侍郎長壽行文。再親王羅卜藏丹津問臣好，咨送哈達香氆氇，皆領受，答給哈達、綢外，爲此恭摺謹具奏聞。

[338] 厄魯特侵犯土魯番擊退準部內有不和訊摺（康熙六十年九月二十八日）[2]-《卷十八》

奏爲擊退來犯土魯番之賊事。

康熙六十年九月二十四日准理藩院奉硃批，準噶爾總首領台吉齋桑文

〔註1538〕此句意爲你必問固木布扎木三一切信息。

冊，繙寫滿蒙文字奏閱，令臣差人等語。又硃批文開，現對策旺阿拉布坦之事，我們極爲順利，逼散敵人，你們此機不可失，惟糧餉要緊，至來年秋不悞，則今思事成，此間易完尤善，惟策旺阿拉布坦地方不得實信，今命你差人探得明信，或出別事故，則亦奏明停止，欽此欽遵。臣理宜即派人咨文策旺阿拉布坦，惟散秩大臣阿拉恩〔註 1539〕等報稱，厄魯特賊侵犯土魯番被我兵擊敗，又畏追擊，草皆放燒等語。再拏獲厄魯特賊倭勒紳訊稱，策旺阿拉布坦本年病發，伊子彼此不和，下人等又極怨恨，今我們準噶爾兵來土魯番擊敗回去，衆皆驚恐，有成群隨來等語，是以臣差人暫行停止，查明緣由，或即差遣之處，候旨後謹行，爲此恭摺謹具奏聞。

[339] 擊敗來犯厄魯特並請回京聆訓摺（康熙六十年九月二十八日）[2]-《卷十八》

奏爲請回京聆聖訓事。

適閱散秩大臣阿拉恩等呈報，厄魯特賊來犯土魯番，被我們兵擊敗，草皆放燒等語。看此賊喪膽，不敢再來，然現我們兵力頗增，土魯番等極堅固，再將軍富寧阿亦確知彼處情形，阿拉恩兵征進暫止，來年齊集大進具奏，臣意亦此，賊極可惡，來年一切之物備齊大進，賊不可不擊殺，惟進此兵，事關重大，皇父萬里之外洞察軍機，計畫周密，來年如何進軍之處，不親去恭聆聖諭，難以率行，且臣三年之離皇父膝下，孺慕殷切，今當冬雪之時，草黃之際，行軍不成，居住甘州無可行之事，是以隨臣人少，極速止乘驛馬，我備乘餘牲口，沿口繞行四十日即可至京，仰瞻皇父聖顏，當面請訓，爲此恭摺謹具奏聞。

[340] 撫遠大將軍胤禎奏為四額駙等前往京城事摺（康熙六十年十月初八日）[1]-3577

臣胤禎謹奏，爲奏聞事。

八月二十一日據駐西寧辦理青海事務之侍郎常壽呈報內稱，前往招地之四額駙、喇嘛、台吉等歸來。遵公策旺諾爾布、將軍延信之命，遣派翁牛特兵一百名護送額駙，自本月二十七八日抵至西寧，租騾前往甘州，會見大將軍王之後，前往京城等因呈報後，臣咨行侍郎常壽，令翁牛特兵一百名，前往西寧秣馬以駐，先自議政大臣議奏咨稱，將軍延信抵招地後，若廩餼糧餉

〔註 1539〕《平定準噶爾方略》卷七頁二十三作散秩大臣阿喇衲。

不足，則將喀喇沁、翁牛特之兵遣返西寧等語，若公策旺諾爾布遣返扎薩克兵，爾將翁牛特兵一百名合併於該隊，若不自招地遣返扎薩克兵，將翁牛特一百兵丁是否遣返招地，公策旺諾爾布議定咨文時爾遵行辦理等因交付，亦行文公策旺諾爾布。再著四額駙抵達西寧，若繞路前來甘州，則抵至京城之日久，額駙立即率喇嘛、台吉等前往京城爲妥等情行文。九月初九日又據常壽呈報內稱，四額駙言稱，我不比他人，抵至此處，若不往會大將軍王，抵達京城後，以何言具奏父皇，我自邊外而往，抵達甘州，會大將軍王後，由彼出水泉之邊，自阿拉善山之北前往等語。九月初六日出西寧邊塞前往之土官呼圖克圖〔註 1540〕、甘珠爾格隆、台吉塔旺札木蘇等，自十日啓程前往京城，本月二十三日四額駙抵至甘州，十月初七日啓程，前往京城，謹此奏聞。

[341] 胤禎奏為富寧安等辦理協濟銀兩等事摺（康熙六十年十月初八日）

[1]-3578

臣胤禎謹奏，爲奏聞事。

臣此前著巴里坤將軍富寧安、散秩大臣阿喇納等，解送銀綢馬匹後，繼而交付總督鄂海、巡撫綽奇等，巴里坤地方將軍大臣兵丁出征年久，今戍駐吐魯番。伏思諸般用項繁多，爾等地方之大臣官員等，前在汎地之將軍大臣等，若有以朋友之道協濟取給之項，爾等仍照常協濟，勿因我前來而停止等情。伊等呈稱，總督鄂海三千兩、巡撫綽奇二千兩、道員和廷貴〔註 1541〕、江綱〔註 1542〕、富哲雲〔註 1543〕、胡仁智〔註 1544〕各八百兩，同知王廷宗、張眉、彭鎭義各五百兩，通判毛鳳義協濟三百兩，署理提督事務總兵官范時捷，及總兵官李忠岳、王義前各協濟三百兩，署理總兵官事務副將李山，署理總兵官事務參將郭成功協濟各一百五十兩，再總督年羹堯協濟二千兩，巡撫噶什圖一千兩，共協濟銀一萬四千二百兩等語。臣觀之銀兩無多，並不緊要，交

〔註 1540〕原文作土官、呼圖克圖，今改正爲土官呼圖克圖，指第二世土觀活佛羅桑卻吉嘉措，今青海省互助縣東山鄉人，康熙四十三年至五十一年任佑寧寺第二十四任法臺，卸職後被清聖祖召入北京，封爲掌印喇嘛，康熙五十九年奉命護送七世達賴喇嘛入藏坐牀，回北京後被清世宗封爲靜修禪師，成爲清代駐京呼圖克圖。

〔註 1541〕《甘肅通志》卷二十八頁三十四作分守涼莊道何廷圭。

〔註 1542〕《甘肅通志》卷二十八頁三十四作分守涼莊道蔣泂。

〔註 1543〕《甘肅通志》卷二十八頁三十三作分巡甘山道傅澤澐。

〔註 1544〕《甘肅通志》卷二十八頁四十作整飭肅州道胡仁治。

付總督、巡撫等，此既爾等私相協濟者，對於此銀，或多運廩米，或採購馬畜解送之處，爾等惟謀利而行等情。今散秩大臣阿喇納咨呈將軍富寧安內開，吐魯番回子等今年所收之糧可至明年四月，而食果子等物可至收糧之時，犁耜等具亦得以整修，惟馬牛不足等語。故此臣又飭交總督鄂海、巡撫綽奇，吐魯番之回子等均願歸服父皇之仁化，皇父收納施恩養之，今屬我等之人，不失伊等生計，不可耽擱耕田，鼓勵回子等多耕吐魯番之田，益加有利，爾等協濟銀兩送往將軍富寧安前，自富寧安處咨文散秩大臣阿喇納查之，吐魯番回子等耕田，計足所需馬牛，或於哈密地方，或於軍營週圍，如數採購，務趕明年耕田之時送往吐魯番，再有餘銀，交付阿喇納，若有需用之處則用之矣等情交付外，將此等情由已行文知照將軍富寧安，散秩大臣阿喇納，臣將辦理交付之緣由，謹具摺奏聞。

[342] 撫遠大將軍胤禎奏為年羹堯等獻物品摺(康熙六十年十月初八日)[1]-3579

臣胤禎謹奏，爲奏聞事。

川陝總督年羹堯遣其屬下守備王松〔註1545〕向臣問好，獻西洋表一個千里眼一個磁杯十個鼻烟二罐。臣命守備王松進見交付，我自出征以來，地方官員所獻食物馬畜外，並未接受別物，總督爲圖報皇父之恩，爲國家事業甚爲効力，他人不可比擬，既然特自遠方差人送來，我均受之，嗣後勿再送物，總督始終如此一心圖報皇父之恩，再我既在軍營，無回賜之物，僅以我之衣帽賜給總督，故將帽一頂袭服一件乳餅一匣賜給守備王松，遣之。再提督李林遣其家人向臣問好，獻臣藏圖一幅，騾四頭羊隻果品麵粉等食物，臣准其家人進見，並交付之。提督仰報皇父擢用之重恩，去年征伐藏地辛勞成功，今皇父又以固原要地，特簡選補放爲提督，提督理應仰副皇父簡任之心，妥善練兵，整治軍營，兵民咸安，鎮守地方，爾返歸將此情由均報提督，再問提督好，何必自遠方遣人捐物，既已送至，藏圖騾麵粉受之，嗣後勿再獻物，倘又獻物，臣斷然不受等語，賜以帽一頂袭服一件，遣之，他物均卻之，爲此具摺恭謹奏聞。

[343] 調動馬駝請旨摺（康熙六十年十月二十二日）[2]-《卷十九》

奏爲調動馬駝請旨事。

〔註1545〕應爲王嵩，直隸河間人，後陞任寧夏總兵官。

巡撫綽奇稟稱，隨征進兵駐驛原寧夏固原甘州拴養馬備辦二千，繼由討逆將軍福寧阿〔註1546〕調駐驛馬一千六百匹，又馱運馬牌子等口米，再西寧口外補驛扣馬，由策旺阿拉布坦處隨來人等備騎馬，內應補扣馬共三百七十七匹，合計共需馬一千九百七十七匹，署甘州提督事總兵官范士傑補還解送總督倭海處應拴養馬匹，總督倭海暫不帶去，留甘州，令我調用馬五百七十五匹，又看各營馬多少，照數調來肅州，此馬內駐驛官調馬官員等共選膘瘦不收，退回八百七十一匹，改換膘好，派員速即解送巴里坤軍營，提督李林駁換固原四百八十七匹，來年春解送來營等語。咨商將軍福寧阿回文時若有機行，則現有馬酌量駐驛無誤，咨文該提督餵肥，來年五月初間解送來營，咨文後即咨固原提督李林，此調馬之額，理應稟呈塡補，先大將軍王在西寧地方辦理餘七百三十六匹，令我調用拴養馬額塡補等語，皆照數辦補，仍應補馬一千二百四十一匹，適住巴里坤管理驛馬事務道員蔣濟泰〔註1547〕告稱，馱運隨米之駝，先由討逆將軍福寧阿送營牧放，節省餵駝錢糧五萬兩，請備補買扣駝之缺，稟呈大將軍王具奏准行，馬駝同一有關急要之事，道員牧放馬，亦節省餵馬錢糧，照駝例，請備補買扣馬之缺等語。恭查諭旨，拴養馬駝，令總督巡撫提督總兵官等會議時共議拴養馬五千，繼西藏有事，侍郎色爾圖又奏增拴馬四千匹，茲西藏事定，又現軍務處駐驛馬有一千六百匹，若應補一千二百四十一匹停補，比買馬價銀可省及一萬兩，草料價銀每年可省二萬二千餘兩，所省三萬二千餘兩銀，原奏請皆二省布政司庫存銀各此處多少，合計共辦六千兩，咨解道員蔣濟泰、王全臣〔註1548〕等敬謹存儲，有扣馬則補買，無扣則用爲兵丁錢糧，如此可省錢糧，駐驛馬數亦可不缺，伏乞大將軍王奏准等語。查上年送達賴喇嘛入藏派兵時調用各處拴馬之額，臣飭辦皆照數塡補，仍餘七百三十六匹，巴里坤等處駐驛用拴馬之額補用，交巡撫綽奇，今巡撫綽奇由固原應換解四百七十八匹，巴里坤地方有一千六百匹駐驛馬，固原馬來年解後，共應停補馬一千二百四十一匹，此馬之額停補，則買馬銀可省一萬兩，草料價銀每年可省二萬二千餘兩等語，適將軍福寧阿內地餵養駝解送軍營，過冬牧放，每年餘省草料錢糧，解送五萬兩，駝死扣則買補用

〔註1546〕《平定準噶爾方略》卷七頁二十二作靖逆將軍富寧安。

〔註1547〕《甘肅通志》卷二十八頁二十八作整飭臨洮道江際泰。

〔註1548〕《甘肅通志》卷二十八頁四十九作平涼府知府王全臣，湖廣鍾祥人，康熙五十五年任，非道員，《平定準噶爾方略》卷十頁十二作道員王全臣，故此處之道員王全臣即平涼府知府陞任者。

等語。臣照將軍福寧阿所稟，駝隻全解軍營，由省草料錢糧內每年解送五萬兩備用，奏准施行，馬駝事一律用時餵馬始解，則路遠走戈壁，雖照數亦瘦，似用時耽誤，是以此調駐驛馬一千二百四十一匹之額停補，由節省銀內每年解送六千兩，交道員蔣濟泰、王全臣等備妥存儲，馬若有扣則該道員等報將軍福寧阿查明買馬令補，餘銀爲軍餉用，若馬有不愼牧放廢棄者，則著道員等賠補，每年雖補馬軍餉，雖辦理之處，道員等報明辦餉大臣等合計，皆交令行文，又查原西安駝一百馬二千，固原甘州寧夏各拴駝一百馬一千，繼有藏事，侍郎色爾圖具奏，西安二千、固原寧夏各增一千，共增拴駝四千仍留外，今藏事已定，馬皆餵養，糧餉多費，如此在軍務地方馬一千六百匹，並合馬三千四百匹，照原旨拴數留馬五千，雖由西寧至柴達木駐驛，由嘉峪關至巴里坤駐驛，每年補馬時雖用此馬酌調，即行補額，餘馬四千三百五十九匹皆停餵，由各處照原停價作價，交布政司庫，錢糧可多省，有用馬之處，亦不致悞，如此應否如此辦理之處，皇父諭示，敬謹遵行裁定，甘州地小，若有軍務，每年至巴里坤運米人等，凡行兵皆過甘涼肅〔註 1549〕地方，需用米豆草，多由別處買，價極昂貴，甘州地方停拴馬匹，其餘應拴馬三千四百匹，西安一千四百，固原寧夏各該拴一千等語，爲此恭摺謹奏請旨。

[344] 遵旨回京請訓摺（康熙六十年十月二十二日）[2]-《卷十九》

奏爲遵旨回京事。

准兵部咨稱，議政大臣議奏，來年進兵，事關至要，大將軍王不親自覲見，面聆聖旨，則難率行等語，照大將軍王請奏來，大將軍王印冊交在彼大臣等看守具奏，奉旨令大將軍王來，印交訥親王納爾蘇，此間策旺阿拉布坦處若有大事，大群隨來，則大將軍王停來，急去肅州，欽此欽遵。十月十八日到臣，將印冊交訥欽王納爾蘇，領子急速於是月二十日由甘州起身，爲此恭摺謹具奏聞。

[345] 達賴喇嘛派使進京叩安派員護送摺（康熙六十年十月二十二日）[2]-《卷十九》

奏爲達賴喇嘛派員進京事。

十月十七日在藏領兵駐守公策旺諾爾布等稟稱，本年七月初一日於布賴蚌寺叩見達賴喇嘛時，達賴喇嘛告稱，我聖主推廣黃教，以應靈異，敬謹勤奮，

〔註 1549〕甘涼肅，指甘州、涼州及肅州三地之合稱。

輔助佛道，每日誠篤從事，本年滿洲聖主六旬大慶之年，我應請聖主萬安，遵旨按照五世達賴喇嘛差遣使臣等語，若去朝見，則遣派使臣喀木布〔註 1550〕、囊蘇，我們仰念奇異聖主之恩，照五世達賴喇嘛請安，差遣使臣去覲靈異君主，敬聆聖意，議定後告達賴喇嘛，達賴喇嘛派喀木布咱木魯布、囊蘇阿拉木巴扎克巴扎木蘇，此初為使臣不可不派人護送，商議派領催齊哩克特伊，遣送與喀木布咱木魯布等去夥人等，另做槍箭起行等語。閏六月二十九日臣咨〔註 1551〕公策旺諾爾布，今我來住甘州，比西寧地遠，你們西藏一切之事，皆報我轉日久，以後你們彼處凡事一面奏聞，一面報我，准此文到以前，策旺諾爾布稟咨此文，是以臣住西寧，侍郎常壽待達賴喇嘛使臣喀木布咱木魯布等至西寧，你照例先行奏聞，奉旨令謹遵辦，咨交行文外，為此恭摺謹具奏聞。

[346] 噶倫康濟鼐前往阿里據稟轉奏摺（康熙六十年十月二十二日）[2]-《卷十九》

奏為據稟轉奏事。

九月二十八日駐藏領兵公策旺諾爾布等稟稱，阿里三盟人等以康濟鼐為噶隆，承辦一切之事，亦有準噶爾人等極為奸巧，伊能之兵咨征阿里，當時甚難完事，康濟鼐留阿里，則行，行群甚力，不能出伊言，若不來，則我們彼此不取所言，不定所住，咨康濟鼐請稟文，康濟鼐仍留藏辦理噶隆之事，或遣回阿里地方之處，請大將軍王指教，交康濟鼐報後。臣策旺諾爾布親領兵住西藏，大臣彼處一切事如何生成，皆知有益，我住地方相離較遠，每事咨詢並辦理，則日久文至，康濟鼐住則事有益，盡言定辦奏聞，交文咨行。十月十七日公策旺諾爾布等又稟稱，本年閏六月初七日康濟鼐領兵駐防那克產，照部咨文翻繕咨送康濟鼐，七月二十四日康濟鼐亦執文差人來至告稱，康濟鼐告大臣等言，我阿里地方之兵，皆指出地方去住，我住那克產地方，兵住妥，暫探信息，若有賊信，則一面告大臣等，一面酌行，無信則我遵旨八月初乘青草往阿里地方去，兵應防哨住之處令住，來年春時來藏辦事，駐驛，閱康濟鼐咨文，我們七月十一日速至折巴那克產，至三月直至戈壁錫綸沙爾追跡，查看準噶爾無跡等語，為此恭摺謹具奏聞。

〔註 1550〕常寫作堪布。
〔註 1551〕此處補咨字。

[347] 據藏員稟中途逃失在押準噶爾喇嘛緝獲半數歸案摺（康熙六十一年二月）[2]-《卷二十》

爲據稟轉奏逃脫在押喇嘛奏聞事。

駐藏領兵公策旺諾爾布等謹稟大將軍王事，先我們因此案，平逆將軍延信咨稱，康熙五十九年十二月初三日台吉策凌扎布〔註 1552〕帶來準噶爾喇嘛洛布臧端岳特、臧布洛布臧拉什等喇嘛五十三人審問，得知他們皆由準噶爾來是實，查先定藏將軍噶爾弼拏獲九十人，亦皆準噶爾喇嘛是實，此地不可留，帶往內地註冊在案、今台吉策凌扎布拏獲帶來洛布臧端岳特等喇嘛五十三人，此處斷不可留，命中途發給口糧，由噶倫等領鈐印憑文，交員外郎阿拉善、唐古忒頭目一名，派兵五十，令陸續解送，是月十五日解送。六十年正月十三日員外郎阿拉善稟稱，準噶爾喇嘛五十三人帶來，正月十一日至阿爾查〔註 1553〕地方，由札木達地方咨來唐古忒凌崩索諾木車凌，領兵五十，罪犯喇嘛等人未及交付，由伊邊來至拉里地方即逃回去，不加阻止，竟棄而去，衆喇嘛等知守兵回去，十二日夜忽共同由阿爾查地方脫逃，次日我親去查看逃走之跡，係往他蘭之路，住阿爾查喇嘛洛布臧薩木魯布、阿旺綽木錯等問得告稱，此路通默珠公噶爾〔註 1554〕、達木、哈拉烏蘇、那克產，是以我住，扎木達第巴達他等聲明喇嘛脫逃情由，行文嚴行查拏，未逃喇嘛伊什扎木蘇我去親領回藏，此情由稟知大臣等語，是以我們一面向府蘇珠克圖等在哈拉烏蘇地方拏獲，一面交噶倫等嚴行查拏，由三月楊津、扎什倫布地方陸續拏獲帶來洛布臧薩木坦、洛布臧策當、洛布臧達什、洛布臧索諾木、伊什丹津、洛布臧元端、伊什薩木坦、洛布臧端岳特、伊什克伊魯布、洛布臧盆蘇克、洛布臧索諾木、洛布臧巴拉丹、伊什巴拉珠爾、洛布臧西拉布、洛布臧薩木坦、洛布臧西拉布、噶布楚伊什哩克湍，拉木扎布巴洛布臧達爾扎、洛布臧拉什、洛布臧巴拉珠爾、洛布臧雅木必、洛布臧踹拉克、洛布臧拉木濟、格隆洛布臧薩木坦、伊什扎木蘇、伊什嘎拉臧、洛布臧丹津，二喇嘛病故，現有洛布臧薩木坦等喇嘛二十五人等脫逃情由，並尙未拏得喇嘛等現在何處，一一分晰，威嚇查問。一律供稱我們冬時大冷，不能步行，共商議暫離患難，

〔註 1552〕疑爲《蒙古世系》表三十八所載顧實汗圖魯拜琥長子達延鄂齊爾汗之孫車凌，其父索諾木袞布。

〔註 1553〕今西藏嘉黎縣阿扎鎮阿扎村。

〔註 1554〕《大清一統志》（嘉慶）卷五百四十七作墨魯恭噶城，《欽定理藩院則例》（道光）卷六十二作墨竹，達賴屬中等宗之一，宗址位於今西藏墨竹工卡縣。

脫逃是實，並無別故，我們逃時不走一處，各尋地方行走，其餘喇嘛等不知在何處，我們已被獲，敢不實告等語。查問員外郎阿拉善，你專解送罪犯喇嘛之人，理宜在途謹慎，嚴加管束，你若嚴管，何致中途脫逃。阿拉善供稱，我由藏起身，中途守隨頭目、唐古忒兵夜睡熟，我親查詢，至阿爾查地方，他們知阿爾查地方無人，由扎木達送來喇嘛兵丁等即棄去，我與索諾木車凌等至拉里地方始換你們，此處無人，你們如何可去，雖加勸阻，知我獨身，他們皆強行向我反抗，你何說我們未解送那邊，我們原定來至阿爾查地方回去，此我們地界，他們人有無，我們無計，並未送，皆不聽我言，強行回來，無法我令我家人夜哨探看守，家人步行乏倦睡熟，衆喇嘛棄守兵回去，致皆脫逃，然皆我昏憒所致，我何供說。問唐古忒頭目凌崩索諾木車凌、兵達木林旺楚章新、阿呢瑪爾、索諾木拉布坦、綽木濟岳、扒穆車木波爾等，你們專解送罪犯喇嘛之人，你們理宜彼此交代再行，你們並不交付，又不聽員外郎阿拉善之言，即私棄重犯喇嘛以致脫逃，可說無故縱犯，應加詳供，一一分晰，威嚇查問。一律供稱，喇嘛等咨送來至我們地方，至阿爾查地方，我們定無越界行之例，我們小唐古忒等似此不知律例，故未交付，並無別故，私棄回來，我們應死罪，有何供處等語。反復查審，並無別故，奴才我們所言，唐古忒頭目索諾木車凌、兵達木林旺楚章新等五十人供，時罪犯喇嘛等由他們地邊至阿爾查地方，不知律例，並未交付阿爾查人，員外郎阿拉善阻止，又不聽說，應改拉哩地方未至，強行反抗，喇嘛等知無人承領，乘勢竄逃他方，殊屬不合，索諾木車凌等理應治以重罪，惟聖主復定土伯特使衆安逸，若殺則不合聖主仁慈之意，索諾木車凌交噶倫等另當苦差，送去達木林旺楚章新等五十兵等各責一百鞭。員外郎阿拉善供，時雖中途勤慎管理，至阿爾查地方送來，未交唐古忒頭目，不聽言說，強行棄回，理宜力阻喇嘛等不致脫逃，並不力阻，令家人看守，致使脫逃，阿拉善理應議處，惟阿拉善部員，現獲得喇嘛二十五人，仍交解送，至後如何查議之處，請大將軍王定奪。此喇嘛等仍交唐古忒等解送，則途中難測不再逃脫，茲派松潘鎮千總楊玉賢，兵十五，共三十兵，千總各派一名，員外郎阿拉善一齊解至成都，八月二十六日起身，尚未獲得伊什達雅、伊什根敦等喇嘛二十六人，仍交噶倫等咨行各處查拏，獲得再行解送，此喇嘛送去綠旗兵至成都又來，費君主錢糧，致官兵亦苦，送去官兵，令止咨回，該總督巡撫提督等知道行文外，爲此謹具稟聞，據此恭摺謹奏。

[348] 代青海王台吉等差人謝恩摺（康熙六十一年五月初六日）[2]-《卷二十》

奏爲代青海王台吉等謝恩事。

臣四月十九日准安縣屬太平莊安營之日，送賞青海王台吉等物，差侍衛扎什至，告稱扎什我於正月十九日由西寧起身，親王羅布藏丹津二母福晉、郡王查罕丹津、貝勒阿拉布坦溫布、額爾德尼額爾克托克托柰、洛布臧查罕、色布特扎爾、盆蘇克旺扎爾、貝勒畢賀旺舒克阿拉布坦〔註 1555〕之母查罕達拉〔註 1556〕、貝子阿拉布坦〔註 1557〕、丹鍾〔註 1558〕、拉查布、丹準〔註 1559〕、巴拉珠兒〔註 1560〕、阿拉布坦扎木蘇、公諾爾布盆蘇克、車凌、阿拉布坦扎木蘇、嘎拉丹達什、濟克濟扎布、丹津、達什端多布、端多布達什、台吉吹拉克諾木齊之妻、扎薩克頭等台吉格勒克、阿拉布坦、扎薩克頭等台吉畢賀那木扎爾〔註 1561〕之孫那罕伊什〔註 1562〕、台吉蘇爾咱之妻長瑪爾、額爾德尼濟農、散秩大臣車凌扎布〔註 1563〕等人之家，一一出來，各自跪迎，請聖主安，咨送大將軍王鹿尾黃魚小刀荷包等物，皆照飭告知情由，信書一併交給親王羅布藏丹津二母福晉、郡王查罕丹津等。王貝勒貝子公台吉等皆跪稱不勝喜悅，叩告聖主我們皆固什汗子孫，屢蒙仁慈，皆優封王貝勒貝子公，極爲尊榮，屢施厚恩，養育我們，世奉達賴喇嘛呼畢勒罕厚恩養育，準噶爾策旺阿拉布坦暗遣兵毀我們祖父所立黃教，殺拉藏汗，使土伯特衆生受難，聖主推廣黃教，使衆生安逸，我們奉喇嘛尊封達賴喇嘛，大將軍王阿哥總理大兵，自古以來兵未至有瘴氣地方，擊殺準噶爾賊敗去，令達賴喇嘛坐牀，復廣黃

〔註 1555〕《蒙古世系》表三十七作旺舒克喇布坦，貝勒達顏之子。

〔註 1556〕第五十一號文檔作察罕達喇，第六十五號文檔作察汗達拉，第九十九號文檔作察罕達喇。

〔註 1557〕顧實汗圖魯拜琥第二子鄂木布曾孫，父額琳沁達什，祖墨爾根台吉，《蒙古世系》表三十六失載。

〔註 1558〕此貝子丹鍾爲顧實汗後裔，《蒙古世系》表三十九作丹忠，顧實汗圖魯拜琥第五子伊勒都齊曾孫，父根特爾，祖博碩克圖濟農。

〔註 1559〕此貝子丹爲土爾扈特貝子，《蒙古世系》表四十七作丹忠，阿喇布珠爾之子。

〔註 1560〕即貝子巴勒珠爾阿拉普坦，顧實汗圖魯拜琥第二子鄂木布孫，其父納木扎勒。《蒙古世系》表三十六失載。

〔註 1561〕待考。

〔註 1562〕待考。

〔註 1563〕疑爲《蒙古世系》表三十八所載顧實汗圖魯拜琥長子達延鄂齊爾汗之孫車凌，其父索諾木袞布。

教，救閤唐古忒喇嘛等衆生，使各安業，聖主此復生成之厚恩，我們感激如何報答，大將軍王阿哥將〔註 1564〕我們兵去人等奮勉，妥爲具奏聖主，又慈思我們老婦等衆台吉等，由遠地專差侍衛，聖主王阿哥施恩，賞我們極好之物，垂問我們好，不勝感激，我們喜之不盡，惟求聖主萬萬歲福，在天佛前禱叩外，實無可言，照大將軍王阿哥信，駐藏兵若有前後換行之處，我們得儘力輔助口糧馬牲口，各合掌叩謝。郡王查罕丹津告稱，我自幼最好鷹犬，將軍王阿哥特合我意，恩賞奇白海青至好，我不勝喜悅，此亦聖主待我至仁，知王阿哥特賞此鷹，無日夜置在我面前，每見聖主之恩，感激恩惠及大將軍王阿哥仁慈等語。扎什又告稱，我由西寧起身來，四月十七日代堯地安營之日侍郎長壽咨我，令郡王代青霍紹齊查罕丹津咨送京城具奏時，奉諭旨，領侍衛扎什來此間，若又借端不來，則停止，欽此欽遵，咨行我等語。是以令侍衛扎什帶代青霍紹齊查罕丹津追去穆綸地方，遣回西寧，爲此恭摺謹具奏聞。

[349] 青海親王羅布藏丹津在藏不服水土其母福晉稟請回牧侍養請旨摺（康熙六十一年五月初六日）[2]-《卷二十》

奏爲請旨事。

臣五月初三日在高家堡〔註 1565〕安營之日住西寧侍郎長壽稟稱，青海親王羅布藏丹津二母福晉、諾彥噶隆差扎爾固齊孟霍代稟呈大將軍王內稱，上年秋親王羅布藏丹津差侍衛固木布扎木散等稟呈大將軍王緣由，大將軍王派人住藏極是，以善言飭諭，今聞得藏地高，隨去齋桑侍衛等病故者多，領去牲口口糧皆完，王羅布藏丹津不服地方水土，我們依二位七十歲老婦爲生，此獨子極想不能忍，伏乞大將軍王仁慈，轉奏聖主，如何速喚來，特降聖旨，速應滿我們年老二老婦之欲，合掌稟請等語。長壽咨文諾彥格隆扎爾固齊蒙霍代，你們二福晉稟呈此文，若王羅布藏丹津由藏地有信呈否，或稟二福晉之意否。據稱我們二福晉皆已七十歲，極想子，不能忍，他們稟請大將軍王仁慈，我們王並未由藏地來信等語。長壽語〔註 1566〕諾彥格隆等先你們王由藏地差侍衛固木布扎木散等在大將軍王前執伯勒克，稟呈請訓，大將軍王飭示你們王並非別王，如台吉領兵回來，感皇父之恩，又思伊父之訓，伊領正兵與內兵一同駐守西藏極是，若營無主，回來不合，你們王照飭遵駐守藏地，

〔註 1564〕此處補將字。

〔註 1565〕位於陝西省神木縣高家堡鎮。

〔註 1566〕此處補語字。

今我們將軍大臣等尚駐守藏地，你們青海人等豈可棄來否，二老人想子亦有，惟軍機之事，關係重要，你們回去我言通告福晉，當停稟，此文咨行。二福晉又差達拉哈阿木綽特告稱，我們二福晉之言，侍郎勸言極是，惟我們二老皆七十歲，倚靠爲生，極想此一子，稟文由侍郎處，請必速呈大將軍王，是以親王羅布藏丹津二母福晉爲子稟請之事，如何之處，請降諭旨，敬謹遵辦，爲此恭摺稟呈，原蒙文一件，謹奏。〔註 1567〕

[350] 涼州總兵官李鍾岳請入川籍應否具奏請旨摺（康熙六十一年六月初九日）[2]-《卷二十》

奏爲請旨事。

本年六月初一日臣在涼州安營之日總兵官李鍾岳稟稱，我原西寧人，今離任理宜回歸西寧，惟我先父額齊克同去四川軍營時，我父額齊克、兄皆陣亡，在成都府立有墳塋，即在彼處安家，現西寧地方並無產業，請入四川民冊，居住四川地方，稟呈等語。李鍾岳應否入四川民冊之處，有地方定例，臣領兵來不干地方之事，皇父准効力奮行慈憫舊人等，你請入四川民冊之處，稟呈地方大臣等轉奏，皇父惻隱仁慈，對你施恩亦不可知，給回伊稟文後，李鍾岳又稟呈，凡提督總兵官往他省去住，或伊奏請離任，或聲請遺奏情由，我目疾之處，由總督年羹堯具奏離任，我今無具奏之責，大將軍王若不代奏，我將終不能遠達聖聽，請大將軍王轉奏，我自幼受聖主之恩，洊至總兵之任，今因目疾離任，又得往四川去，骨肉一處生活，死埋先人墳塋，則我自始至終受聖主之恩，我父額齊克九泉下亦將感激，至我子孫世代受聖主無窮之恩，再三稟請，李鍾岳所請之處，臣應否具奏，請皇父降旨，再行遵行，爲此恭摺謹奏。

[351] 撤回綠旗兵二千名摺（康熙六十一年七月初三日）[2]-《卷二十》

奏爲撤兵事。

六月二十九日准兵部咨稱，總督年羹堯奏撤住防肅州沿山綠旗兵二千，由河北議奏，奉旨適覲見大將軍王奏無事撤兵，不識此兵是否准由大將軍王處撤行，尚不及撤，欽此欽遵，咨行到臣。我先撤，奏請覲見，即此綠旗二

〔註 1567〕豐培按，此摺極爲重要，因羅布藏丹津當入藏時參加官兵行列，共擊準噶爾時即表現觀望不前，已見前卷，今又假托其母年邁，有盼子速歸之請，足見其早懷異志，故乘康熙帝逝世之際，即於雍正元年叛亂，則此奏請，亦爲陰謀的步驟，《聖祖實錄》未載，更覺此件可貴了。

千，〔註 1568〕兵部文到，謹遵諭旨，此兵皆咨回各處，交署提督范士傑等外，亦咨行總督年羹堯知之，爲此恭摺謹具奏聞。

[352] 涼州總兵官李鍾岳再請入川籍據稟轉奏摺（康熙六十一年七月初九日）[2]-《卷二十》

奏爲據稟轉奏事。

涼州總兵官李鍾岳稟稱，我原西寧人，今離任理宜回歸西寧，惟先父額齊克同去四川軍營，我父額齊克兄皆陣亡，在成都府地方立有墳塋，即在彼處安家，現西寧並無產業，我請入四川民冊，居住四川地方，例凡提督總兵官等在他省去住，或奏請離任，或聲請遺奏情由，適總督年羹堯查冊來時我稟呈目疾離任，今無具奏之責，請大將軍王代奏。我由一小兵，蒙聖主之恩，洊擢至總兵之官，聖主重厚之恩，毫不能報，今離任幸得四川去住，骨肉一處生活，死則得入先人墳塋，我自始至終受聖主之恩，我父額齊克九泉之下感激，至子孫世代皆得受聖主無窮之恩，再三泣請稟呈，爲此恭摺謹具奏聞。

[353] 萬壽入覲請旨摺（康熙六十一年九月十九日）[2]-《卷二十》

奏爲入覲請旨事。

來年皇父七旬聖壽，超古大慶典禮，天下滿蒙漢並凡入圖冊人等無不歡悅，雖絕域外國人等，亦無不歡悅。爲臣子者逢此盛典，仰瞻天顏，晉叩萬萬歲大慶之意，尤不能止。上年各路將軍大臣等盡飭咨京城，本年選兵修齊器械，今吐魯番巴里坤等處進大兵鎮守極固，征入〔註 1569〕時挽隨米糧，總督年羹堯等皆令急運。惟現冬時無行走處，臣在甘州閑住，臣帶子洪舒〔註 1570〕，不用驛站，照上年騎備用馬牲口，於年前趕至京城，仰瞻皇父聖顏，與衆兄弟等同叩萬萬歲大慶，恭候聖旨，再行奮勉趕行，斷無躭延，特奏請皇父之恩允。此處訥欽郡王納爾蘇、公三官保、都統楚宗、宗室海山、溥奇、將軍宗扎布、散秩大臣奇木拜〔註 1571〕、拉新，護軍統領五十八、副都統阿林保、和世痕〔註 1572〕、阿爾恩、倭米達〔註 1573〕等亦

〔註 1568〕此句之意爲我先前入覲時奏請所撤兵即此二千綠旗兵。

〔註 1569〕原文作人，今改爲入。

〔註 1570〕《平定準噶爾方略》卷七頁十九作前鋒統領弘曙，清聖祖第七子胤祐之子。

〔註 1571〕《欽定八旗通志》卷三百二十四作蒙古鑲藍旗副都統欽拜，康熙五十三年十月任。

〔註 1572〕《欽定八旗通志》卷三百二十一作滿洲正黃旗副都統宗室赫世亨。《平定準噶爾方略》卷六頁十三作副都統宗室赫世亨，清太祖努爾哈赤長子褚英後裔。

各皆仰瞻皇父聖顏，去叩萬歲大慶，印冊交何人看守，由何人帶之處，請皇父指示，爲此恭摺謹奏請旨。

[354] 都統阿爾恩病故所遺柴達木缺請旨指派摺（康熙六十一年十月十一日）[2]-《卷二十》

奏爲請旨事。

本年九月十七日都統阿爾恩〔註 1574〕患痰氣病，班長阿齊圖等來請醫藥，軍營民醫生藥方一併呈到，臣住西寧，侍郎長壽就近看視，由西寧地方請好醫生，對病用藥，交令速咨。十月初十日班長阿齊圖等稟稱，都統阿爾恩病勢漸增，九月三十日未時病故，此柴達木地方嘎斯要路，無首領辦事之人，由大將軍王處請令咨送一大臣等語。臣令〔註 1575〕班長阿齊圖、護軍章京神保〔註 1576〕、巴雅爾圖、常明，此間你們四人同商，令管兵辦事，遠遠放哨探信妥防，不可輕急，交令行文外，繕列現在甘州大臣等名具奏，都統楚宗、西安將軍宗扎布、護軍統領五十八、副都統阿林保、副都統和世痕、副都統阿爾恩、副都統倭米達等人內，請皇父指派一人，降旨後速急起身，咨行柴達木地方，爲此恭摺謹奏請旨。

[355] 策旺阿拉布坦派員踹那木喀等進京派員護送摺（康熙六十一年十月二十七日）[2]-《卷二十》

奏爲奏聞事。

十月二十一日准兵部咨稱，康熙六十一年十月十一日乾清門頭等侍衛拉什傳奉諭旨，告議政大臣等，總督年羹堯奏〔註 1577〕策旺阿拉布坦差人至，向〔註 1578〕來人等問策旺阿拉布坦地方情形，奏摺，由當色爾騰等處離策旺阿拉布坦有五十里，由喀拉沙爾過達蘭嶺，又走烏那哈嶺，由伊犁、奎吉斯、特格斯地方之名錯悞。由嘎斯地方至伊犁，不過有一二千里，至多五千里，何處常走，年羹堯所問不明，咨行年羹堯，伊差守備馮雲鍾，貝子丹鍾使臣齋桑吉蘇爾，策旺阿拉布坦使臣踹那木喀此三人速急馳驛，咨行大將軍王，由

〔註 1573〕《欽定八旗通志》卷三百二十四作鄂密達，蒙古鑲紅旗副都統。

〔註 1574〕《欽定八旗通志》卷三百二十一作滿洲鑲黃旗都統阿勒納。《平定準噶爾方略》卷五頁二十作都統阿爾納。

〔註 1575〕此處補令字。

〔註 1576〕《平定準噶爾方略》卷五頁二十一有護軍參領神保，疑爲此人。

〔註 1577〕此處補奏字。

〔註 1578〕此處補向字。

大將軍王處派明妥人來京城，路途問明來路。踹那木喀一齊來人未開有來人，亦令與來，繕此旨，閱奏速咨，欽此欽遵，咨行等語。總督年羹堯伊查巴里坤米糧之處，告臣來甘州，是以即交年羹堯帶去使臣等，本月二十六日臣令使臣進見，次日策旺阿拉布坦使臣踹那木喀隨來四人，守備馮雲鍾，把總李應龍，齋桑吉蘇爾等皆馳驛，交辦理官鍾佛保向京城起身外，爲此恭摺謹具奏聞。

[356] 撫遠大將軍胤禎奏報各部進物問好等情形摺[1]-4114

臣胤禎謹奏，爲奏聞事。

竊臣統兵於四月二十二日自西寧起程，營於申中〔註1579〕地方。是日塔爾寺坐牀席呼圖達賴諾門汗〔註1580〕親自前來，向臣問好，並進俐瑪宗喀巴佛一尊、俐瑪諾渾達喇俄格佛一尊、文珠菩薩佛一尊，舍利一個佛龕一個黃紅香二十把，白唵叭香黑唵叭香十一包，珊瑚數珠四串白珊瑚數珠一串，贊丹數珠二串，貂皮五張，花翎一把，氆氌十八塊，馬十匹，以賀出征。臣取其香，給緞一疋，餘物俱卻之，飲之以茶，而後遣回。二十七日營於和爾河地方。是日〔註1581〕貝勒色布特恩扎勒〔註1582〕親自前來向臣問好，並以其從巴爾卡木〔註1583〕等地唐古特人所得上等貢品，進牛二十頭羊一百隻，皆納之，給蟒緞一疋緞一疋，飲之以茶，而後遣回。是日管理達賴喇嘛商上之堅贊堪布〔註1584〕親自前來向臣問好，進馬十匹羊一百隻。因堅贊堪布捐馬匹牲畜於達賴喇嘛，故皆未納卻之。二十九日營於哈濤地方，是日東果爾寺東果爾呼

〔註1579〕即今青海省湟源縣申中鄉一帶地區。

〔註1580〕原文作席呼圖達賴諾門汗，今改正爲席呼圖達賴諾門汗，此人爲察罕丹津之侄，《蒙古世系》表三十九失載，《如意寶樹史》頁七九〇後表四載其名阿其圖諾門罕，父名巴布，亦可參見《乾隆朝內府鈔本《理藩院則例》》頁一二八。

〔註1581〕原文作日是，今改正。

〔註1582〕準噶爾部遊牧於青海者，《蒙古世系》表四十三作色布騰札勒，準噶爾部巴圖爾渾台吉孫，其父卓特巴巴特爾。

〔註1583〕常寫作巴尔喀木、喀木，清時期西藏分衛、藏、喀木、阿里四部。《大清一統志》（嘉慶）卷五百四十七載，喀木，在衛東南八百三十二里，近雲南麗江府之北，東自鴉龍江西岸，西至努卜公拉嶺衛界，一千四百里，南自噶克拉岡里山，北至木魯烏蘇南岸，一千七百里，東南自雲南塔城關，西北至索克宗城西海部落界，一千八百五十里，東北自西海部落界阿克多穆拉山，西南至塞勒麻岡里山，一千五百里。

〔註1584〕第五十九號文檔作佳木贊堪布。

圖克圖〔註1585〕遣其沙彌第咱格隆來進牛五十頭，納之，給蟒緞一疋，而後遣回。五月初二日營於格德爾古布拉克地方，是日原台吉阿旺吹木波勒〔註1586〕之妻綽克賴納木扎勒攜其子台吉車凌敦多布前來，向臣問好，進馬五匹駝二峰。據伊告稱，我屬德爾格特部唐古特，皆居木魯烏蘇河下游，欲由此處派寨桑等，於六月二十日之前趕來膘肥馬一百匹，牛五百頭，以獻大將軍王，望惠納，以賞兵丁等語。將其所進馬駝皆卻之，並謂之曰容我行抵木魯烏蘇後，酌情納之，乃設帳於營外，令綽克賴納木札勒及其子就座，遣侍衛章京以茶餅果子款待，而後遣回。初四日營於穆壘巴爾虎地方，是日原郡〔註1587〕王額爾克巴勒都爾之妻福晉達西納木扎勒親自前來向臣問好，進氆氌二塊黃紅香二把馬二匹，納其香，給餅二匣，馬匹氆氌皆卻之，設帳於營外，令福晉達西納木扎勒就座，遣侍衛章京照看飲茶，而後遣回。初六日營於穆壘查查兩路會合處，是日親王羅卜藏丹津之庶母福晉阿勒泰遣扎薩克台吉品級台吉格勒克，向臣問安，進駝二峰馬二匹金六兩奶餅一袋裝碗荷包一個厄魯特荷包二個哈密瓜乾一堆、謨羅爾鹽一塊、薩喇布齊連荷包一個，台吉格勒克之駝一峰馬一匹，福晉阿勒泰之女格勒克之妻阿寶之素珠一串火鐮荷包一個，納福晉之駝二峰、奶餅、謨羅爾鹽、薩喇布齊、裝碗荷包、厄魯特荷包，格勒克妻之火鐮等，給阿勒泰福晉綢緞五疋餅二匣，格勒克妻餅一匣，餘物皆卻之，並設茶給台吉格勒克飲畢，遣回。初七日原貝勒達顏之妻福晉玉木楚木〔註1588〕、察干達喇〔註1589〕遣其名羅卜藏扎木巴者，向臣問好，進馬二匹，因馬羸瘦，未納卻之。初九日營於博爾特克地方，是日察干諾門汗〔註1590〕親自前來向臣問安，進紅香五把喀齊地方之棗一包，拉固爾巴克布林碗一個，厄魯特小刀一把回子小刀一把馬一匹，納其香，給餅二匣，設茶飲畢遣之回，爲此繕摺謹奏以聞。

〔註1585〕東果爾寺今名東科爾寺，原位於湟源縣城東，今位於青海省湟源縣日月鄉寺灘村，清代爲祭青海湖後西寧辦事大臣與蒙藏二族王公千百户會盟之所。

〔註1586〕《蒙古世系》表三十七作噶爾車木伯勒。

〔註1587〕原文作君，今改爲郡。

〔註1588〕第五十一號文檔作育木楚木，第九十九號文檔作岳木楚木。

〔註1589〕第五十一號文檔作察罕達喇，第六十五號文檔作察汗達拉，第九十九號文檔作察罕達喇。

〔註1590〕指第三世拉穆活佛羅桑丹貝堅贊，曾學經於哲蚌寺郭莽扎倉，清康熙二十一年於今青海省尖扎縣建德千寺，爲七世達賴在塔爾寺出家時之堪布與經師。

[357] 撫遠大將軍胤禎奏報侍衛射斷兔之雙耳摺[1]-4117

竊臣率衆侍衛步獵時侍衛阿勒哈禪射斷一兔雙耳，據臣聞得前於西路軍，新滿洲侍衛吳勒胡亦射斷兔之雙耳，彼次建功，其子現襲托沙喇哈番〔註 1591〕等語，今侍衛阿勒哈禪射斷兔之雙耳，想必亦極喜慶之事，爲此奏聞，以慰皇父。

硃批，知道了。

〔註 1591〕漢名雲騎尉。

附錄一　清聖祖諭旨十九篇

[1] 康熙帝上諭一紙[1]-3844〔註1〕

今策妄喇布坦邊務於我方甚為順利，敵方已窘迫離散矣，爾等不可輕視此機，惟糧餉甚要，倘不耽擱，至來年秋季，事即成功等因思之，此間能輕易蕆事更好，惟不得策妄喇布坦處之實情，經議命爾速差遣人，其間若獲明確消息，或生別事，亦明白具奏，止之為妥。

[2] 康熙帝諭獲西藏消息[1]-3845〔註2〕

爾等所奏之事相隔數日，藏雖平定，又欲聞西地消息，甚急盼之，今因商茶升市，來往行人必多，將可獲聞大量消息，爾仍取信，以小摺奏報，即使稍有差錯，嗣後奏摺內銷除即完事矣，再先前班禪之商人前來，爾曾遣至西寧，將此勿忘，速行交易，我方土司民人情願前往之人，共同遣之，我方又獲消息矣。

[3] 康熙帝上諭一紙[1]-3853〔註3〕

朕之此處漸熱，據聞西寧地方涼爽，未知如何呢，今正值執扇之際，爾既繕文又好，特較多送之，或繕寫賜給，或請人時賜給之處，由爾酌情，爾文前來之際，前往托爾河捕得之魚運至，增撒食鹽，以防霉變，寄送之，再西寧地方田禾獸鳥菜果時令寒暖，地方習俗又如何呢。此等情形，既然爾抵至久矣，日常之事，乘便寄信，朕欲聞之。

〔註1〕此諭旨見錄於本書第三三八號文檔《厄魯特侵犯土魯番擊退準部內有不和訊摺》（康熙六十年九月二十八日），可知此諭旨之日期。

〔註2〕此諭旨見錄於本書第二三六號文檔《撫遠大將軍胤禎奏為通過貿易獲取消息摺》（康熙五十九年十一月二十日），可知此諭旨之日期。

〔註3〕此諭旨見錄於本書第六十三號文檔《胤禎奏報收受御賞物件及西寧鳥獸花類摺》（康熙五十八年六月十三日），可知此諭旨之日期。

[4] 康熙帝上諭一紙[1]-3856〔註4〕

此次自西地所出之衆，雖來京城數人，言者不一，爾詳盡詢問，逐一詳查，秘密繕書奏聞。

[5] 康熙帝上諭一紙[1]-3858〔註5〕

爾等此隊需牲畜甚多，再依此情形何以能行，務甚愛惜牲畜，事方成功，此畜仍攆至西寧餵養，有利於國需，關係甚大，務應勤勉，同心効力，不重視牲畜，或以爲官賜之也，胡亂宰殺，此可謂便宜乎，應甚勤勉。

[6] 康熙帝上諭一紙[1]-3859〔註6〕

朕體多年未有如此氣色好、寢食安善，飭爾之要事，已出一年矣，爾所差之人，朕均接見遣之，伊等或告否，爾惟放寬心，勤勉効力交付之事，爾等所奏之事，候人到來，議畢之後遣之，現因部文前往，裝爾之匣內小包，有自盛京新到之數件作爲信，遣送之。

[7] 康熙帝硃諭一紙[1]-4116〔註7〕

去年曾賜去保心石數萬丸於進兵人等，想必均已用完，問前來之人言甚有稗益等語，是故又已製送賞給，再者在此處之李姓道士之符，於百病頗有禪益，故令製作萬張，寫明適宜引子送去，再李道士言凡有法之人，若有興雲作霧之項，用生過女兒之高堂嫂，則無對手等語，又言行軍之地，如不得之，以陳醋塗於箭矢而射，則無所不摧等語，此雖皆小事，然行軍之人不可不知，又稟稱軍中如有瘟疫等，薰死人腦骨則好等語。

[8] 康熙帝上諭一紙[1]-3691〔註8〕

聞王患病，深爲軫惻，著即遣滿喇木巴喇嘛同伊等乘驛速往，王一向喜食蘿蔔、掛麵，照前包裝乾淨，一同帶去，理藩院領催、筆帖式任派一人帶往。

〔註4〕此諭旨見錄於本書第五十七號文檔《胤禎密奏額倫特陣亡之戰役詳情摺》（康熙五十八年五月十二日），可知此諭旨之大概日期。

〔註5〕此諭旨見錄於本書第一六九號文檔《撫遠大將軍胤禎奏爲遵訓諭愛惜馬畜摺》（康熙五十九年五月二十一日），可知此諭旨之日期。

〔註6〕此諭旨見錄於本書第一二七號文檔《胤禎奏爲皇父賞克食謝恩摺》（康熙五十八年十二月十一日），可知此諭旨之日期。

〔註7〕此諭旨見錄於本書第一六一號文檔《撫遠大將軍胤禎奏謝賞藥摺》（康熙五十九年四月二十二日），可知此諭旨之日期。

〔註8〕本書第二二三號文檔《撫遠大將軍胤禎奏爲調軍情形摺》（康熙五十九年九月二十八日）言及自己及其侄子均感不適，此諭旨應即清聖祖因此而發者。

[9] 康熙帝上諭一紙[1]-3693

此議自始至終皆甚不合理，無一處符合朕意，看樣子二蒙古王有密奏之意，故所議所奏似在應付差事耳。

[10] 康熙帝轉發侍衛喇錫等呈文[1]-3701〔註9〕

侍衛喇錫、尚膳總領史家寶呈文大將軍王。

本月十三日奉旨，烏拉、盛京所進鰉魚著分七馱子送交王，此非到西地之物，倘到即散給，忽然間就完，著該管者小心收存，使與阿哥等慢慢品嘗，再青海人若至，將糖量賞之，欽此欽此欽遵。寫明呈上。

[11] 康熙帝諭勿惦念家事[1]-3846〔註10〕

爲爾家嫁娶喜事，均已妥善辦成，切勿惦念家眷，惟人心甚要，此晝夜存心。

[12] 康熙帝諭朕躬安善[1]-3848〔註11〕

今年朕體甚爲康復，先年戒食冷物，今日照常食之，業已無庸用藥，京畿無事，麥子普遍豐收，田禾今甚暢茂，雨水調勻。

[13] 康熙帝上諭一紙[1]-3849〔註12〕

由朕之口斷不出言爾辛勞，思念爾之詞語，有事之際，正値爲臣子者理應捨身報效之時，今獲効力之機，乃宜歡忭矣，他語何用。父母體均安康，朕略知養身之道，不僅去除舊病，且自去年以來未服一付藥，腹業已不動，腿腳甚良好，上炕邁臺階不必人扶，乘馬不用鐙，每日於院周圍放鷹，爾所差之人均已見之，惟爾何以相信，惟因日久，年尚近矣，朕原繫之腰帶連同各種物品，經朕親手裝而遣之。

〔註 9〕此諭旨見錄於本書第一三〇號文檔《胤禎奏爲皇父賞魚謝恩摺》（康熙五十八年十二月二十八日），可知此諭旨之日期。

〔註10〕此諭旨見錄於本書第七十九號文檔《胤禎謝恩摺》（康熙五十八年七月初九日），可知此諭旨之日期。

〔註11〕此諭旨見錄於本書第一九一號文檔《撫遠大將軍胤禎等請安摺》（康熙五十九年六月二十九日），可知此諭旨之日期。

〔註12〕本書第一三五號文檔《撫遠大將軍胤禎奏賀萬壽吉日進物摺》（康熙五十九年二月初四日）清聖祖於胤禎之請安硃批曰，朕體較往年迥異，不可比矣。氣色飲食行走爾太監親見，朕勿庸多寫，以令遠方爾心寬，此摺内不可繕寫之事物，書於另紙。此諭旨似即此處所言書於另紙之諭旨。

[14] 康熙帝上諭一紙[1]-3850

朕之白髮鬍鬚業已變黑，此爾勿告人，惟牙損壞。

[15] 康熙帝上諭一紙[1]-3851〔註13〕

朕會與議政詳議遣之，爾等又了結心願，應前後諸事謀議，朕稍惦念者乃所有官兵之心，願依原出征効力否，去年稍有損傷，心平靜否，爾將此詳盡明白密奏，又爾等隊伍之大臣等似稍有不睦。

[16] 康熙帝上諭一紙[1]-3852〔註14〕

倘有所需之物，務寄信，緊急送之，不寄信祈請皇父，可謂思念之乎，朕原聞之氣高之處人參品佳〔註15〕，若用則寄信。

[17] 康熙帝上諭一紙[1]-3854

此奏摺內未繕抵達何處，自何處具奏。

[18] 康熙帝上諭一紙[1]-3855

朕親書與議政所議之事甚要，朕此處概議稱是，爾等既然倚靠地方，多加詳查，一旦行動，即議有利而行。

[19] 康熙帝上諭一紙[1]-3857

二次邸報彙遣之，爾等彼處雖無事，勿越二十日，將所見所聞，乘請安之便，務必寄信，朕甚惦念遠方。

〔註13〕本書第一三六號文檔《撫遠大將軍胤禎奏查大臣內不睦等事摺》（康熙五十九年二月初九日）胤禎奏報軍內兩大臣稍有不睦情形，故可知此諭旨之大概日期。

〔註14〕此諭旨似即本書第七十一號文檔《胤禎等請安摺》（康熙五十八年七月初二日）所奉之硃批諭旨。

〔註15〕此句意爲人參於地勢高處之地甚有益處。

附錄二　清世宗即位與胤禎返京被囚之資料

[1] 輔國公延信密奏遵雍正帝旨收繳胤禎奏書及硃批諭旨摺（康熙六十一年十二月二十一日）[1]-3658

輔國公臣延信密奏，為欽遵諭旨事。

延信宿住舉羅之日奉上諭，爾到達後，爾將大將軍王之所有奏書，所奉硃批諭旨均收繳，封閉具奏送來，倘將軍親自攜來，爾速陳其由，於伊家私書到達前密奏，倘爾稍有怠懈庸懦，使其觀家書而未全解送，朕則怨爾，途中若遇大將軍，此情萬勿被發覺，惟爾抵達甘州前，稱諭旨趕到，盡告彼處大臣等，爾抵達後即收領印信，掌權之後再行，此間事甚機密，爾之所有密奏文書，以大將軍有奏書之匣鑰匙，爾傳旨取用，若平常具奏，則普通封奏，札克丹等、太監等若強推諉謊稱將軍親自攜來，即行執拏，一面具奏，欽此。欽遵施行外，奴才於十二月初六日宿建安堡，是日大將軍王宿榆林，翌日初七日經雙山堡途中會大將軍王，見之下驟執手痛哭，我勸之進入店鋪，突然詢我，皇父何病，此事作夢亦未料到，有如此之例乎，痛哭不止。我告之，我等查倉完竣，十一月初六日前往海子具奏，是日我等俱面見皇上，主子面諭，詢問倉務，久議方散，是日主子氣稍虛，臉亦消瘦，翌日即入暢春園，我等八旗大臣等相約，初十日往請主子安，奉旨，爾等再勿前來，從此我等再未前往，十四日我等方聞之，各自前往，此事確不是夢。大將軍王一再哭泣，經我勸慰後啓程，我亦前來，初八日於榆林附近會見前鋒統領阿哥〔註1〕，

〔註1〕指弘曙，清聖祖第七子胤祐之子。

亦照此稟告，延信我於本月二十日宿涼州，聞大將軍王之小福晉等，俱於此臘月初五日經涼州前往京城，降旨內稱於伊之家書到達前密奏，延信我惟念，大將軍王家之私書，伊之姨母同攜之不可料定，計算日期尚未抵至京城，自鎮靖〔註2〕往京城有二路，一路經大同、宣府，南口進，一路經綏德州、汾州府、平定州，固關進，過正定、保定，前往京城，再由侍郎札克丹隨王前往，延信我抵達甘州查明另奏外，爲此謹密奏。

[2] 和碩簡親王雅爾江阿等奏明鎖拏允禵管家未奏名姓緣情摺（雍正元年五月二十一日）[5]-277

宗人府和碩簡親王雅爾江阿等謹奏，爲遵旨事。

爲工部交付之固山貝子允禵應交七萬九千四百二十六兩三錢四分四絲一忽二微錢糧一事，臣衙門曾經具奏，將允禵府上辦事之納爾賽、尼牙哈、默爾森、朱永申等四人鎖禁於衙門追取，因逾限未完，臣衙門議奏將貝子允禵處以永世停俸，奉硃批，暫賞給一個月期限，再若不完，再予參奏，爾等鎖拏之四人，皆爲簽名之人，並非允禵信用之人，問廉王，將允禵信用之管家另拏四人催取，欽此欽遵。問廉王允禩，允禩遂將其府上參領阿爾法、包衣佐領達爾布、護軍校雅代、六品官劉額爾格等四人解送臣衙門後，臣等當即鎖禁催追，廉王允禩送來阿爾法四人之際，臣等理應當即繕清名姓奏聞，卻未奏報，且於應交錢糧償完後，議奏將納爾賽等八人釋放一摺內亦未列出後拏禁之阿爾法等四人名姓，與先拿之納爾賽等四人籠統奏請釋放，乃臣等糊塗至極之處，尙有何辭，唯奴才等雖然粗陋無知，卻知人生之理，唯盡君父之道，何敢另存他念，恩自聖裁，查得廉王允禩處送來之允禵管家爲參領阿爾法、包衣佐領達爾布、護軍校雅代、六品官劉額爾格等四人，謹將其名繕出具奏，請旨。

和碩簡親王臣雅爾江阿。

左宗正多羅貝勒都統臣滿都呼。

總理事務之右宗正多羅貝勒都統臣阿布蘭。

左宗人鎮國公德普。

右宗人輔國公臣訥圖。

硃批，此四人爾等既欲含混了事，朕亦含混降旨耳，著廉王、宗人府王等知之。

〔註 2〕今陝西省靖邊縣鎮靖鄉。

[3] 三屯營副將李如栢奏報十四貝子在湯泉情形摺（雍正元年五月）

[3]-1-364

三屯營副將臣李如栢謹奏，爲奏明事。

竊臣奉皇上面諭，朕命十四貝子在湯泉住，爾察其動靜，具摺子來奏，亦不可輕易具奏，欽此。臣伏查得十四貝子於四月初二日到湯泉，臣隨派千總一員，兵二十名在湯泉行宮週圍設堆子四處，日夜巡邏外，於湯泉往馬蘭峪馬蘭關總路口指派把總一員，兵十名訪察往來之人，又於湯泉往新城石門總路口指派千總一員，兵五名隱隱訪察，以上共千把總三員，馬守兵三十五名，半月更換一班，復著令看守石門銀庫把總在石門暗察歇宿之人，臣在湯泉西南魏家河離湯泉四五里住六七日，回營三四日，不時往來稽查，責令官兵嚴加巡防，斷不敢稍爲踈懈，負我皇上特諭之至意，但十四貝子之人在湯泉者有三四十個，往來換班甚勤，先是裕親王在皇陵時，來湯泉坐湯三次，臣因旨意，著臣不可輕易具奏，故十四貝子到湯泉日期併臣撥派官兵看守訪察等情不敢驟然奏聞，今於五月初一日訪察得十四貝子管銀庫的，姓王自京來湯泉，稱說十四貝子的格格往口外居住，初二日早十四貝子差王老公、屠張因往格格處送餑餑，初三日方回湯泉，又於初二日辰時有格格差朱老公稱說與十四貝子請安，貝子賞伊銀十兩，問此數人名字，俱皆不說，其中詳細是非，臣至愚至昧之人，不可憑臆見以推測也，伏乞皇上睿鑒聖裁，爲此繕摺謹奏。

硃批，知道了，貝子向來行事如鬼如賊的慣了，你只可冷冷的傍作無心而觀之，若認眞作個稽察之景，莫想得一句話，聽你只要留心就是了，沒有你什麼不是，朕聞得逐開，你不要在跟前是好說的，若硬來的，隨便奏來。

[4] 三屯營副將李如栢奏報十四貝子情形摺（雍正元年五月）[3]-1-365

薊協三屯營副將臣李如栢謹奏，爲欽奉硃批事。

竊臣於五月初九日在魏家河恭接皇上批回摺子，臣望闕叩頭謝恩畢，跪看硃批，欽蒙皇上聖旨，知道了，貝子向來行事如鬼如賊的慣了，你只冷冷的傍作無心而觀之，若認眞作個稽察之景，莫想得一句話，聽你只要留心就是了，沒有你什麼不是，朕聞得逐開，你不要在跟前是好說的，若硬來的，隨便奏來，欽此。仰見我皇上天縱至聖，神明獨運，無微不照，無處不當，臣惟有竭盡心力恪守，只可冷冷的傍作無心而觀之，若認眞作個稽察之景，莫想得一句話聽的旨意，兢兢遵行，以仰副皇上硃批之至意，臣伏查得不要在跟前，緣臣所設堆子四處，俱靠行宮墻下，北面有蓆墻丈餘，臣就於此設一堆子，後於四月初九日晚間，臣查堆子，貝子隔蓆墻看見，問是誰，臣對是我，貝子說你安堆子是你各自安的，是奉旨意，臣此時自思若說奉旨，貝子凡有舉動加意隱瞞，何能訪其情狀，遂回之不是奉旨，我是地方官，見貝子在此山野之地，恐有賊盜暗行偷竊，是我干係，故此設立堆子，貝子說這蓆墻是我東廚，堆子緊靠在此，很不得便，你叫他別打帳房，貝子的老公在墻裏喝叱臣，叫站遠著，向著臣怒言怒色，臣回答貝子，這正是後墻，如何不打帳房，既說挨著東廚，我叫挪一挪，次日將堆子挪離蓆墻有四五步遠，又於四月十一日臣站在寺門前，不意貝子亦出行宮門外，看見臣，叫臣至跟前，貝子說你也不問過三王爺，你就安下堆子，我奉旨在此不過坐幾日湯，你是讀書人，自然是明理的，你若是無禮，我的性子你是知道的，那時候我就不依了，況我的罪也犯不到看的上頭，臣回答我安堆子理當的，若說貝子的性子我不知道，我只知有朝廷王法，貝子若盡道理，我因何不盡道理，有跟貝子的个人，姓屠，帶著藍翎子，他在傍喝叱臣，你別要多說，聽爺說，此貝子與臣兩次問話緣由，頭一次貝子逐堆子是硬來的，第二次說話貝子的話比頭一次又較硬些，兩次俱有貝子的人喝叱臣，至於不叫臣在湯泉，貝子沒有說，若貝子逐臣，不叫在湯泉，臣何懼乎貝子，聽貝子之言以爲行止，但臣不住湯泉，因在湯泉數日訪不出貝子舉動情狀，姑聲言往別處查地方，其實暗暗住在魏家河探聽，欲訪貝子實情，不料貝子行事誠如皇上睿鑒，如鬼如賊，機深藏密，使臣莫能窺測。先是四月十一日貝子賞坐堆子的兵豬一口，兵就要一齊謝賞，臣叫兵來吩咐，你等舉家受皇上豢養之恩八九十年，當思皇上隆恩如天地之高厚，何以報答纔是，如今貝子給你們豬，你等就要去一齊謝賞，不幾將皇上深恩置之九霄以外乎，只是拿豬的一二人去，其餘不必去，如是貝子再賞你們，若是再商量齊去謝賞，這是你們以此爲恩了，我重法處你們，决不肯饒，五月初五日貝子又給兵豬一口，亦止是拿豬的人謝賞，臣恐兵以貝子之賞爲恩，臣每月捐俸賞兵米肉三次，以上事件理合早爲奏明，緣臣愚昧，恐干濫奏之罪，故不敢輕易具奏，今蒙皇上下問及此，臣謹按實事繕摺覆奏。

雍正元年五月　日三屯營副將臣李如栢。

[5] 三屯營副將李如栢奏報將十四貝子檻回湯泉緣由摺（雍正元年五月）

[3]-1-366

薊協三屯營副將臣李如栢謹奏，爲請旨事。

竊臣於三月初二日欽蒙皇上聖諭，著令十四貝子在湯泉住，如叫他回來，朕自然有旨意與你，欽此。臣今查得五月二十三日早有粘杆子上下、伍僖、筆帖式朱蘭泰到湯泉，口傳奉旨叫貝子回京，走離湯泉約有一里路，經臣檻住，問有如何旨意，據伍僖口稱旨意沒有說下與你，臣回答既無旨意，不便擅放貝子回去，伍僖見臣如此說，隨即拿出兵部的牌與臣驗看，牌上止給與驛馬，併無奉旨往湯泉叫貝子回京之說，因此臣將貝子檻回湯泉，將伍僖、朱蘭泰另檻在一處，臣伏思貝子係奉旨交與臣看守之人，今不見旨意，安知伍僖來係奉旨，抑是誆騙貝子的，故臣將貝子併伍僖、朱蘭泰俱皆檻住不教回京，伏乞皇上睿鑒施行，臣不勝待命之至，為此繕摺謹奏。

雍正元年五月　日三屯營副將臣李如栢。

[6] 三屯營副將趙國瑛奏遵旨派員訓示十四郡王所住湯山摺（雍正元年十一月）[3]-2-260

三屯營副將臣趙國瑛跪奏，為奏聞事。

九月初五日准陵鎮范時繹為欽奉上諭事，九月初一日怡親王傳旨，十四郡王著在湯山住，照十五阿哥例，每逢祭祀日期，著令到陵祭祀，欽此。又於本日本鎮在興隆口送駕，奉皇上面諭，十四郡王著在湯山住，照十五阿哥例，每逢祭祀日期，著令到陵祭祀，傳旨與三屯營副將知道，欽此。臣隨即撥千把帶兵二十名前往湯山易服巡視，今奉旨湯山開工修葺，誠恐奸徒混雜，復又外委守備一員，馬兵二十名前往查察，臣與遵化營遊擊馬義仍常川到彼暗察，理合奏明，謹奏。

雍正元年十一月。

硃批，知道了，密曉諭看守兵丁，不可接受允禵的詐買賞賜，作你的主意說，不可說有旨。

[7] 三屯營副將趙國瑛奏郡王允禵進陵上祭摺（雍正元年十二月）[3]-2-368

三屯營副將臣趙國瑛跪奏，為奏聞事。

十一月二十三日遣人賚奏，蒙皇上硃批事務，臣已領悉欽遵，謹將原摺呈繳，二十五日四更郡王允禵進陵上祭，臣有看守行宮兵丁高明、扈玉、曹子玉等隨引道打燈跟隨，二十六日郡王允禵賞兵丁高明等小銀錁六個，並無別話吩咐，其馬匹圈在西窖上，離湯山一里，臣亦撥官兵在彼巡察，理合奏明，謹奏。

雍正元年十二月。

硃批，這纔是，凡事要酌量大義，分別輕重，不可上下自留地步，公私以爲兩全，恐禍不可測，你此任干係不輕，是則獲福無量，否則受害不淺，著實留一番心，總以誠勤實心奉公，方不負朕之任用也，勉之慎之。

[8] 三屯營副將趙國瑛奏郡王允禵揚言回京摺（雍正元年十二月）[3]-2-369

三屯營副將臣趙國瑛跪奏，爲奏聞事。

本月十二日跪接皇上硃諭，臣不勝悚息戰兢感涕交集，臣祖父均受國恩，啣結無地，臣雖年幼不知，臣母在日不時面訓，並諄諄以忠孝爲本，今臣蒙皇上殊恩特任，即捐糜頂踵不能圖報，敢不實心勤慎，以供厥職，如負君親嚴訓，適所以自取罪戾也，欽遵聖諭之後，合將原摺呈繳，□奏者探得郡王允禵曾遣王首領進京，云請聖安，回日令人揚言皇上甚喜，有旨著其回京，因旨意不甚明白，復又遣白首領請旨等語，臣接守備陳萬里探報，恐怕有詐僞，臣即减從親往體察防範，虛實未見，不得不據情奏聞，伏乞皇上示知，以明果否，謹奏。

雍正元年拾貳月 日

硃批，並未有此旨，小人之愚論耳。

[9] 三屯營副將趙國瑛奏明撤換郡王允禵〔註3〕祭祀守兵摺（雍正二年正月）[3]-2-453

三屯營副將臣趙國瑛跪爲奏聞事。

查得湯山行宮前向有遵化營守兵八名在彼看守，郡王允禵赴陵祭祀，守兵即來回引道，去年臘月二十九日郡王允禵賞守兵扈玉等銀，每名壹兩，共賞銀八兩，臣隨即將八名內應換者撤回原汛，永不再撥前去，另撥守兵補足前數，在行宮前看守外，仍著守備一員，馬兵共四十名在彼密守巡查，因時值封印，不敢擅奏，今特據實奏聞外，硃批摺一封一併呈繳，謹奏。

雍正二年正月 日

硃批，知道了，向後若有感頌王子之恩德者，必加以重處，以警將來。

〔註3〕原文作允陵，今改正爲允禵。

[10] 三屯營副將趙國瑛奏請阻止郡王允禵見駕陪侍摺（雍正二年二月）

[3]-2-535

三屯營副將臣趙國瑛跪奏，為奏聞事。

二月十五日跪接硃批諭旨，捧讀之下，臣伏思本係何等樣人，蒙皇上重用，臣雖至愚，斷不敢替他人隱匿，自取罪尤，臣唯知有君有父，除報主之外，更有何恩，臣於二十日據把總靳士正探報得十八日郡王允禵有喀喇沁格格差一藍翎子隨帶一人到湯山請郡王允禵安，並稱額駙要來請安，五刻回去，但喜峰路遊擊古舜臣曾屢加交付，凡係喀喇沁到口出入，務必嚴加查探，今喀喇沁人進出關口，來去湯山，古舜並不知道，該遊擊殊屬不堪，再查古舜原係提督馬進良長隨，出身微賤，難托邊疆重任，臣更有不敢請者，喜峰一口，甚屬緊要，臣日夜驚心，若得全心全力，深知大義之員，方可密托，此係臣蒙皇上重任，不敢辭僭妄之罪，伏惟我皇上睿裁，今聖駕親來祭陵，自皇上出京日起，臣密領該營遊擊馬義，守備一員，千把等官挑選精練馬兵五十名，鳥槍手五十名，在湯山往來要道及前後左右暗地安插，俟皇上回鑾之後撤歸，惟是郡王允禵心難揣測，臣旦夕警防，若郡王允禵要去接駕，臣當力阻外，但郡王允禵原奉旨祭祀日期著到祭，欽遵在案，臣思此番皇上親自祭陵，則非泛常可比，據臣愚見，郡王允禵似可不必陪侍，亦應阻止，臣唯不敢擅專，不得不請旨密示遵行。硃批摺一件一併呈繳，謹奏。

雍正貳年貳月　日

硃批，太過了，不至於此，他能如何，你不過在此暗探其行止來往而已，明作的事不與你相干，接駕事任憑蕭永藻，你總不必管，在喀喇沁人亦不過暗探之而已，亦不可明阻，古舜若不堪，報明何祥書，他自有道理。

[11] 三屯營副將趙國瑛奏陳郡王允禵屬下散播訛言摺（雍正二年二月）

[3]-2-536

三屯營副將臣趙國瑛跪奏，為奏聞事。

臣正月廿三日跪接硃批，臣已領悉欽遵，後於二月初五日據薊州營都司武格報稱，初四日有一可疑之人過薊，探係前往湯山等語，臣隨到彼處，密遣把總王公麟探得係郡王允禵屬下穆爾森之子，初五日晚間啓郡王允禵云有信要著貝子允禟來換回京，臣再加察訪，與前探相符，因思如此訛言不時散播，搖動人心，實為未便，臣已密加嚴警官兵小心防範訖，不敢不據探奏聞外，硃批摺一件一併呈繳，謹奏。

雍正貳年貳月 日

硃批，知道了，總之一切絲毫不要鬆就好。

[12] 三屯營副將趙國瑛奏報郡王允禵動靜摺（雍正二年三月）[3]-2-617

三屯營副將臣趙國瑛跪奏，爲奏聞事。

臣于十二日跪送聖駕後，即于十三日到湯山之東下營住宿，隨探得十一日郡王允禵從陵上回後賞馬蘭鎮引導兵丁豬一口，十三日郡王允禵差何首領太監三名披甲人四名上京，接郡王允禵次子，撥其妻去訖，又發銀六兩差人在西福泉寺之西端民房二所，與撥其居住，理合奏聞外，硃批摺一件一併呈繳，謹奏。

雍正貳年叁月 日

硃批，知道了，只要密探其動靜，外邊若虛張一點聲勢，使不得。

[13] 直隸三屯營副將趙國瑛奏郡王允禵府中接客摺（雍正二年六月）[3]-3-177

三屯營副將臣趙國瑛跪奏，爲奏聞事。

探得五月二十四日有蒙古七人由張家口趕羊壹百隻，牛拾伍頭送到郡王允禵處，又二十八日有哈拉沁額駙僧燕查普格格差太監一名，跟隨人一名，到郡王允禵處請安，理合奏聞，謹奏。

雍正貳年陸月 日

[14] 直隸三屯營副將趙國瑛奏郡王允禵福金病故摺（雍正二年七月）[3]-3-276

三屯營副將臣趙國瑛跪奏，爲奏聞事。

臣於本月初八日奏，提臣牌委查勘潘家口抵關無票私木去後，逆於初九日午刻接得把總靳士正探報，稱郡王允禵福金於初八日卯時病故，臣隨派千總壹員，帶馬兵二十名，同原委密守把總前赴湯山，暫委該遊擊馬義代爲安插，稱看守福金靈柩，暗察往來人等，臣俟查明抵口無票木植，另委喜峰路遊擊李杜芳遵照部議點放入關看守，轉報提臣外，亦即赴湯山左近，仍與遊擊馬義川換在彼密探，理合奏聞，謹奏。

雍正貳年柒月 日

硃批，如今允禵移往他莊頭處去，大概也是你管轄之地，可令心腹人密探，你亦看，閑時親到察其動靜光景，只作殷勤伺候光景，不要露查察辭色。

[15] 直隸三屯營副將趙國瑛奏陳委員在汛監守郡王允禵摺（雍正二年七月）[3]-3-277

三屯營副將臣趙國瑛跪奏，爲奏聞事。

臣於本月十四日跪接硃批御旨，欽遵悉遵。二十五日郡王允禵福金之柩已移於閆家公地方陳莊頭處安厝，郡王允禵即在陳家莊東隣鑲黃旗園頭劉德臣家居住，是日臣親身巡查，郡王允禵面見，臣以離汛地，予故撥馬步兵貳拾名，仍指看守福金靈柩爲辭，四圍安插，其原委暗探千總把總俱各熟練，是以亦派在內暗人，另使數人易服裝作買賣人等在彼細察，倘有見聞，自當密奏，再查該汛都司武格，身係正白旗包衣下人，素稱練達之員，臣若有要務回營，當令其更替，可謂人地相宜，臣亦可以分身料理，則兩地皆得照應矣，理合備細奏聞外，硃批摺一件一併呈繳，謹奏。

雍正貳年柒月 日

硃批，轉諭武格，他一生是非榮辱禍福利害，在此一差也，爾亦如是，若有不及差錯處推委武格不得，亦再差訪武格行爲居心可也，不可全信。況武格當日與允禰處有來往，相認識與否，朕不深知，今你用此人是則總是，非則總非，汝二人同休戚者也，勉之慎之。

[16] 直隸三屯營副將趙國瑛奏探訪郡王允禵建造金塔等事摺（雍正二年八月）[3]-3-374

三屯營副將臣趙國瑛跪奏，爲奏聞事。

本月十九日跪接硃批旨諭，臣即令密守該弁復訪金塔監造之處，回稱雖在郡王允禵居處之後，並不許閒人窺探，約在月終造完，粧飾金葉與貼金之處，尚未定擬，至於福金火化之說，亦無日期，俟訪明的確，再當摺奏，今郡王允禵第三子有恙，傳醫生李藏二人入內診脈，然亦未知何症，其格格與額駙已於十九日起程回去矣，但臣摺奏事件從不敢使人知覺，皆薰沐自書，並不輕假手於人，有辜皇上天高地厚之恩也，外硃批摺一件一併呈繳，謹奏。

雍正貳年捌月 日

硃批，訪問的確即奏。

[17] 直隸三屯營副將趙國瑛奏覆郡王允禵命做金塔二座摺（雍正二年八月）[3]-3-375

三屯營副將臣趙國瑛跪奏，爲奏明事。

七月二十九日跪接硃批御旨祗承之下，不勝戰競無地，臣蒙天恩簡任茲職，正思竭盡駑力上報高深，曷敢稍自推委，苟且偷安，誠恐彼處之來人叢雜，臣一人之智力未周，闫家崆地方本屬都司武格所管，地土情形是其熟悉，故令協同辦事，非敢輕易委託，有負聖心，一面密諭武格禍福利害，不可不慎，務須小心協理，仰報皇恩，一面密飭倫班弁役稽查出入，但喀喇沁格格來後，額駙即至，地居太平莊上，今郡王允禵命木匠做成金塔貳座，下有蓮花座子，共高四尺，寬二尺，計二十三層，一係與福金安骨，一係允禵自爲存用，造作之處頗於謹密，臣訪問既確，理合奏聞外，硃批摺一件一併呈繳，謹奏。

雍正貳年捌月 日

硃批一，金塔係包赤色金葉的，是用金漆造的，在允禵什麼地方製造，若用金塔，自然是熟葬了，他福金發了火了麼，幾時發火的。

硃批二，知道了，著實機密，看你使來的人，口裏不甚穩當。

[18] 直隸三屯營副將趙國瑛奏郡王允禵撤回湯山居住等情摺（雍正二年九月）[3]-3-551

三屯營副將臣趙國瑛跪奏，爲請旨事。

探得郡王允禵於本月初七日與福金上墳後即欲仍回湯山福泉寺居住，業已令人脩整舊室矣，臣思湯山原屬鲇魚關把總專汛，向隸〔註4〕三屯統轄，今奉部議將鲇魚等關撥與馬蘭鎮臣范時繹管轄，奉旨依議，欽遵在案。今該地方兵弁係爲鎮臣管轄，非臣再敢控制，意欲另委官兵看守，所慮一時不得心腹機密之人，又恐蹈越境未便之嫌，臣受皇上深恩，委此重任，臣固不敢推諉，又不敢自專，但事關緊要，爲此冒昧奏請聖諭遵行，抑臣更有奏聞者，郡王允禵如果回湯山，則闫家崆之官兵不便遽撤，原指守福金靈柩在彼，若一旦去時，使其動疑，俟漸次抽減，方可允當，理合預爲奏明，伏乞皇上睿鑒外，硃批摺一件一併呈繳，謹奏。

雍正貳年玖月 日

硃批，今既歸范時繹，你不便越境管理，只暗暗留心訪探，有所聞奏知，闫家崆照舊留心訪察，所奏是。

〔註4〕原文作歷，今改爲隸。

[19] 直隸三屯營副將趙國瑛奏郡王允禵在湯山地方行止摺（雍正二年十月）[3]-3-702

三屯營副將臣趙國瑛跪奏，爲奏聞事。

湯山諸務鎮臣范時繹防範甚嚴，查察外來探聽者，臣向用心腹鲇魚關把總靳士正，頗辦事慎密，又以猜嫌調往口外（硃批，朕不明此意，明白奏來），今雖密令一二暗訪，終恐探聽不易，然想人臣報効之心，自同一轍也，本月初五初六郡王允禵有京中下來男婦十家派在閆家崆看靈，十六日未時郡王允禵到閆家崆，十七日早上過百日期墳，巳時即同二子兩個格格仍回湯山，長子三子四子之妻於十七日一同上京訖，留下老公六人，新來男婦十家並朱姓門人在閆家崆看守，理合奏聞外，硃批摺一件一併呈繳，謹奏。

雍正貳年拾月 日

硃批，知道了。

[20] 三屯營副將趙國瑛奏委員察探郡王允禵情形並繳硃批奏摺（雍正二年十一月）[3]-4-85

三屯營副將臣趙國瑛跪奏，爲遵旨明奏事。

十月二十八日跪接硃批，有明白奏來之旨，臣敢不直陳，所以湯山地方歸於馬蘭鎮管轄，臣即不敢干與，然蒙皇上硃諭云有所聞即奏，臣自當密令心腹前往察訪，查把總靳士正原係遵化營城守把總，臣差其辦事，頗爲慎密，因離湯山路遠，詳請提臣何祥書調往鲇魚關，以湯山係其汛地近便，易於稽查探稟諸事，臣係本轄，又諭令機密，外來討信者知不敢洩漏，此亦軍令職守所當然，今鲇魚關已歸馬蘭鎮，而鎮臣范時繹曾查問三屯營差人在此否，臣即不敢顯明用人，因將把總靳士正之子留在臣協食糧，令其往來探信，使人不疑，此臣之愚誠，欲稍効犬馬微力之意，今五汛盡歸鎮臣范時繹管轄，而相待把總靳士正獨詞嚴色厲，又將其調至窄道子守汛，推其心跡，未免有不能容人之處，因冒昧以猜嫌二字瀆奏，伏望皇上憐臣之愚，而宥臣識之淺，臣可勝歡忭啣結之至（硃批，什麼文章）。再奏者十月二十一日郡王允禵之長子三子四子自京至湯山，二十三日到閆家崆柩前奠酒，事畢本日巳時即起身回京，向日派守各營馬兵已陸續撤回，尚留薊州營兵五名在彼看守外，有硃批摺一件一併呈繳，謹奏。

雍正貳年拾壹月 日

硃批，知道了，此事不可勢小。

[21] 直隸三屯營副將栢之蕃奏報探得貝子允禵在閆家崆修理安放福金靈柩房屋摺（雍正四年二月二十九日）[3]-6-664

三屯營副將臣栢之蕃跪奏，爲奏聞事。

竊臣蒙皇上天恩，放爲三屯營副將，任事以來兢兢業業，留心地方，即如湯山一帶因係馬蘭鎮總兵官范時繹統轄，臣處差人去時，彼處之人皆能認識，是以臣時常密令相信之人在彼處暗探，總難得實信，今探得貝子允禵欲修閆家崆安放福金靈柩的房屋，臣即差人到閆家崆查問，果欲修理，據云修理瓦房五間，草房三十間，原差一個姓雅的就近僱覓夫役，已發工料銀壹百陸拾兩，擇於本月二十六日動工，今姓雅的已於二十二日撤回，即於本日另差一個姓朱的到閆家崆監督修理，及至二十六日因脫土坯未完，又改在三月初頭動工，再訪問雅朱二人的職分名字，係包衣大，原戴藍翎子，今來閆家崆未曾戴者，其二人名字探聽不出，現在訪問，而閆家崆向來安設之兵雖仍照舊看守，今遇修理之時，未免閒人出入，惟恐混雜，故又添兵四名，嚴加巡邏，俟作何修理之處，再當摺奏，理合先此奏聞，謹奏。

雍正四年二月二十九日。

硃批，知道了，你居心主意眞好，勉爲之。

[22] 郎泰范時繹奏由閻家宮要出木塔並允禵在住處狂哭摺[4]-9

總管郎泰總兵官范時繹謹奏，爲據實上聞事。

雍正二年八月二十八日臣等奉到傳旨，散秩大臣佛倫等傳令協同身赴閻家宮地方眼同將郡王允禵之逆造木塔要出，查檢明白，隨即搬移至臣范時繹所屬地方王家莊，派兵嚴行看守訖，臣等並得仰聞我皇上煌煌天語，率皆極夫至性至情大義大理，凡屬苟具心目，稍有血氣之人，當聽聞之下，無有不感頌我皇上教訓之心，包容之德者也，但念允禵爲人性成悍悖，況今復妄逞無知之見，匿造非禮之物，是其昏聵自用之心，終未感化，臣等深慮允禵於佛倫等回京覆旨之後，或有愚昧不安之處，曾經委人在允禵住處之所近地方乘便伺察，聞得是日晚點燈以後，允禵在住處狂哭大呌，厲聲徑聞於外，半夜方止，其所嚷言語探聽之人相隔稍遠，不能悉辨語句，臣等念允禵今受皇上教訓保全之恩，理宜平心靜氣，深自悔責，痛悟前非，頓生敬懼，方能改過遷善，可望將來，今復性氣若此，臣等既得探知，不敢隱諱，謹將事後情形公同繕摺上聞，又探知允禵定於九月初八日仍回湯山居住，留下伊子等在閻家宮居住，合併聲明，今遣章京四哥，把總鮑文英賫進，謹奏。

硃批，此所謂罪深業重，神明不佑，人力亦無可奈何矣，但朕之心自有上蒼照鑒，任他等罷了。

[23] 范時繹謹奏允禵門前來往人等近日愈密摺[4]-10

鎭守直隸爲蘭口總兵官臣范時繹謹奏，爲奏聞事。

臣於二月二十七日探得有允禵門上藍翎對齊並王太監自京中來到湯山，稱云是奏事回來的，俱進入允禵下處回話，良久方纔出來，今伊二人仍住在湯山。再臣於本日午時後又探得有奉旨發來之藍翎厄勒得衣坐車一輛外，又跟隨家入四名來到湯山，允禵即出廟門之外，彼此執手問好，各站立説話，良久允禵方纔進去，臣再查得厄勒得衣於未到湯山之前，先差人看定住處，在郭家莊，相去湯山頗近，及見過允禵之後又改搬到唐家莊去住，其相隔湯山比之郭家莊又覺遠去三里之遙。今又查得厄勒得衣於二十八日差家人二名回京去訖。再臣於二十七日又探得有允禵門上哈哈朱子一名，訪係姓常，帶領家人二個，一人騎馬，一人步行而來，本日住在石門店內，於次日早起方往湯山，及其臨走之時止帶步行家人一名，雇驢跟隨，其同來之騎馬家人又令其自石門回京，並未帶到湯山。再查常姓哈哈朱子自到湯山時，進允禵下處回話之後，即相隨在內，未曾出來。再臣於二十八日又探得允禵門上太監劉銀自京中來到湯山，稱云是來問安的，現在跟隨未曾回京。再本日又探得允禵門上藍翎朱包衣大（滿語內務府佐領）自閻家宮來至湯山，進內回話，隨於本日又回閻家宮去。再臣於二十九日又探得允禵差哈哈朱子巴蘭太並孟太監往閻家宮去，於初一日復回湯山各等情，經臣探訪得實，合謹繕摺奏聞外，再臣查允禵向來住居湯山之時，雖其往來人等陸續來去，然未有似近日之頻而且密者，深爲可疑，臣唯有倍加伺察，隨知隨奏，未敢懈弛，以致遣漏，臣謹將近日湯山來往人等情形據實奏聞皇上，謹遣臣標把總鮑文英賫奏，謹奏。

[24] 范時繹奏允禵家人綑打唱秧歌鄉人摺[4]-10

鎭守直隸馬蘭口總兵官臣范時繹謹奏，爲據實上聞事。

臣於回任之後探得郡王允禵自新歲以來，曾有伊門上人自京中來湯山問安二次，帶來果子及喫食不等，又曾用車載來新黃錢一百千送進，數日以來未見形跡，詫異之事。今探得十五日有允禵門上侍衛鐵柱到湯山迤東六里之袁家莊閒遊，因約合莊民，教令扮作秧歌來湯山唱玩，至次日十六夜果有袁家莊鄉民名彭二傻子者帶領衆入扮唱來湯，及至到時鐵柱嫌其來晚，説王子睡了，不用唱罷，催其速行散回。又有允禵門上官圖爾古特、克刻伊復將秧歌叫轉，加以呵呼辱駡，以致互相角口，鐵柱等因而怒發，喝令飯房人役并伊等家人下手將彭二傻子綑打至皮破血流，逼至彭二傻子受打不過，跪哭哀求方纔放去等情。臣思此等形跡正伊等往日未盡馴服之情，未從改悔之心，在此不暇顧慮，不暇把持之時顯然露出（硃批，此等事只要他多多做。）臣不敢壅於上達，謹具摺奏聞。又臣於十九日聞得新城居住之景陵禮部贊禮郎薩馬利係鑲紅旗人，於本月十八日在家自縊身死，因細加訪問，得薩馬利之死並非因伊家事，據傳多云因係牛羊草豆之事情急致死，臣緣薩馬利人係命官，情因官事，未敢模糊，即再四探聽，而人更轉加隱諱，難得實情，更覺可疑，臣未敢蒙蔽，合併上達皇上天聽，臣謹具摺奏聞，謹奏。

硃批，得眞情時再奏聞。

[25] 范時繹奏探得允禵門上來往之人摺[4]-10

鎮守直隸馬蘭口總兵官臣范時繹謹奏，爲奏聞事。

臣於三月初三日探得有允禵管馬之人朱黑子於本日午時上京去，又於本日傍晚探得有稱係允禵二福金之母姓梁同子一人並家人二名女人三口一同坐車來至湯山，現在相近之郭家莊居住。再臣於本月初四日又探得允禵差伊門上李太監劉太監、又茶飯等人六名前往閻家宮，預備上墳。又探得允禵於初五日五鼓率伊第二子同往閻家宮去，仍於本日回至湯山訖。查允禵於來去之間俱經臣密密差人改扮尾隨。再臣於初六日探得允禵差伊跟隨太監趙良璧上京去，甚隱秘〔註5〕，一無聲言。再臣於初七日探得允禵門上人客克衣、屠勒古特、那勒泰並拜唐阿人等於本日次第來至湯山，稱云係換班的，到來俱進內問安，不時出入。再探得本日又有跟隨允禵在湯山居住之常壽、對齊同拜唐阿人等亦於本日稱云換班而回，各陸續上京去訖。再臣於初八日探得有允禵京中門上差來一人，係伊庫上拜唐阿，訪係姓朱，來至湯山，進內回話良久方纔出來，後即隨有允禵差人到大學士蕭永藻處去說話，聲言云我聞得大學士參我失儀，今有旨意云係小事，已寬恕了，叫去問大學士蕭永藻參我係何等樣失儀等語，當日已遣人去問，至其兩處應對等言臣尚未經確知，未敢附聞。再臣初九日又探得允禵差伊門上藍翎那勒泰並王太監上京，稱云賫摺

〔註5〕原文作穩秘，今改正。

謝恩，即於本日起身前來各等情，經臣探訪屬實，合謹將近日湯山來往人等形跡據實繕摺奏聞，謹遣臣標千總馬國棟賫〔註6〕奏，謹奏。

[26] 范時繹奏探聽允禵差人赴京情形摺[4]-11

鎮守直隸馬藍口總兵官臣范時繹謹奏，爲據實奏聞事。

臣於本月十七日探得允禵先差伊門上人四五名稱赴石門趕集，當下即有臣設探聽等人尾隨察訪，看其未赴別所，俱仍回湯山去訖，續又單差一人步行上京，隨經訪問其姓名，據伊自稱云名字叫做圖茍子，係馬圈內當差的，今令他上京叫人去，又云允禵內裏吩咐出來叫他步行盤脚驢前去，限他來往六日即回等語外，及深加誘問，其人轉無所答，匆匆而去，隨有探聽人沿路尾隨，果係上京等情。再臣又細加根究，訪知得圖茍子係允禵門上藍翎屠勒古特之姪，合謹一併據實奏聞，臣繕摺遣臣標千總馬國棟賫〔註7〕奏，謹奏。

[27] 范時繹奏參保泰子廣善允禵子白啟玩忽祭祀摺[4]-11

鎮守直隸馬蘭口總兵官臣范時繹謹奏，爲指陳悖謬舊蹟，臣謹奏聞請旨事。

竊臣自委任以來，三歷年所，仰見我皇上慎重山陵，本乎誠孝，凡屬設官任人，措置典禮，無一不極夫曲當咸宜，可以垂久遠而隆孝治，所宜爲人臣者確守典型，不玩不忽乃可以上副我皇上誠敬之孝治，臣今看得保泰之子廣善，郡王允禵之子白啓於雍正二年六月間經宗人府清字來文，內開奉旨廣善革去世子，打發到允禵一處，朕原降過陵上派一王二公去驻著之旨，著將廣善白啓以閑散宗室隨公之品級與允禵一處駐著，欽此，行知總理衙門欽遵在案。今查廣善既係以公之品級在陵之人，臣見其自到來之後，駐在馬蘭峪城中，每逢齊集日期，則素服入班，至於祭祀之辰，不穿朝服，不隨班行禮，仍然素服獨立宮門之外，經臣歷歷觀察，率皆如此，竊念此等行走，似於儀注觀瞻未屬允協，臣曾向大臣蕭永藻竊議及此，蕭永藻曾將儀注未協之處向廣善說過三次，而廣善後逢大小祭辰仍復素服照常，至今未改。再查白啓亦係以公之品級在陵之人，住在湯山，但逢大祭之期，止俟允禵來陵之日乃身穿朝服相隨而來，相隨而去，至於每月朔望祭祀之日，則未見其身到一次，率以爲常，臣查廣善白啓皆係奉旨派在陵寢與允禵同住之人，僉宜一體奉行，

〔註6〕原文作賚，今改正爲賫。
〔註7〕原文作賚，今改正爲賫。

今乃以同奉諭旨之入而行走兩不相侔，各任己意，一逢祭祀，不穿朝服，不進宮門，一逢朔望及忌辰日期，不行身到，此二人者行走皆不畫一，俱屬徑行，殊失我皇上重山陵而肅朝儀之至意，臣不敢任其因循，積久貽悞，合謹奏明皇上天鑒，應否飭下宗人府，酌與畫一行走，或俟府第告成，分給房屋之時再謹仰候皇上指示之處。（硃批，房屋告成時再有旨。）統候聖裁外，再查自聖祖仁皇帝梓宮到陵以來，凡隨來侍衛等俱係奉旨派出，業已各有定制，迺自雙阿延管理領侍衛內大臣以來，便爾擅弄威權，妄行添設，將巴扎喇、法喀則指為依都章京，稱云你二人原管過依都章京，如今還管依都章京罷，如劉保住奶哥則指為侍衛專達，稱云你二人原管過專達，如今還管專達罷等語，分給執掌，各領一翼，任意為之，不經奏聞，至今奉行，以此鼓弄威福，希人感懼，臣查巴扎喇等四人自隨陵以來，業已各按班次行走既久，今經雙阿延指與此等執掌，則遂各有辦理俸銀俸米以及管人之責任，豈可不經請旨，以朝廷之名器妄自添設，臣不敢聽其因仍，僭妄貽弊，謹一併上聞，伏念臣以上所陳或上繫朝儀，或下關臣節，悖謬殊甚，叨蒙皇上委任協理，不敢因仍狥庇，不敢擅自規正，今謹據事上聞，仰候天鑒，俾儀注以肅，官箴以正，永遠奉行，乃可以上副皇上孝治云爾，臣更念事屬上聞舊蹟，非關題奏，無庸會同大學士臣蕭永藻，臣謹具摺，遣臣標下把總馬國棟賫〔註8〕奏，謹奏。

硃批，此事可作你意提尙崇義，他或革退此名，或參奏，或不參奏亦不革退，憑他，他若聽你的話，參奏是。

[28] 范時繹謹奏德寧子端違旨不隨允禵另住石門城外摺[4]-11

鎮守直隸馬蘭口總兵官臣范時繹謹奏，為查明奏聞事。

今年五月內奉旨將德寧之子永端著令跟隨允禵在湯山同住，查得永端自到湯山之後，即在附近湯山之郭家莊居住，至七月間允禵往閻家宮去，永端亦相隨而去，今查得允禵已回湯山居住，則永端理宜隨之同來，仍回傍近居住，方係確遵諭旨，小心守法之人，今永端自從允禵回到湯山之後，便從閻家宮移在石門城外廟裏住下，臣初以為永端或係暫且歇息，仍往湯山去住，不料永端今復另覓石門城外王姓民房搬入居住，竟作長久之策，似此舉動，深可詫異，臣年石門地方為陵上湯山以及各口之通衢要路，諸事無不經由，諸人無不過往，一舉一動彼處先聞，而永端公然在此居住，或係永端妄行違

〔註 8〕原文作賫，今改正為賫。

旨，或係允禵有所授意，皆未可定，況石門相去湯山三十餘里，如何托名相隨允禵同住之處，臣竊此舉動，殊屬未合，但永端之來原有皇上論旨以及宗人府來文，交明陵寢總理衙門，臣緣未奉行文，不便稽察，合謹繕摺聲聞，謹奏。

硃批，知道了，再看些時候，他大局定時可作你的閑言説與總理衙門所司之人，看是如何，再密奏聞。

[29] 范時繹奏允禵太監劉玉逃走摺[4]-12

鎮守直隸馬蘭口總兵官臣范時繹謹奏，為奏聞事。

臣於雍正三年年十一月十八日探得郡王允禵有跟隨住在湯山太監一名劉玉於本日潛行逃走，據聞伊門上互相傳言，俱稱劉玉此番逃走，並無拐帶並不爲事等語，聲言在外，臣隨細加察訪，聞得允禵已暗令門上人潛赴閻家崆地方轉令福令福金守靈之人密向四處尋覓，又復遣人赴豐潤縣地方察問等情，臣查允禵之太監劉玉逃走，雖稱並無拐帶並無爲事情節，然既至脫逃，恐難信其無因，且其潛尋暗覓情形，又覺踪跡可疑，容臣仍加伺察，俟伊獲顯露之日，倘事涉有關，臣即具摺奏聞皇上外，所有伊等現今實爲傖惶，故多詭秘情形，合謹繕摺奏聞，謹奏。

[30] 郎泰范時繹謹奏醫生聞杲與允禵來往情形摺[4]-12

總管臣郎泰總兵官臣時繹謹奏，爲遵旨奏聞事。

雍正二年閏四月初四日，臣等摺奏湯山事件，蒙皇上硃批，令臣等將醫生聞杲之往來形跡留心看訪，或福金病好之後行跡仍然，著一人無心中陳其利害，勸令小心。臣等公同祗受欽遵在念，後隨仍加細察，日夜匪懈，看得五月六月之間聞杲仍稱福金看病，或其自去，或湯山遣人來接，每日必侵早而往，抵暮方歸，率此爲常，其間賞給衣服緞疋銀兩既頻且數，雖近來未有事端彰著，動人耳目之處，然兩處之封閉掩飾亦復如昔，今臣等探得福金病勢已漸痊愈，而聞杲之往來未見稍踈，深恐未便，臣等互相計議，因各托病延醫聞杲到臣郎泰家中，閒語之際葉將允禵之性習悖逆不平，而福金醫藥任大責重，況病已漸愈，無所用醫，爾何如人，無因綢繆，歷歷教以大義，聞杲云這一件事我也知道，我是有防備的，我所用的方藥以及往來的日子俱曾立了一本簿子記著，況我是行道人，隨分人家叫我都是去的，現今福金在此，我仍要去走動，如立秋以後福金回京去時，我便不去等語。臣等細揣甫聞此番勸教，即慨然應以豫有防備之語，則其與允禵相會之初，或彼此業經關會，愈屬可疑，更念聞泉狡猾異常，既經臣郎泰陳及利害，臣范時繹轉恐聞泉疑臣等之語，屬有心往告允禵反洩（硃批，有一人露勒，就有了，再不必）。臣等伺察形跡，未便再行教戒，謹合辭據實聲明，俟秋後福金回京之日其聞泉果否與同赴京，並仍否往來湯山之處，臣等另行密察奏聞，今有前奉硃批合并賫〔註 9〕交，臣范時繹謹繕摺遣臣等家人蔡六劉英賫〔註 10〕奏，謹奏。

硃批，想此時允禵再不敢與他有非分之談，泉讓他去做，如果有非理，彼惡業盈時自然敗露，目今汝等只要留心暗察，若福金來京而泉若棄此處之業而隨來京，則是他自尋路也，允禵近日幾奏摺似有悔過之景，如果眞正知罪遷善，朕自然寬他，但惡性已成，品行已失，未必能翻然改悔，徹然醒悟也，況秉性糊塗執著，其姦詭權術到是學來的，不是他本性，庸愚孟浪不知好歹，乃其氣質也，此等本領如何能逃朕之鑒察，爾等只照朕旨實心尊奉而行就是了，不必露不必過，有聞見動靜實以入奏，朕自有道理，七月十五誠親王等來祭，諸王見允禵光景如何，留心訪視，並其辭色如何處，都著實留心，看誠親王更要緊，晚間使人之往來亦要悉心密探，特諭。

[31] 范時繹奏拏獲蔡懷璽並問出怪言摺[4]-19

鎭守直隸馬蘭口總兵官臣范時繹謹奏，爲奏聞事。

臣於三月二十三日據臣探訪兵丁趙登科稱云，本日下午探得忽有孤行一人，身攜行囊，頗似遠來者，直至湯山，毫無著落，看其神色可疑，因遂傍近誘問，始而應對含糊，不說姓名，繼而再加誘問，乃云我是脫逃離家特來投人的，又據口稱云我本家是灤州人，我的哥哥是大糧莊頭，我有哥哥三人，兄弟一人，家裏不和，將我凌辱，關鎖在家，今我三哥並小兄弟將我放出，給錢三千，欽遵我逃往關東去的，因前日晚了，住在莊外一座小廟裏睡覺，夢中見廟神指引，欽遵我別往關東去，往西北走，那裏有個湯山，欽遵我來投人的等語。據看此人說話時大覺神色怪異，遂復與以酒食，從容安慰，詢其你來湯山，究竟是投何人的，及問至再三，伊方吐露云我是来投十四爺的，我夢見廟神告訴我說十四爺的命大，將來要做皇帝，我特來湯山投他的等語。當下即在允禵廟前下處守候，及見允禵之哈哈朱子（滿語外府隨侍之稱）那喇出來，隨跪拜在地，仍照前言叙說一邊，求那喇爲伊通報，當下那喇聽畢

〔註 9〕原文作賚，今改正爲賫。

〔註 10〕原文作賚，今改正爲賫。

轉身不答即進允禵下處去了。後又有允禵之哈哈朱子常有出來，此人亦前言敘說一遍，跪求通報，及常有聽畢亦急忙走開，但說此人是那裏來的，逐他去罷各等情，報稱到臣。查如此妄悖之人，未敢忽視，臣隨仍飭探訪兵丁或潛行尾隨，或暗爲圈守，務期知其姓名，並兩處有何情形，探明再報去後。至次日又細加誘問，得其人姓蔡，是正黃旗人，父名蔡北京，已經死了，長兄蔡懷瑚現今頂替莊頭，二兄蔡懷璉、三兄蔡懷琮、小兄蔡懷珮，本人名欽遵蔡懷璽。又云我在夢中廟神曾告訴我兩句歌兒，說二七便爲主，貴人守宗山二句，欽遵我記著，又說允禵命大，是個大貴人，你往湯山投他去等語。探此人連日狂言種種，執而不改，且現在百計打算仍欲投身見面等情。臣查似此邪妄之人，既非酒醉又未病狂，無因而前，與此夢寐妖言，煽惑於允禵之左右，大可怪異，誕妄殊甚，斷難姑容於光天化日之下。臣念即欲驅逐出境，恐其妄行不改，或仍返湯山潛行勾引，或更往別處肆布妖言，皆未可定。再臣將欲即行嚴拏，又慮聲張於外，便滋方近傳播，諸屬未便，不敢徑行，臣除現將此人暗爲嚴行圈守在彼，合謹先據此情即刻繕摺，即刻馳賫〔註 11〕奏聞，伏乞皇上指示，作何拏交，嚴行審究，庶幾此人之妄造妖言是何設想，因何原故，乃能吐露無遺，臣謹仰候批示遵行，謹遣臣標把總鮑文英賫〔註 12〕奏，謹奏。

[32] 范時繹奏將投書允禵之蔡懷璽軟禁摺[4]-20

鎮守直隸馬蘭口總兵官臣范時繹謹奏，爲奏聞事。

雍正四年三月二十八日臣標賫〔註 13〕摺把總鮑文英奉回硃批諭旨到臣，隨謹確遵諭旨，即將蔡懷璽設法軟禁，套問緣故，現在候旨發落，欽遵訖。臣前於本月二十六日據隨探兵丁回稱，看得蔡懷璽於本日又赴允禵下處，在於對門觀望等候，值有允禵門上人客克衣出來，伊便近前懇說，求其通報允禵，彼時客克衣且聽且走，但云這個人如何今日又來纏了等語。臣於二十七日又探得蔡懷璽在自己寄住廟內曾於晚間向寺僧索借筆硯，夜裏掩門獨坐，不容人進，彼時窺係寫字情形，隨後即行誘問，但唯言語支吾嘆氣，及至套問至二十九日，據蔡懷璽方云，我前日是將我此來原由與我的住處姓名並夢中各樣言語自已寫了一個帖兒，我今日走向王爺住處東邊墻外相近東角門，

〔註 11〕原文作賫，今改正爲賷。
〔註 12〕原文作賫，今改正爲賷。
〔註 13〕原文作賫，今改正爲賷。

將寫的帖兒用松枝拴了，料在王爺下處院內等語。比再加誘問，據蔡懷璽仍用前言大概敷衍，所有別情不肯細緻吐露，窺其神色，唯有躊躇急切欲見允禵，不時出外探望，去而復還各等情，經臣探訪誘問得實，伏念似此妖妄之人，又復妄寫字跡，抛投允禵下處，益屬奸邪，未敢隱諱，合謹繕摺奏聞，謹遣臣標千總馬國棟賫〔註 14〕奏，謹奏。

硃批，將此人拘禁看守候旨。

[33] 范時繹奏將蔡懷璽仍在湯山軟禁摺[4]-19

而臣正在候旨發落之時，更念允禵此行無非自度遮掩不住，巧思洗白，所以交付到臣，且臣更不便輕據允禵一言即行收管，遂立飭把總華國柱帶回湯山去後，嗣至交酉時分允禵又差伊門上藍翎那喇並客克衣來至臣署，稱云先前交把總帶來的人是貝子的話，因爲此係小事，所以貝子不奏聞皇上了，然又有些關係，故交杷總送至總兵處完處，作何完處隨總兵罷等語，聲同稱說去後，臣念此時允禵既經巧於洗白，正在希圖遮掩之時，倘將蔡懷璽如常鬆縱，又慮允禵指爲已經交過之入，或暗行設法，以致隱匿其人，泯減其跡，皆未可定，臣今現在將蔡懷璽交付把總華國杜仍在湯山軟禁看守，恭候諭旨發落外，合謹將允禵前後情詞詳據繕摺奏聞，並將允禵交付蔡懷璽料進下處字帖一張附呈御覽，謹遣臣標把總鮑文英賫〔註 15〕奏，謹奏。

硃批，前已有諭，此事差人來同你審理，料進字中無二七便爲主之句，朕已問來人，口諭此語矣，此一語你只做不知，從蔡懷璽口中審出就是了，應如何審理處，口諭來人，滿都護如何舉動詞色，留心看，彼等動身回據實奏聞。〔註 16〕

[34] 范時繹奏刑訊蔡懷璽及傳問允禵口供情形摺[4]-20

鎮守直隸馬蘭口總兵官臣范時繹謹奏，爲遵旨覆奏事。

雍正四年四月初五日臣標賫〔註 17〕摺把總鮑文英奉回硃批諭旨，欽此到臣欽遵訖，嗣於本月初九日貝勒滿都護、內大臣公馬爾賽、侍郎阿克敦等來至馬蘭關，隨將蔡懷璽拘到，先行細加誘問，仍令蔡懷璽將前次料進允禵住

〔註 14〕原文作賚，今改正爲賫。

〔註 15〕原文作賚，今改正爲賫。

〔註 16〕原編者註，按清故事，凡發下臣工覆議條奏時輒裁去原奏人銜名，此摺前半亦裁去，摺內附呈字帖今亦未見。

〔註 17〕原文作賚，今改正爲賫。

處字帖語句再行錄出對看驗，竟多出兩行，遂又審，稱原先料進的帖子前面還有話語兩行，想是允禵裏邊裁去的各等情，俱經臣等將蔡懷璽兩次夾訊，據蔡懷璽前後堅供無異後，將允禵傳來訊問，據將裁去字帖前半截之事，雖親口承認，然看其辭色狠怒，向臣憤欲吞噬，轉將蔡懷璽寫字原由猜係把總華國杜及臣指使，又說把總容留此人喫飯飲酒，又說臣如何將此人置之不問等語，復大肆詈罵，彼時有蔡懷璽當面對質，允禵方始辭窮莫辯，今據允禵自供等語並種種辭色，蓋自料裁截逆語字帖，回護妄人，既已不能隱匿其罪，乃以臣係皇上委用地方官員，反欲借此發揮，揣想圖賴，以冀將來在陵官員畏其反噬，不加防範，無敢言其過惡者而後已，此又其妄生疑念，別具深心，皆難逃於皇上神明洞鑒之中者，其前後各等情辭俱有滿都護等公同見聞，嗣將審明原由公摺奏聞，臣未敢覆奏外。

再臣看得滿都護於初九日審問蔡懷璽之時伊亦厲聲惡色，一味恐唬，多不能詳得其情，只有馬爾賽阿克敦二人平心推問，以期明悉。又本日將奉旨明白回奏一事交與允禵之時，滿都護將旨意宣明後便無甚多言，至初十日允禵送回奏前來，因看允禵所奏模糊，當下馬爾賽、阿克敦俱經駁問允禵甚久，令其改換，而滿都護未發一言，又十一日將蔡懷璽之事訊問允禵時，滿都護身雖在前，未曾發言，據看滿都護連日等情，皆係臣等公同目視，臣未敢虛飾，合謹據實覆奏。

再臣更有仰賴聖明預達天聽者，竊念允禵方在痛恨，經臣與臣標把總敗露伊事之時，正思妄行攀扯，今蔡懷璽於二次受刑之後業經昏迷一次，現在有病，雖經欽差貝勒大人等取供在案，看係病實，臣恐後此倘蔡懷璽身命不保，又起允禵反噬脫卸之心，勢所必至，合謹聲明。上賴我皇上至聖至明，天恩照察，臣卽得沾沐恩全於靡涯矣。再臣於此案審結之後，緣未奉隨同入奏之旨，未敢冒昧前來，倘蒙聖恩，有賜垂問之處，臣即星馳赴闕面奏詳細，臣無任翹切待命之至，謹將前二次奉到硃批合併賫〔註 18〕交，謹遣臣標千總馬國棟賫〔註 19〕奏，謹奏。

〔註 18〕原文作賚，今改正爲賫。
〔註 19〕原文作賚，今改正爲賫。

附錄三 《撫遠大將軍允禵奏稿》目錄

序號	內容	時間	總序號
17.	參劾甘州守備胡文維擾害人民嚴責巡撫綽啓摺	康熙五十八年三月十三日	17.
18.	沿途得雨深透人民慶祝萬壽情景摺	康熙五十八年三月二十三日	18.
19.	領賞謝恩摺	康熙五十八年三月二十三日	19.
20.	到西寧後準備出口事宜摺	康熙五十八年三月二十三日	20.
21.	派員赴藏探詢信息回報各種情形摺	康熙五十八年四月十六日	21.
22.	由藏逃出塔爾蘇海稟告西藏情況摺	康熙五十八年四月十六日	22.
23.	與親王察罕丹津晤面並由呼弼勒罕派員赴巴塘等處曉諭摺	康熙五十八年四月十六日	23.
24.	譯奏小呼弼勒罕告示	康熙五十八年四月十六日	24.
25.	遵旨派兵進駐索羅木等處摺	康熙五十八年四月十六日	25.
	卷二		
1.	陣亡總督額哷恩特依（額倫特）等唪經賜祭家屬謝恩摺	康熙五十八年五月十二日	26.
2.	大兵赴藏傳知青海八盟聽候調遣摺	康熙五十八年五月十二日	27.
3.	傳問西路來人額倫特陣亡詳情摺	康熙五十八年五月十二日	28.
4.	探聞準噶爾在藏戕害唐古忒人情形摺	康熙五十八年五月十二日	29.
5.	代奏鞏昌府屬被災人民撫恤謝恩摺	康熙五十八年五月十二日	30.
6.	陣亡病故人員頒發賞恤摺	康熙五十八年五月十二日	31.
7.	西寧衛屬人民豁免正供代爲謝恩摺	康熙五十八年六月十三日	32.
8.	青海貝勒達彥病故遵旨派員致祭摺	康熙五十八年六月十三日	33.
9.	奏報會見羅布藏丹津等願服調遣摺	康熙五十八年六月十三日	34.
10.	都統楚宗駐守索羅木地餉將駝馬補足摺	康熙五十八年六月十三日	35.
11.	遵旨訓飭侍讀學士花色怠惰摺	康熙五十八年六月十三日	36.
12.	奏報由西來之喇嘛及蒙古等詢問藏情摺	康熙五十八年六月十三日	37.
	卷三		
1.	涼州士民因旱豁免錢糧代爲謝恩摺	康熙五十八年七月初二日	38.
2.	密保堪勝西安將軍人員摺	康熙五十八年七月初二日	39.
3.	青海各盟旗願出兵一萬隨征摺	康熙五十八年七月初二日	40.
4.	布政使哲勒津呈請捐購馬匹摺	康熙五十八年七月初二日	41.
5.	索諾木達爾雅報告探詢準噶爾情況摺	康熙五十八年七月初二日	42.

序號	內容	時間	總序號
6.	青海親王羅布藏丹津密呈岱青和碩齊人不可靠並附原呈摺	康熙五十八年七月初二日	43.
7.	柴達木兵士不准借支錢糧請旨摺	康熙五十八年七月初九日	44.
8.	喇嘛希拉布等傳來西藏消息據以奏聞摺	康熙五十八年七月初九日	45.
9.	達爾罕伯克博洛特等謝恩代奏摺	康熙五十八年七月初九日	46.
10.	詢問阿爾布巴差人西藏消息摺	康熙五十八年七月二十六日	47.
11.	公策旺諾爾布稟報藏情摺	康熙五十八年七月二十六日	48.
12.	呼畢勒罕差往裏塘人員回報各情摺	康熙五十八年七月二十六日	49.
13.	青海郡王察罕丹津及郭莽喇嘛來西寧謝恩摺	康熙五十八年七月二十六日	50.
14.	奏報貝子丹鍾與親工察罕丹津不睦摺	康熙五十八年七月二十六日	51.
	卷四		
1.	赴藏主事瑚畢圖回述藏情摺	康熙五十八年八月二十二日	52.
2.	車凌端多布屬下巴彥等由藏投誠摺	康熙五十八年八月二十二日	53.
3.	巴塘裡塘投降交何人管理請旨摺	康熙五十八年八月二十二日	54.
4.	喇嘛那木喀堅參由藏投誠備述藏內情形摺	康熙五十八年八月二十二日	55.
5.	華色呈報喇嘛端多布佳木錯述藏中情況摺	康熙五十八年八月二十二日	56.
6.	華色呈報喇嘛車臣格隆續報藏情摺	康熙五十八年八月二十九日	57.
7.	將軍聰扎布已往西安摺	康熙五十八年八月二十九日	58.
8.	青海郡王岱青和碩齊等呈已由羅布藏丹津與兩面議和摺	康熙五十八年九月十六日	59.
9.	布政使哲勒金等請協濟購馬款項請旨摺	康熙五十八年九月十六日	60.
10.	駐防索羅木策旺諾爾布呈報兵丁馬匹被盜摺	康熙五十八年九月十六日	61.
	卷五		
1.	涼州建置房屋奉旨申飭摺	康熙五十八年十一月初六日	62.
2.	奏報由藏逃出準噶爾人述說藏情摺	康熙五十八年十一月初六日	63.
3.	藏使呈送禮品並報告藏情摺	康熙五十八年十一月初六日	64.
4.	護送小呼畢勒罕回藏兵丁發給米麵錢糧摺	康熙五十八年十一月初六日	65.

序號	內容	時間	總序號
5.	前提督王文雄父子助造藤牌腰刀長槍摺	康熙五十八年十一月初六日	66.
6.	總兵官范士傑等加增馬價願捐輸摺	康熙五十八年十一月初六日	67.
7.	遵旨分派各軍入藏籌運軍需等摺	康熙五十八年十一月初六日	68.
8.	恭奏青海王公數次會盟情況摺	康熙五十八年十一月初六日	69.
9.	查核養贍口糧摺	康熙五十八年十一月初六日	70.
10.	准三官保回京調養摺	康熙五十八年十二月二十七日	71.
11.	青海王公會議均願派兵護送新呼畢勒罕入藏摺	康熙五十八年十二月二十八日	72.
	卷六		
1.	選派進藏官員摺	康熙五十九年二月初九日	73.
2.	遵旨預備護送呼畢勒罕進藏官兵摺	康熙五十九年二月初九日	74.
3.	棍布木廟會盟與會者一致遵旨護送呼畢勒罕入藏摺	康熙五十九年二月初九日	75.
4.	遵旨派人赴藏探聽消息摺	康熙五十九年二月初九日	76.
5.	蘇爾匝屬人由藏逃出傳來消息摺	康熙五十九年二月初九日	77.
6.	青海王公台吉等已遵旨和好摺	康熙五十九年二月初九日	78.
7.	貝子拉察布差人稟告藏中消息及準噶爾被布魯克巴戰敗情況並令拉察布再派人前往偵探摺	康熙五十九年二月十二日	79.
8.	派土司屬下喇嘛赴藏探聽消息摺	康熙五十九年二月十二日	80.
9.	呼呼諾爾王等受封謝恩摺	康熙五十九年二月十二日	81.
10.	遵旨料理進藏調兵各項事宜摺	康熙五十九年三月二十一日	82.
11.	爲將軍延信公策旺諾爾布謝恩摺	康熙五十九年三月二十一日	83.
12.	派土司楊如松等屬下喇嘛赴藏偵探消息摺	康熙五十九年三月二十一日	84.
13.	都統延信等蒙賞藥品謝恩摺	康熙五十九年三月二十一日	85.
14.	咨行班禪令將車凌端多布意向咨報文		86.
15.	咨第巴達克冊令將車凌端多布意向咨報文		87.
16.	咨三大寺令將車凌端多布意向咨報文		88.
17.	咨車凌端多布令將意向如何或和或戰從速咨覆文		89.

序號	內容	時間	總序號
18.	親王羅布藏丹津稟告藏情據以奏聞摺	康熙五十九年三月二十八日	90.
	卷七		
1.	已派學士長壽調節察罕丹津拉察布互搶牲畜令其和好摺	康熙五十九年四月二十二日	91.
2.	遵旨起程進藏摺	康熙五十九年四月二十二日	92.
3.	續探準噶爾部在藏情況摺	康熙五十九年四月二十二日	93.
4.	遵旨爲新到各軍更換馬匹摺	康熙五十九年四月二十二日	94.
5.	恭將冊寶送交呼畢勒罕並代謝恩摺	康熙五十九年四月二十二日	95.
6.	審訊由藏逃出人員述說藏情摺	康熙五十九年五月二十一日	96.
7.	探聞藏情摺	康熙五十九年五月二十一日	97.
8.	由藏出來兵士報告藏情摺	康熙五十九年五月二十一日	98.
9.	據將軍延信稟報準噶爾情況轉奏摺	康熙五十九年五月二十一日	99.
	卷八		
1.	賜藥謝恩摺	康熙五十九年六月初二日	100.
2.	將策旺阿拉布坦使人哈什哈留住西寧俟事定後再行遣回摺	康熙五十九年六月初二日	101.
3.	已由索洛木領兵前赴木魯烏蘇並催各處兵馬按期到達摺	康熙五十九年六月初二日	102.
4.	分兵駐守各要地摺	康熙五十九年六月初二日	103.
5.	第巴阿爾布巴由藏投誠詳情摺	康熙五十九年六月初七日	104.
6.	第巴阿爾布巴呈遞碩般多等處首領來稟譯出奏聞摺	康熙五十九年六月初九日	105.
7.	蘭占巴洛布藏等由藏探來信息摺	康熙五十九年六月初十日	106.
8.	大軍已行抵木魯烏蘇摺	康熙五十九年六月二十三日	107.
9.	拏獲貿易探信之溫布達木巴達爾濟等訊取招供摺	康熙五十九年六月二十二日	108.
10.	訊得敵情具奏摺	康熙五十九年六月二十二日	109.
11.	分催各路兵馬迅速前進摺	康熙五十九年六月二十九日	110.
12.	請將珠瑪山等補陞侍衛摺	康熙五十九年六月二十九日	111.
13.	派赴西藏探信喇嘛索諾木丹津等帶回藏信摺	康熙五十九年六月二十九日	112.

序號	內容	時間	總序號
	卷九		
1.	蒙賞茶壺謝恩摺	康熙五十九年七月初四日	113.
2.	代達賴喇嘛遵旨派兵輔助摺	康熙五十九年七月初四日	114.
3.	總兵官王云吉请賞花翎摺	康熙五十九年七月初十日	115.
4.	與青海王公會談進軍事宜摺	康熙五十九年七月初十日	116.
5.	查詢逃出藏員情形摺	康熙五十九年七月初十日	117.
6.	碩般多城官寄信第巴阿爾布巴稟告藏情	康熙五十九年七月初十日	118.
7.	洛隆宗城官寄信第巴阿爾布巴稟告藏情	康熙五十九年七月初十日	119.
8.	察木多地方官寄信阿爾布巴稟告藏情	康熙五十九年七月初十日	120.
9.	拏獲準噶爾賊人詢供情況摺	康熙五十九年七月初十日	121.
10.	審訊準噶爾人藏內情況摺	康熙五十九年七月二十二日	122.
11.	遵旨各路進軍事宜摺	康熙五十九年七月二十二日	123.
12.	各處軍用糧餉運齊貝子丹鍾稟稱奮勉出力摺	康熙五十九年七月二十二日	124.
13.	詣達賴喇嘛處送行摺	康熙五十九年七月二十六日	125.
14.	檢閱兵丁分別派遣前進摺	康熙五十九年七月二十六日	126.
	卷十		
1.	據平逆將軍延信調查藏中情形摺	康熙五十九年八月初二日	127.
2.	譯洛隆宗城長官稟文	康熙五十九年八月初二日	128.
3.	譯洛隆宗城長官稟告敵情文	康熙五十九年八月初二日	129.
4.	據將軍延信稟告探聽詢藏情摺	康熙五十九年八月初二日	130.
5.	調兵運糧進兵摺	康熙五十九年八月十一日	131.
6.	移隊前進遇賊誅殺獲俘得悉賊情摺	康熙五十九年八月二十九日	132.
7.	派台吉額爾德尼吉農防護驛糧摺	康熙五十九年八月二十九日	133.
8.	拏獲盜馬賊人審訊懲治摺	康熙五十九年八月二十九日	134.
9.	遵旨將上諭派員弛驛送交班禪摺	康熙五十九年九月二十一日	135.
10.	移兵往駐西寧迎候藏信摺	康熙五十九年九月二十一日	136.
11.	謝賞給軍餉摺	康熙五十九年九月二十八日	137.
	卷十一		
1.	選兵備糧並嚴懲擅動銀米妄自靡費之副將周天鑒摺	康熙五十九年十月十二日	138.

序號	內容	時間	總序號
2.	將軍延信稟報到藏撤調兵糧駐守各地摺	康熙五十九年十月十二日	139.
3.	達賴喇嘛返藏代爲謝恩摺	康熙五十九年十月十二日	140.
4.	據將軍延信稟克敵大捷親送達賴喇嘛入藏坐牀並辦理善後事宜及各處謝恩摺	康熙五十九年十月十二日	141.
5.	據延信稟藏衆歡接大軍和達賴喇嘛坐牀據情轉奏摺	康熙五十九年十一月初四日	142.
6.	副都統唐色病故請勿再補缺摺	康熙五十九年十一月初四日	143.
7.	遵旨處决遊擊楊勝志等貽誤糧運繼勘沿途艱險是否緩决請旨摺	康熙五十九年十一月初四日	144.
8.	遵旨籌備防務以便明年由巴里坤阿拉台二路進軍摺	康熙五十九年十一月二十日	145.
9.	多處探詢自克哩業前進路程情況摺	康熙五十九年十一月二十日	146.
10.	遵旨派員入藏摺	康熙五十九年十一月二十日	147.
11.	訥欽王納爾蘇等已撤兵至西寧摺	康熙五十九年十一月二十日	148.
12.	奉旨所派御史陳燦來營已派往西藏查核糧運摺	康熙五十九年十二月十二日	149.
	卷十二		
1.	久未得藏訊已派員探詢進藏驛站似不宜撤摺	康熙六十年正月初二日	150.
2.	詢明藏地撤軍情況摺	康熙六十年正月初十日	151.
3.	進討策旺阿拉布坦共議分路進兵摺	康熙六十年正月十七日	152.
4.	青海郡王等差員進貢賞給路費摺	康熙六十年正月十七日	153.
5.	沿途撤軍摺	康熙六十年正月二十二日	154.
6.	貝子洛布臧達爾扎病故派員賫〔註 1〕賞摺	康熙六十年正月二十二日	155.
7.	都統穆森等分駐西寧甘凉等地摺	康熙六十年正月二十二日	156.
8.	各路撤兵事宜摺	康熙六十年正月二十二日	157.
9.	分佈駐防事宜摺	康熙六十年正月二十二日	158.
10.	審訊爲準噶爾辦事第巴達克冊等五人處死摺	康熙六十年正月二十二日	159.

〔註 1〕原文作賚，今改正爲賫。

序號	內容	時間	總序號
	卷十三		
1.	撤回入藏各路兵馬沿途供應充足摺	康熙六十年正月二十四日	160.
2.	準噶爾人逃出來投稟告準噶爾敗逃情形摺	康熙六十年正月二十四日	161.
3.	遵旨遣使賫〔註 2〕送聖旨面交班禪拜領摺	康熙六十年正月二十四日	162.
4.	賫〔註 3〕呈班禪表文並使臣起身赴京摺	康熙六十年正月二十七日	163.
5.	據青海盟長稟告達賴坐牀並聞準噶爾內部多叛逃摺	康熙六十年正月二十七日	164.
6.	康濟鼐派員稟報藏情並獻奏文摺	康熙六十年二月十八日	165.
7.	轉奏康濟鼐稟文摺	康熙六十年二月十八日	166.
8.	據延信稟達賴喇嘛協助餉銀摺	康熙六十年二月二十三日	167.
9.	據延信稟撤軍情形轉奏摺	康熙六十年二月二十三日	168.
10.	據延信稟藏地大功告成蒙加議敘謝恩摺	康熙六十年二月二十三日	169.
	卷十四		
1.	準噶爾敗逃情形並議撤兵事宜摺	康熙六十年二月二十三日	170.
2.	據延信稟擬將投敵踹濟特田產牛羊分給拉藏汗屬人以資生活摺	康熙六十年二月二十三日	171.
3.	奉旨查明軍功人員咨部議敘摺	康熙六十年二月二十三日	172.
4.	處理罪人家產部分撥還被搶本人部分撥給康濟鼐摺	康熙六十年二月二十三日	173.
5.	據延信稟自準噶爾逃出人稱聞策旺阿拉布坦病發摺	康熙六十年二月二十三日	174.
6.	據延信稟達賴喇嘛及青海王貝勒等均懇留大兵駐守藏地摺	康熙二月二十三日	175.
7.	據延信稟報撤驛改設摺	康熙六十年二月二十三日	176.
8.	據延信稟青海王公留藏駐守飭令會商具稟各抒己見據稟揭露親王羅布藏丹津遇賊退縮意存觀望藏人不願其主持藏政並揭青海軍欺凌藏民分別具稟轉奏摺	康熙六十年二月二十三日	177.

〔註 2〕原文作賚，今改正爲賫。

〔註 3〕原文作賚，今改正爲賫。

〔註 4〕原文作遵旨調西寧將軍宗扎布回西寧摺，今改正爲遵旨調西安將軍宗扎布回西安摺。

序號	內容	時間	總序號
11.	據延信稟由準噶爾歸來人員查詢情由派員送京摺	康熙六十年四月初一日	197.
12.	郡王察罕丹津因病回來據稟代奏摺	康熙六十年四月初一日	198.
13.	據延信稟查罕丹津因病回旗擬令其子帶兵入藏摺	康熙六十年四月初一日	199.
	卷十七		
1.	准許準噶爾噶爾瑪巴朗與其伯父同住摺	康熙六十年四月十五日	200.
2.	色楞等兵役十五人無馬驛送暫留藏地摺	康熙六十年四月十五日	201.
3.	布魯克巴派使來藏並諭其照常貿易據稟轉奏摺	康熙六十年四月十五日	202.
4.	請將第巴達克冊逆產撥給康濟鼐作爲家業據稟轉奏摺	康熙六十年四月十五日	203.
5.	恭設金龍聖位朝拜並放佈施據稟轉奏摺	康熙六十年四月十五日	204.
6.	請旨進駐甘州肅州摺	康熙六十年四月二十日	205.
7.	遵旨分調兵馬前往土魯番摺	康熙六十年四月二十日	206.
8.	貝子巴拉珠爾拉布坦擅自率兵回青請旨定奪摺	康熙六十年五月初四日	207.
9.	請將遊擊等缺遞補據稟轉奏摺	康熙六十年五月初四日	208.
10.	郡王查罕丹津來謁請止調兵摺	康熙六十年五月初四日	209.
11.	請派員駐守西寧摺	康熙六十年五月十三日	210.
12.	濟克濟扎布承襲鎮國公代爲謝恩摺	康熙六十年五月十三日	211.
13.	台吉臧布扎布請求面聖准否請旨摺	康熙六十年五月十三日	212.
14.	請將各處兵馬分別駐守摺	康熙六十年五月二十六日	213.
15.	郡王察罕丹津稟因妻病故請赴藏唪經代奏摺	康熙六十年六月初七日	214.
16.	準噶爾屬人來歸查詢情由予以安置摺	康熙六十年六月初七日	215.
17.	遵旨調各兵丁回京摺	康熙六十年六月初七日	216.
18.	遵旨命長壽爲西寧辦事大臣即往甘州摺	康熙六十年六月初七日	217.
19.	領兵進駐甘州摺	康熙六十年六月二十七日	218.
20.	侍郎色爾圖署理四川巡撫謝恩代奏摺	康熙六十年六月二十七日	219.
21.	貝子車臣代清洛布臧達爾紮病故派員致祭其妻及子謝恩代奏摺	康熙六十年六月二十七日	220.

序號	內容	時間	總序號
	卷十八		
1.	審詢準噶爾部情形並佈置進軍事宜摺	康熙六十年閏六月初九日	221.
2.	守備傅孝病故以郭永寧補授摺	康熙六十年閏六月初九日	222.
3.	調解駱駝牧放摺	康熙六十年閏六月初九日	223.
4.	阿爾恩補授蒙古副都統代為謝恩摺	康熙六十年閏六月二十八日	224.
5.	達賴喇嘛批准商隊赴西寧貿易派員照管並詢問藏情摺	康熙六十年閏六月二十八日	225.
6.	台吉踹拉克諾木齊因病不能遵旨至穆綸阿巴德摺	康熙六十年閏六月二十八日	226.
7.	羅布藏丹津唆教準噶爾逃出人員不得歸向官軍現派員遞送京城摺	康熙六十年閏六月二十八日	227.
8.	分兵駐守要緊地區以防範準噶爾摺	康熙六十年閏六月二十八日	228.
9.	公策旺諾爾布恭接聖旨謝恩代奏摺	康熙六十年閏六月二十八日	229.
10.	遵旨以策旺諾爾布率領蒙古等兵駐守分哨嚴防要地其餘兵將撤回並聞準噶爾內部不靖時有外敵尋讐摺	康熙六十年閏六月二十八日	230.
11.	派兵分赴各地探察準噶爾行蹤據稟轉奏摺	康熙六十年閏六月二十八日	231.
12.	達賴班禪分別領旨謝恩摺	康熙六十年閏六月二十八日	232.
13.	台吉兼散秩大臣車凌扎布來謁賞給銀兩使買牲口摺	康熙六十年八月初一日	233.
14.	土爾扈特貝子丹鍾移居額濟納伊固爾柰地方謝恩摺	康熙六十年八月初一日	234.
15.	恭賀平定臺灣摺	康熙六十年八月十六日	235.
16.	領兵至甘州秋收摺	康熙六十年八月十六日	236.
17.	遵旨分賞各路進藏官兵摺	康熙六十年八月三十日	237.
18.	青海派兵百名往羅布藏丹津駐地據稟轉奏摺	康熙六十年九月十五日	238.
19.	厄魯特侵犯土魯番擊退準部內有不和訊摺	康熙六十年九月二十八日	239.
20.	擊敗來犯厄魯特並請回京聆訓摺	康熙六十年九月二十八日	240.
21.	侍郎長壽稟告四額附等去往京城據稟轉奏摺	康熙六十年十月初八日	241.

序號	內容	時間	總序號
22.	辦理各總督等幫助銀兩撥給土魯番農耕摺	康熙六十年十月初八日	242.
	卷十九		
1.	調動馬駝請旨摺	康熙六十年十月二十二日	243.
2.	遵旨回京請訓摺	康熙六十年十月二十二日	244.
3.	達賴喇嘛派使進京叩安派員護送摺	康熙六十年十月二十二日	245.
4.	噶倫康濟鼐前往阿里據稟轉奏摺	康熙六十年十月二十二日	246.
	卷二十		
1.	據藏員稟中途逃失在押準噶爾喇嘛緝獲半數歸案摺	康熙六十一年二月	247.
2.	代青海王台吉等差人謝恩摺	康熙六十一年五月初六日	248.
3.	青海親王羅布藏丹津在藏不服水土其母福晉稟請回牧侍養請旨摺	康熙六十一年五月初六日	249.
4.	涼州總兵官李鍾岳請入川籍應否具奏請旨摺	康熙六十一年六月初九日	250.
5.	撤回綠旗兵二千名摺	康熙六十一年七月初三日	251.
6.	涼州總兵官李鍾岳再請入川籍據稟轉奏摺	康熙六十一年七月初九日	252.
7.	萬壽入覲請旨摺	康熙六十一年九月十九日	253.
8.	都統阿爾恩病故所遺柴達木缺請旨指派摺	康熙六十一年十月十一日	254.
9.	策旺阿拉布坦派員踹那木喀等進京派員護送摺	康熙六十一年十月二十七日	255.

附錄四　《撫遠大將軍允禵奏稿》與《康熙朝滿文硃批奏摺全譯》重複序號

序號	《康熙朝滿文硃批奏摺全譯》		《撫遠大將軍允禵奏稿》	
1.	3304 胤禎奏請康熙帝訓論摺	康熙五十七年十二月二十四日	5 遵旨將曉諭稿底奏呈摺	康熙五十七年十二月二十日
2.	3315 胤禎奏報在山西經過情形摺	康熙五十八年正月初八日	6 奏報沿途雨雪情形現駐保德州摺	康熙五十八年正月初八日
3.	3348 胤禎奏爲青海官員請安獻物等摺	康熙五十八年二月二十日	9 奏報青海親王羅布藏丹津等來營跪請聖安摺	康熙五十八年二月二十日
4.	3350 胤禎奏爲謁見呼畢勒罕事摺	康熙五十八年二月二十日	10 往古木布廟及青海人民來此應如何收受物品及回給物品請旨摺	康熙五十八年二月二十日
5.	3351 胤禎奏於山陝寧夏查視兵民盛迎情形摺	康熙五十八年二月二十日	11 沿途閱看寧夏軍民情形摺	康熙五十八年二月二十日
6.	4115 撫遠大將軍胤禎奏爲賞賜陣亡病歿官兵摺		12 遵旨詳查陣亡官兵賞恤摺	康熙五十八年二月二十日

序號	《康熙朝滿文硃批奏摺全譯》		《撫遠大將軍允禵奏稿》	
7.	3355 胤禎奏報甘肅青海駐兵調防情形摺	康熙五十八年三月初五日	13 奏報抵達莊浪衛情形摺	康熙五十八年三月初五日
8.	3365 胤禎奏爲皇父賞物謝恩摺	康熙五十八年三月二十三日	19 領賞謝恩摺	康熙五十八年三月二十三日
9.	3367 胤禎奏於尹罄寺祈禱皇帝萬壽情形摺	康熙五十八年三月二十三日	18 沿途得雨深透人民慶祝萬壽情景摺	康熙五十八年三月二十三日
10.	3369 胤禎等奏索洛木駐軍平定準噶爾備戰情形摺	康熙五十八年三月二十三日	20 到西寧準備出口事宜摺	康熙五十八年三月二十三日
11.	3398 胤禎奏爲祭奠陣亡之總督額倫特等摺	康熙五十八年五月十二日	26 陣亡總督額哷恩特依（額倫特）等奉經賜祭家屬謝恩摺	康熙五十八年五月十二日
12.	3400 胤禎奏聞撫恤陣亡病故官兵情形摺	康熙五十八年五月十二日	31 陣亡病故人員頒發賞恤摺	康熙五十八年五月十二日
13.	3402 胤禎密奏額倫特陣亡之戰役詳情摺	康熙五十八年五月十二日	28 傳問西路來人額倫特陣亡詳情摺	康熙五十八年五月十二日
14.	3426 胤禎奏聞四厄魯特內部情形摺	康熙五十八年七月初二日	43 青海親王羅布藏丹津密呈岱青和碩齊人不可靠並附原呈摺	康熙五十八年七月初二日
15.	3427 胤禎奏聞唐古特三人所報消息摺	康熙五十八年七月初二日	42 索諾木達爾雅報告探詢準噶爾情況摺	康熙五十八年七月初二日
16.	3433 胤禎奏聞於理塘巴塘等處探取信息摺	康熙五十八年七月初九日	45 喇嘛希拉布等傳來西藏消息據以奏聞摺	康熙五十八年七月初九日
17.	3434 胤禎奏聞蒙古回子叩謝皇上賞銀摺	康熙五十八年七月初九日	46 達爾罕伯克博洛特等謝恩代奏摺	康熙五十八年七月初九日

序號	《康熙朝滿文硃批奏摺全譯》		《撫遠大將軍允禵奏稿》	
18.	3444 胤禎奏聞於西寧迎送果莽喇嘛等情形摺	康熙五十八年七月二十六日	50 青海郡王察罕丹津及郭莽喇嘛來西寧謝恩摺	康熙五十八年七月二十六日
19.	3445 胤禎奏聞準噶爾消息摺	康熙五十八年七月二十六日	48 公策旺諾爾布稟報藏情摺	康熙五十八年七月二十六日
20.	3446 胤禎奏報教誨青海貝子丹忠摺	康熙五十八年七月二十六日	51 奏報貝子丹鍾與親王察罕丹津不睦摺	康熙五十八年七月二十六日
21.	3447 胤禎奏辦理里塘巴塘戶口茶等情摺	康熙五十八年七月二十六日	49 呼畢勒罕差往里塘人員回報各情摺	康熙五十八年七月二十六日
22.	3453 胤禎奏報訊喇嘛敦多布加木措口供摺	康熙五十八年八月二十二日	56 華色呈報喇嘛端多布佳木錯述藏中情況摺	康熙五十八年八月二十二日
23.	3459 胤禎奏報準噶爾來歸五人途經情形摺	康熙五十八年八月二十二日	53 車淩端多布屬下巴彥等由藏投誠摺	康熙五十八年八月二十二日
24.	3460 胤禎奏報訊問喇嘛納木喀堅贊來招摺	康熙五十八年八月二十二日	55 喇嘛那木喀堅參由藏投誠備述藏內情形摺	康熙五十八年八月二十二日
25.	3463 胤禎奏爲調宗查布任西安將軍等事摺	康熙五十八年八月二十九日	58 將軍聰扎布已往西安摺	康熙五十八年八月二十九日
26.	3469 胤禎奏教誨青海郡王親王貝子和好摺	康熙五十八年九月十六日	59 青海郡王岱青和碩齊等呈已由羅布藏丹津與兩面議和摺	康熙五十八年九月十六日
27.	3496 撫遠大將軍胤禎奏報延信等人謝恩摺	康熙五十九年三月二十一日	83 爲將軍延信公策旺諾爾布謝恩摺	康熙五十九年三月二十一日
28.	3497 撫遠大將軍胤禎奏報平逆將軍延信祈賞妙藥摺	康熙五十九年三月二十一日	85 都統延信等蒙賞藥品謝恩摺	康熙五十九年三月二十一日

序號	《康熙朝滿文硃批奏摺全譯》		《撫遠大將軍允禵奏稿》	
29.	3513 撫遠大將軍胤禎奏謝賞藥摺	康熙五十九年六月初二日	100 賜藥謝恩摺	康熙五十九年六月初二日
30.	3523 撫遠大將軍胤禎轉奏總兵官請賞孔雀翎摺	康熙五十九年七月初十日	115 總兵官王雲吉請賞花翎摺	康熙五十九年七月初十日
31.	3534 撫遠大將軍胤禎奏爲調軍情形摺	康熙五十九年九月二十八日	136 移兵往駐西寧迎候藏信摺	康熙五十九年九月二十八日
32.	3545 撫遠大將軍胤禎奏報平王訥爾蘇班兵日期摺	康熙五十九年十二月十二日	148 訥欽王納爾蘇等已撤兵至西寧摺	康熙五十九年十一月二十日
33.	3544 撫遠大將軍胤禎奏爲遣藏地官員事摺	康熙五十九年十二月十二日	149 奉旨所派御史陳燦來營已派往西藏查核糧運摺	康熙五十九年十二月十二日
34.	3577 撫遠大將軍胤禎奏爲四額駙等前往京城事摺	康熙六十年十月初八日	241 侍郎長壽稟告四額附等去往京城據稟轉奏摺	康熙六十年十月初八日
35.	3578 胤禎奏爲富寧安等辦理協濟銀兩等事摺	康熙六十年十月初八日	242 辦理各總督等幫助銀兩撥給土魯番農耕摺	康熙六十年十月初八日
36.	3608 議政大臣吳爾瞻等奏爲羅卜藏丹津二母福晉想念子摺	康熙六十一年五月十一日	249 青海親王羅布藏丹津在藏不服水土其母福晉稟請回牧侍養請旨摺	康熙六十一年五月初六日

引用及參考書目

正文及附錄引用書目

1.《撫遠大將軍允禵奏稿》吳豐培編纂，全國圖書館文獻縮微複製中心，一九九一年四月。
2.《康熙朝滿文硃批奏摺全譯》中國第一歷史檔案館編，中國社會科學出版社，一九九六年七月。
3.《衛藏通志》文海出版社，中華民國五十四年十二月。
4.《雍正朝滿文硃批奏摺全譯》中國第一歷史檔案館譯編，黃山書社，一九九八年七月。

序文引用書目及論文

1.《康熙朝滿文硃批奏摺全譯》中國第一歷史檔案館編，中國社會科學出版社，一九九六年七月。
2.《雍正朝漢文硃批奏摺彙編》中國第一歷史檔案館編，江蘇古籍出版社，一九八九年三月。
3.《雍正朝滿文硃批奏摺全譯》中國第一歷史檔案館譯編，黃山書社，一九九八年七月。
4.《撫遠大將軍允禵奏稿》吳豐培編纂，全國圖書館文獻縮微複製中心，一九九一年四月。
5.《清聖祖實錄》中華書局，一九八五年十一月。
6.《清世宗實錄》中華書局，一九八五年十一月。
7.《永憲錄》蕭奭著，朱南銑點校，中華書局，二〇〇七年五月第三次印刷。
8.《大義覺迷錄》清世宗敕撰，武英殿刊本。
9.《文獻叢編》臺聯國風出版社，中華民國五十三年三月。

10.《清史資料》第三輯，中國社會科學院歷史研究所清史研究室編，中華書局，一九八二年七月。
11.《胤禎與撫遠大將軍王奏檔》（《王鍾翰清史論集》第二冊），王鍾翰著，中華書局，二〇〇四年十一月。
12.《清世宗拘禁十四阿哥允禵始末》（《清史論集（三）》），莊吉發著，文史哲出版社，中華民國八十七年十月。

注釋引用書目及地圖

1.《清史稿》趙爾巽等撰，中華書局，一九七七年十二月。
2.《清聖祖實錄》中華書局，一九八五年十一月。
3.《平定準噶爾方略》清高宗敕撰，全國圖書館文獻縮微複製中心，一九九〇年七月。
4.《欽定八旗通志》吉林文史出版社，二〇〇二年十二月。
5.《康熙朝漢文硃批奏摺彙編》中國第一歷史檔案館編，江蘇古籍出版社，一九八九年三月。
6.《年羹堯滿漢奏摺譯編》季永海、李盤勝、謝志寧翻譯點校，天津古籍出版社，一九九五年八月。
7.《欽定理藩院則例》（道光）張榮錚點校，天津古籍出版社，一九九八年十二月。
8.《乾隆朝內府鈔本《理藩院則例》》趙雲田點校，中國藏學出版社，二〇〇六年十二月。
9.《欽定大清會典事例》（嘉慶）托津等纂，文海出版社，中華民國八十年六月。
10.《大清一統志》（嘉慶）穆彰阿等纂，上海古籍出版社，二〇〇八年一月。
11.《皇清職貢圖》清高宗敕撰，遼瀋書社，一九九一年十月。
12.《水道提綱》齊召南著，傳經書屋版。
13.《皇朝文獻通考》清高宗敕撰，商務印書館，中華民國二十五年三月。
14.《欽定西域同文志》清高宗敕撰，吉林出版集團有限責任公司，二〇〇五年五月。
15.《欽定外藩蒙古回部王公表傳》清高宗敕撰，景印文淵閣四庫全書第四五四冊，臺灣商務印書館，二〇一三年九月。
16.《甘肅通志》許容等監修，李迪等編纂，景印文淵閣四庫全書第五五七至五五八冊，臺灣商務印書館，二〇一三年九月。
17.《陝西通志》劉於義等監修，沈青崖等編纂，景印文淵閣四庫全書第五五一至五五六冊，臺灣商務印書館，二〇一三年九月。

18.《山西通志》覺羅石麟等監修，儲大文等編纂，景印文淵閣四庫全書第五四二一至五五〇冊，臺灣商務印書館，二〇一三年九月。

19.《清史列傳》王鍾翰點校，中華書局，一九八七年十一月。

20.《西藏志》成文出版社，中華民國五十七年三月。

21.《衛藏圖識》馬少雲、盛梅溪纂，文海出版社，中華民國五十五年十月。

22.《衛藏通志》文海出版社，中華民國五十四年十二月。

23.《直貢法嗣》直貢丹增白瑪堅參著，克珠群佩譯，西藏人民出版社，一九九五年九月。

24.《清代職官年表》錢實甫編，中華書局，一九八〇年七月。

25.《蒙古世系》高文德、蔡志純編著，中國社會科學出版社，一九七九年十月。

26.《如意寶樹史》松巴堪布益西班覺撰，蒲文成、才讓譯，甘肅民族出版社，一九九四年七月。

27.《安多政教史》智觀巴貢卻乎丹巴繞吉著，吳均、毛繼祖、馬世林譯，甘肅民族出版社，一九八九年四月。

28.《番僧源流考 西藏宗教源流》合刊，西藏人民出版社，一九八二年十一月。

29.《東噶藏學大辭典 歷史人物類》(內部資料)，東噶洛桑赤列著，蒲文成、唐景福、才讓等譯，中國藏學研究中心歷史所，二〇〇五年。

30.《西藏佛教寺廟》楊輝麟編著，四川人民出版社，二〇〇三年三月。

31.《西藏六十年大事記》朱綉編著，吳均校注，青海人民出版社，一九九六年四月。

32.《定藏紀程》(《川藏遊蹤彙編》之一種)，吳豐培輯，四川民族出版社，一九八五年十一月。

33.《玉樹調查記》周希武著，吳均校釋，青海人民出版社，一九八六年三月。

34.《寧海紀行》(《玉樹調查記》之附文) 周希武著，吳均校釋，青海人民出版社，一九八六年三月。

35.《入藏日記》(《西藏紀行十二種》之一種) 蔡宗虎輯，花木蘭文化事業有限公司，二〇一八年三月。

36.《清代唐代青海拉薩間的道程》[日]佐藤長著，梁今知譯，青海省博物館籌備處，一九八三年。

37.《現代不丹》[印]拉姆拉合爾著，四川外語學院《現代不丹》翻譯組譯，四川人民出版社，一九七八年六月。

38.《中國分省新地圖 西藏》金擎宇編纂，亞光輿地學社，中華民國三十七年二月。

39.《中國分省系列地圖集 西藏》星球地圖出版社，二〇〇九年六月。

40.《軍民兩用分省系列交通地圖冊 青海省》星球地圖出版社，二〇一一年一月。

41.《中國分省系列地圖集 青海省》星球地圖出版社，二〇〇九年六月。

42.《青海省地圖》比例尺一比一百九十九萬，中國地圖出版社，二〇一四年一月第二版。

43.《谷歌地球》電子地圖。

跋

胤禎（允禵）之奏檔，於西藏地區歷史其之重要固不待言，於青海地區之歷史亦甚重要，其於清代一朝蒙藏二族之歷史亦可謂重要之史籍，因清廷之統一西藏頗藉青海蒙古之力，後青海蒙古因清聖祖之食言而反清，且胤禎之被其兄清世宗所囚，故清代官書於胤禎西征與藉青海蒙古於統一西藏之史實多所刪削與隱諱，致使此一史實泯滅不聞。胤禎之奏摺爲此一史實最原始之記載也，然因翻譯之極粗糙，文意顚倒不通之處甚夥，人名地名之翻譯至爲雜亂，致使珍貴之資料引用參考爲難，初意多費心力，期能使之稍具規範而易引用，然因吾於蒙藏二族語文之不通，加之青海西藏地理本不若內地之熟稔，整理註釋頗爲困難，雖費心力頗多，尚難稱滿意，錯謬必有，皆因當初翻譯實粗糙太甚，明知文檔有誤，若改之則與原書面貌相差太遠，讀者諒之，若有有心人士將原檔重譯，吾之註釋於重譯有所參考，使珍貴之資料方便學人利用，則吾之心願足矣。